死亡之後

一個長達五十年的
瀕死經驗科學臨床研究

After

A Doctor Explores
What Near-Death Experiences Reveal
About Life and Beyond

BRUCE GREYSON
布魯斯·葛瑞森——著 蔡宗翰——譯

給曾經面對死亡並慷慨與我分享個人深刻體驗的大家

唯物論的挑戰——瀕臨死亡經驗

李嗣涔博士（前台大校長、《靈界的科學》作者）

現代科學的哲學基礎是唯物論，物質是這個世界構成的基礎，是第一性的，因此自十七世紀笛卡兒的心物二元論提出以後，「心」，也就是大腦的意識，便與物質世界的大腦逐漸分開研究。物質的大腦是第一性的，可以用物理、化學的方法來剖析；而意識是第二性的，是大腦內部複雜神經網路交互運作下所湧現出來的新現象，不具有基本獨立的物理性質。也就是說，如果人死了，大腦不運作了，意識也應該消失了。因此意識的研究在過去兩百年來都屬於哲學、宗教及心理學的範疇，科學家常說：「意識是科學最後的疆界。」說的便是科學發展到了最終極的目標、完全了解物質宇宙以後，才會去碰觸意識的問題。心物真的是二元化嗎？意識可以脫離物質的大腦而獨立存在嗎？過去六十年瀕臨死亡經驗的研究對此提出了嚴重的挑戰，這領域的研究發現，意識似乎可以脫離肉體、觀察遠方的人地事物，聽到他們談話的內容，甚至達到彼岸（靈界），見到已經死亡的親友。這些研究提供了數以千計的案例，其中包括各式各樣的人物，包含哈佛大學神經科醫師，以及堅定信仰唯物論科學的學者，他們經過瀕臨死亡經驗以後，人生觀為之改變、不畏懼死亡，且開始相信有另外一個世界存在。

本書是探討瀕臨死亡經驗中最近的一本著作，作者布魯斯．葛瑞森醫師是一位精神科醫師，他在年輕時擔任實習醫師，一個案例讓他開始對大腦的運作產生疑問，打亂了他的世界觀：一位失去知覺的病人竟然知道遠在走廊盡頭他與送病人來醫院同伴的談話細節，甚至他吃食物不小心領帶沾到的番茄醬也被病人看得清清楚楚，他感到大惑不解。直到事發六年後，他遇到來實習的同事雷蒙．穆迪（Raymond Moody），才發現這個案例一點也不特殊，穆迪的第一本書《死後的世界》是英文出版品中第一本提及「瀕死經驗」（near-death experience）的書，葛瑞森醫師從此開始了瀕死經驗的研究。他花了將近四十五年的時間，才將自己收集到的案例整理別類，著作成書出版，由此也可以看出他的謹慎。這當然跟當年他被精神科主任警告再研究下去可能不能升等有關，他因此換了另一間能接受瀕死經驗研究的醫學院才能繼續研究下去。

這本書寫得相當嚴謹，作者在每個案例中，除了提供當事人自己的陳述以外，也不斷提供他自己的判斷，以及另外可能的解釋，以避免太快跳入推翻唯物論的結論，使不至於太快斷言「意識可以離開身體獨立存在」。這是一本讓人明白靈魂可能存在的好書，雖然人體特異功能也可以解釋部分瀕死經驗中的遙感遙視經驗，但是死亡後大腦已經不運作了（醫學的定義）卻見到已經死亡親友的經驗，是靈界存在、靈魂存在最大的證據。希望讀者可以享受這些瀕死經驗所帶來靈界的訊息。

國外好評推薦

令人深深著迷的一本巨作，揭開死亡的面紗。此書即將在瀕死經驗研究中，成為經典。

——雷蒙．穆迪博士（Raymond Moody），著有暢銷經典《死後的世界》

葛瑞森醫師的研究徹底重組了我們破碎且混亂的世界觀，為人類意識帶來新的解釋。

——伊本．亞歷山大醫師（Eben Alexander），著有瀕死經驗名作《天堂際遇》

如同金賽在性學上的突破，葛瑞森醫師讓瀕死經驗研究向前邁進了一大步。

——麗莎．米勒博士（Lisa Miller），哥倫比亞大學心理學與教育學教授，著有《靈性孩子》（*The Spiritual Child*，暫譯）

這本醫學界的偵探小說，絕無冷場。葛瑞森醫師的著作值得我們大聲喝采。

——P．M．H．阿特沃特（P. M. H. Atwater），著有《瀕死經驗》（*Near-Death Experiences*，暫譯）

一本跨時代、跨地域的重要著作。

——亞歷山大・巴特雅尼（Alexander Batthyány），國際哲學學院心理學與哲學博士，列支敦斯登維克多・法蘭克爾研究所所長，著有《心靈在世間的歸屬與角色》（*Mind and Its Place in the World*，暫譯）

如果不知道死後會是如何，你要怎麼過現在的生活呢？你一定要讀這本書。

——卡爾・貝克爾（Carl Becker），心理學博士，京都大學醫學倫理與政策科學教授，著有《打破循環》（*Breaking the Circle*，暫譯）

輕巧地跨越了科學與心靈之間的鴻溝。

——艾妮塔・穆札尼（Anita Moorjani），著有暢銷書《死過一次才學會愛》

撫慰了生者，也為臨終帶來希望。

——瑪麗・尼爾醫師（Mary Neal），前南加州大學脊椎外科主任，著有暢銷書《我去過天堂》（*To Heaven and Back*，暫譯）

這本書將定義瀕死研究，改變我們生活的方式。

——芭芭拉・布萊德利・哈格蒂（Barbara Bradley Hagerty），美國全國公共廣播電台宗教特派員，著有《上帝的指紋》（*Fingerprints of God*，暫譯）

最新、最有用、最讓人興奮的新知。

——傑夫・朗醫師（Jeffrey Long），著有《死後世界的證據》（*Evidence of the Afterlife*，暫譯）

發人深省又撼動人心，一本值得細嚐的好書。

——肯尼斯・林恩（Kenneth Ring）博士，康乃狄克大學心理學名譽教授，著有《死後人生》（*Life at Death*，暫譯）

引人入勝，內容豐富，絕對必讀。

——山姆・帕尼亞（Sam Parnia），醫師，紐約大學朗根醫療中心醫學副教授兼重症醫療與心肺復甦研究主任，著有《死亡來臨時會發生什麼？》（*What Happens When We Die?*，暫譯）

這本書會為許多讀者的意識帶來正向的改變。

——皮姆・汎・洛梅爾醫師（Pim van Lommel），著有《超越生命的意識》（*Consciousness Beyond Life*，暫譯）

葛瑞森博士在本書中所記錄的研究，體現了他精湛的才智和嚴謹的科學態度，幾乎無可取代。

——麥可．撒邦（Michael B. Sabom），著有《死亡回憶錄》（*Recollections of Death*，暫譯）

葛瑞森博士以新穎又充滿吸引力的方式，帶領我們走了一趟精彩的瀕死體驗之旅。無論你屬於什麼宗教、靈性信仰、科學背景，都一定要讀。

——安德魯．紐伯格醫師（Andrew Newberg），湯瑪斯傑佛遜大學急診醫學和放射學教授，著有《神祕的心智》（*The Mystical Mind*，暫譯）

關於瀕死經驗和人類心靈，葛瑞森博士是科學和醫學上的專家。身為一位精神科醫師，他不把人們不尋常的經歷看作是發瘋的現象，而是幫助他們理解和從中學習。

——查爾斯．塔特（Charles Tart）博士，加州大學戴維斯分校心理學名譽教授，著有《意識的眾生相》（*States of Consciousness*）

目次

前言

進入未知的領域

五十年前，我遇到了一位自殺未遂的女大學生。她跟我說的一些話，改變了我過去對人的內心和大腦的看法，讓我開始質疑：人究竟是什麼？

那時，我剛從醫學院畢業沒多久，只希望自己看起來不像個菜鳥。有一天，我掛在腰帶上的 BB Call 忽然響起。那個時候，我正在吃義大利麵，一面讀著精神疾病急救手冊。Call 機突然的響聲，嚇了我一大跳，讓我不小心掉了叉子。叉子砸在盤邊，濺起了番茄醬，醬汁灑在書頁上。我伸手關掉 BB Call，發現我的領帶上也濺到了一點。我低聲咒罵幾句，抹去汙漬，還用濕紙巾擦了擦，結果顏色雖然變淡了些，但是整塊痕跡卻暈開了。

我在餐廳裡隨便找了一支電話，回撥 Call 機上顯示的號碼。急診室告訴我，有一位服藥過量的病患，她宿舍的室友有事想告訴我。我不想花時間穿過停車場到值班室換衣服，所以直接拿了掛在椅背上的實驗室白袍，扣上釦子遮住我的領帶，然後走向急診室。

一到急診室，我先掃過護理師的入院紀錄。荷莉是一位大一新生，被室友送到醫院來。現在，她的室友正在陪病區等我。根據急診室護理師和實習醫師的紀錄，荷莉狀況穩定，但尚未甦醒，現在睡在第四檢驗室，有一名看護正守著她，急診室對精神病患都是如此安排。大概了解狀況後，我去看了荷莉：她躺在推床上，穿著醫院的袍子，手臂上插著一根管子，心電儀的導線從胸口連到床邊的機器。她凌亂的紅髮散在枕頭上，框住她蒼白、棱角分明的臉，她的鼻子細削，嘴唇很薄。我走進房間的時候，她雙眼緊閉，整個人毫無動靜。在推床下的架子上是一個放著衣物的塑膠袋。

我輕輕碰了一下荷莉的手臂，叫了叫她的名字。她完全沒有反應。我轉身問看護說，荷莉是否有睜開眼睛或說過話。看護是一位年邁的黑人，在檢驗室的角落翻著雜誌。他搖搖頭告訴我：「她一直都沒有意識。」

我細看了荷莉，稍做檢查。她的呼吸緩慢但規律，也沒有酒味。我想她可能是因為過量服用了某些藥物，所以昏睡了過去。她手腕的脈搏正常，只是每隔幾秒就少跳一下。我動動她的手臂，檢查其僵硬的程度，希望可以知道她吞了什麼藥。結果，她的手臂非常放鬆，當我擺弄時，她人也沒有醒來。

我謝過看護，離開了檢驗室，走到走廊盡頭的陪病區。與檢驗室不同，陪病區有舒適的椅子和沙發，還提供咖啡、紙杯、糖和奶精。荷莉的室友蘇珊正在裡頭走來走去。蘇珊個子很高，看起來有運動的習慣。她棕色的頭髮緊緊地紮成馬尾。我自我介紹後，請她坐下。她到處看了一下，最後坐在沙發的一端，轉弄著食指上的戒指。我拉了張椅子坐在她旁邊。無窗的陪病區沒有空調，在維吉尼亞州夏末的高溫下，我已經開始流汗。我把立扇移近了一些，也解開了白袍的釦子。

我先起了頭：「蘇珊，妳把荷莉送來急診室是明智之舉。妳能告訴我發生了什麼事情嗎？」

她說：「我今天最後一堂課下課已經傍晚了。回到家，我發現荷莉昏倒在床上。我大聲叫她，搖她，但怎麼樣都叫不醒。所以我聯絡了舍監。她打了電話叫救護車，我開車跟了過來。」

既然急診診斷是服藥過量，所以我問：「妳知道她吃了什麼藥嗎？」

蘇珊搖了搖頭。她說：「我沒有看到藥瓶，可是我也沒有時間到處找。」

「妳知道她有固定吃什麼藥嗎？」

「她有在吃學生健康中心開的抗憂鬱藥。」

「妳們房間裡還有什麼她可能服用的藥物嗎？」

「我有一些癲癇的藥，放在浴室的櫃子裡，但我沒有注意到她有沒有吃。」

「她常喝酒嗎？還是有吃其他的藥？」

蘇珊再次搖了搖頭。「我不清楚。」

「她還有其他健康問題嗎？」

「我想應該沒有，但我和她還不是很熟。畢竟，我們一個月前才搬進宿舍，我也才剛認識她。」

「她在學生健康中心看過憂鬱症。她最近有沒有看起來比較沮喪或者焦慮，還是有什麼行為異常嗎？」

蘇珊聳了聳肩。「我們真的沒有那麼熟。我沒有發現任何問題。」

「我明白了。妳知道她最近是不是有什麼特別的壓力？」

「據我所知，她功課不錯。我的意思是，離家，上大學，這對我們所有一年級新生來說，都需要一段適應的時間。」蘇珊猶豫了一下，補充說：「但是她和男友之間可能有點問題。」蘇珊又停了下來。「我想他可能一直想要她做什麼。」

「要她做什麼？」

蘇珊聳了聳肩。「我不知道。就是我的感覺。」

我等她繼續開口，但她沒有再說下去。

我說：「蘇珊，謝謝妳的幫忙。還有什麼事妳覺得我們應該要知道的嗎？」

蘇珊再次聳聳肩。我等了一下，可是她什麼也沒再說。我只覺得她好像顫抖了一下。

「妳呢？妳還好嗎？」我問，稍微碰碰她的手臂。

「我很好。」她回得很快。「我要回宿舍了。我有一篇報告要寫。」

我點了頭。「好，謝謝妳做的一切，還告訴我這麼多事。現在沒事了，妳可以回去弄報告。如果妳想要，妳可以早上再來看她。如果有什麼其他的事，我們再打電話聯絡妳。」

蘇珊點點頭，站了起來。我送她到門口。當我伸手和她握手時，我看到了自己領帶上的汙漬。我重新扣上白袍，以免急診室其他人注意到。

我沿著走廊回到荷莉的房間，看看她醒來了沒。她仍然毫無意識，看護也說，在我離開後，她動也沒動。看來，那天晚上沒有什麼是我可以做的了。我和負責荷莉的實習醫師談了一下，他說他會把荷莉送到加護病房，監測她的不規則心跳。我打了電話給那天晚上接在我後面值班的精神科醫師。他也覺得現在沒有什麼事情是我可以做的，但他要我確定有記錄下所有內容，而且明天一早就要來檢查荷莉，順便問診。我也要在明天早上八點，向諮詢小組的精神科資深醫師說明她的情況。之後，我穿過了停車場，來到值班室。我很開心自己沒有出糗或搞砸。幸運的是，病人會被送進加護病房，所以當晚負責入院和指示的人是那位實習醫師，不是我。

第二天一早，我來到加護病房。經過一夜好眠，換過了衣服，我精神煥發。我在護理站的架上找著荷莉的病歷時，剛好一位護理師正在填寫。她抬頭看了看我。

「你是精神科的？」她問。

我點點頭：「我是葛瑞森醫師。」其實一看就知道我是精神科的人，因為我是加護病房中，唯一在白袍下穿著一般外出衣物而不是醫師服的人。

這位護理師說：「荷莉醒了，你可以和她談談，只是她仍然很睏。她整晚狀況都很穩定，只有一些心室早期收縮。」我知道那些不規則的心跳可能毫無意義，但也可能與她前一天晚上服用的藥物有關。

「謝謝妳。」我說。「我現在去和她談談。精神科的諮詢小組大概在一個小時後會來這邊看她。妳看她現在的狀況，今天有可能轉到精神科病房嗎？」

「哦，可以。」護理師翻了個白眼。「還有很多病人在等這裡的床位呢。」

我走到荷莉的房間，門沒關，我敲了敲門框，走了進去。現在，她的鼻子和手臂上都裝有一根導管，心電儀的導線連接到床上方的螢幕。我把她床邊的簾子拉上，輕輕叫了她的名字。她睜開一隻眼睛，點了點頭。

「荷莉，我是葛瑞森醫師。」我說。「我是精神科醫師。」

她閉上眼睛，再次點了頭。幾秒鐘後，她含糊地說了些話，發音不太清楚。「我知道你是誰。我昨天晚上有看到你來。」

我頓了一下，在腦中回想昨晚的情景。我說：「妳昨天晚上在急診室看起來好像睡得很熟。我想妳應該沒有看到我。」

她的眼睛仍然閉著，輕聲喃喃道：「不是在我的房間裡。我看到妳和蘇珊說話，坐在沙發上。」

這讓我吃了一驚。她不可能看到或聽到在走廊盡頭的我們。或許，這不是她第一次被送來急診，也或許，她猜到我在陪病區和蘇珊談過話。

「有誰告訴妳我昨天晚上和蘇珊說過話嗎？」我問。

「沒有，」她現在以清楚一點的口吻說。「我昨晚**有看到**你。」

我猶豫了一下，不確定接下來該說什麼。本來應該是我來主導這次的問診，問她自殘的想法和她生活中發生的事情，但現在我搞不太清楚，也不太知道該如何進行對話。我想知道她是否只是想玩弄我這個菜鳥實習醫師。如果是這樣，她做得很好。她似乎覺察到我的不確定感，睜開了雙眼，第一次和我對視。

她堅定地說：「你當時繫著一條沾了紅色汗漬的條紋領帶。」

我身體慢慢前傾，她真的這樣說了嗎？「什麼？」我問，雖然我幾乎問不出來。

「你繫著一條沾了紅色汙漬的條紋領帶。」她又說了一次，睜大眼睛看著我。然後，她複述了我與蘇珊之間的對話，我所有的問題和蘇珊的回答，還有蘇珊如何在房間裡走來走去，我怎麼移了立扇。她一點都沒有說錯。

我寒毛直豎，渾身上下起雞皮疙瘩。她怎麼可能知道所有這些事情？她或許可以猜到我可能會問什麼問題，但是她怎麼知道其中細節呢？那天早上更早，有人和她交談過嗎？有人告訴她我在筆記中寫了什麼嗎？但是那時候在陪病區，除了蘇珊和我，沒有其他人。我們說的話和一舉一動，誰會知道呢？然後，除了在陪病區，沒有人看到我領帶上的汙漬。荷莉不可能知道我和蘇珊說過話，更不可能知道我們談話的內容或我領帶上的髒汙。但是她就真的是知道。每當我嘗試專心解讀她所說的話，就會發現自己的想法變得混亂。我無法否認她知道我和她室友交談的細節，我親耳聽到了，這確實發生了，但我不知道她是**怎麼**知道這些細節的。我告訴自己，她一定是好運猜到的，或玩了某種把戲。

但是，如果是騙局一場，怎麼可能成功？荷莉剛從服藥過量中醒來，從前一天開始，她就再也沒有和蘇珊說過話，她怎麼知道蘇珊和我說過什麼？荷莉有可能在服藥之前就與蘇珊共謀，計畫好蘇珊告訴我的內容嗎？但是她們再怎麼計畫，都不可能讓我的領帶沾上義大利麵醬。此外，當我在急診與蘇珊交談時，蘇珊看起來侷促不安，而荷莉現在也仍然昏昏欲睡，有些憂鬱。這一切看起來，感覺起來，都不像是個騙局。

我不知道這些問題的答案，也沒有時間考慮這些問題，也不知道該如何將它們歸類。在這件事情發生之後，還要好幾年，英語世界中才出現了「瀕死經驗」（near-death experience）這個詞。那時候，因為我無法解釋，我整個人不知所措，唯一能做的，就只是將這些問題拋在腦後。

這時，荷莉的呼吸變得不太穩定，看起來她又要睡著了，這讓我回到了現實。**我的**不知所措不該是那天的重點，我的工作是幫助荷莉處理**她的**問題，幫助她解決、並找到繼續活下去的動力。現在，我必須盡可能了解她的生活壓力來源，並在諮詢小組巡房之前評估她的自殺念頭。

我輕輕碰一碰她的手臂，再次叫了她。她睜開了一隻眼睛，我試圖繼續問診。「荷莉，妳能告訴我昨天晚上的事情嗎？妳怎麼會服藥過量呢？」從她斷續的話語中，我大概知道了她服用了過量的平躁抗憂鬱劑，這可能會導致危險的心律不整。她在高中時也有過「幾次」用藥過量。她證實了蘇珊告訴我的所有事情，並補充了一些細節。她告訴我，大學的社交壓力讓她不知所措。她也覺得自己無法融入。她說她不想讀了，想要回家，轉去家附近的社區大學就讀，但是她的父母一直告訴她，多給自己一點時間。當她看起來又似乎快要睡著時，我謝謝她告訴我的一切，並跟她說，接下來精神科小組大概在一個小時後會來看她。她點了點頭，閉上了眼睛。

我打了電話給學生健康中心，留言告訴他們荷莉住院的消息，順便要了她在那邊的精神科治療紀錄。然後，我簡短地寫了住院病歷，主要根據蘇珊在前一天晚上告訴我的內容，加上我在那天早上觀察到的狀況，包括荷莉的情緒和思緒。但是這份向精神科諮詢小組的簡報一點也稱不上完整。我直接略過了任何關於她明明在另一個房間裡睡覺，但卻聲稱她見過我的事情。我在當下就已經決定，不讓我的同事知道這件事，至少直到我能提出合理的解釋為止。再怎麼樣，他們可能認為我昏頭了，表現得很不專業。但最糟糕的是，他們可能覺得我**真的**昏了頭，憑空想像了整件事情。

我告訴自己：這一定不可能。荷莉遠在急診室，熟睡著，絕對無法看到或聽到陪病區裡發生的事情。她一定是透過其他方式知道的，只是我想不通。加護病房的所有護理師都不知道我在急診室與蘇珊的對話；前一天晚上，任何急診室的值班人員也不知道荷莉和我分享的細節。整件事情，對我這個努力想覺得知道自己在做什麼的菜鳥實習醫師來說，非常讓人不安，我只能把它藏起來，也不確定是否要在將來的某個時候回顧。我甚至沒有告訴我的妻子珍妮。這實在太奇怪了。要告訴別人我把這件事當真，我會超級尷尬。我也知道，如果真的要告訴別人，我就更難把事情封藏在心底，也就更必須處理它。

我相信，對於荷莉怎麼知道這些事情，一定有一些合理的物理解釋，而我必須自己找到這種解釋。如果不是這樣的話，那麼另一種可能，就是荷莉體內負責思考、觀看、聆聽、記憶的部分，以某種方式離開了她的身體，跟著我走過走廊，來到了陪病區，在沒有眼睛或耳朵的情況下，接收了我與蘇珊的談話。這對我來說，毫無道理可言。我甚至無法想像什麼叫做「離開身體」。對我來說，我**就是**我的身體。但那時候，我沒有辦法細想這些事情。我不知道怎麼調查此事。我不可能再去找蘇珊，問她是否有注意到我領帶上的汙漬；如果有，她有沒有向別人提及過。我也不可能問遍前一天晚上在急診室工作的人，更不用說要去追查誰有可能在自助餐廳看到我掉叉子，然後又看到我和荷莉談話。這是不可能的。我也不打算繼續調查，我只希望這件事清就這麼消失。

＊　＊　＊

過去半個世紀以來，我一直試圖了解，荷莉是怎麼知道我領帶上沾有義大利麵醬。那個時候，這記直球打亂了我的世界觀；無論是我的背景或科學訓練，都沒有教過我該怎麼揮棒。我的父親是徹徹底底的懷疑論者。對他來說，生命就是化學。在他的引領下，我也走上了主流科學之路。做為一名精神病學學者，我在同儕審閱的醫學期刊中，發表了一百多篇學術論文。我很幸運能夠在密西根大學的醫學院任教，負責精神科急診服務。我曾經在康乃狄克大學擔任過臨床精神病學主任；在維吉尼亞大學，擔任過精神病學和神經行為科學的切斯特．卡爾森教授（Chester F. Carlson Professorship）一職。感謝天時地利，我很幸運，得過許多政府機構、製藥公司以及非營利私人研究基金會的研究資助。我也有幸能在美國國立衛生研究院（National Institutes of Health）的獎助審查委員會和方案規劃研討會中任職。我曾經在聯合國主辦的關於意識的研討會上致詞。我的醫學研究屢獲殊榮，並當選為美國精神病學協會傑出終身研究員。

總體來說，身為一名精神病學家，我的職業生涯非常令人滿意。我之所以能夠成功，很大的原因是身旁支持我的師長和同事，他們的傑出才是我成就的關鍵。但是，自從荷莉指出我領帶上的汙漬，這些年來，我一直覺得，我其實並不完全了解心（mind）和腦之間的關係。身為懷疑論者，我眼見為憑，所以我沒有辦法對這樣的事件視而不見。但也因為如此，我決定用科學的方式來研究這些所謂的不可能。

＊　＊　＊

一九七六年，雷蒙．穆迪（Raymond Moody）在維吉尼亞大學受訓時，我是那裡精神科急救中心的主任。雷蒙的第一本書《死後的世界》（*Life after Life*）是英文出版品中第一本提及「瀕死經驗」（near-death experience）和其縮寫ＮＤＥ的書[1]。這本書意外地暢銷，他收到非常多讀者來信分享類似經驗。雷蒙當時是實習醫師，沒有時間回覆所有信件，於是向身為急診室培訓主任的我求助。當時，我驚訝地發現，讓我震驚無比的荷莉事件，其實一點也不特別。雷蒙採訪過很多瀕死的人，他們聲稱自己離開了身體，看到在其他地方發生的事情。

這個發現引起我的興趣，讓我踏上了找尋瀕死經驗證據的旅途。如果我沒有遇到雷蒙，或沒有讀過他充滿創見的書，那我可能永遠不會想要找出義大利麵醬汙漬背後的意義。沒多久，我就了解到，瀕死經驗並不是一個新的現象。在古希臘和羅馬文獻[2]、全世界主要宗教的經文[3]、各地原住民文明留下的敘事[4]和十九和二十世紀初的醫學紀錄[5]中，我發現了許多瀕死經驗的描述。

我和一些也曾經聽過瀕死經驗的其他大學的同事，創立了國際瀕死研究協會（International Association for Near-Death Studies），來支持和促進對這些經歷的研究。在超過二十五年的時間裡，我擔任這個協會的會長，並編輯了《瀕死研究期刊》（*Journal of Near-Death Studies*）。這是唯一致力於瀕死經驗研究的學術期刊。在過去的幾十年中，我收集了超過一千名經驗者的資料，他們很好心地為我填寫了一份又一份的問卷，其中有些人已經做了四十多年了。我把這些人的經驗，和例如因心臟病、癲癇發作或自殺未遂而住院的患者的瀕死經驗相比較。在過程中，我發現他們的敘述超越了文化詮釋，有很多共同之處[6]。我也發現，這些經驗對於個人態度、信念、價值觀和個性會產生某些形式的持續影響。最重要的是，現在，我可以證明，瀕死經驗不是夢境，也不是幻覺。

在這四十五年的過程中，我發現瀕死經驗可以追溯到好幾個世紀前，並且在世界各地都有。瀕死經驗很常見，並不侷限於特定人士，甚至連腦神經學者也有過。神經外科醫師艾賓・亞歷山大（Eben Alexander）因為罕見的腦部感染，陷入了為期一個星期的昏迷。他甦醒後仍然清晰記得一段非常複雜的瀕死經驗。他後來來找我，希望我可以幫他搞清楚這看似不可能的事情。

將近半個世紀的努力研究後，我發現瀕死經驗的影響遠遠超出了體驗的當事人。我了解愈多，就愈覺得我們需要重新思考心和腦，才能突破現有的觀念來解釋瀕死經驗。如果有了解心和腦的新方法，我們就可以探索意識在我們的身體死亡後是否仍會繼續存在。藉此，我們就可以重新思考我們到底是誰、我們究竟在宇宙中是什麼樣的存在、我們可以如何度過人生。

有一些科學家同事警告我，如果以開放的態度研究像瀕死經驗這樣「不可能」的經歷，會讓迷信大行其道。身為懷疑論者，我認為就讓它們上吧！不能因為我們的信念，而對「不可能」先行論斷；讓我們測試這些具有挑戰性的想法，看看它們是否真的是迷信，還是其實是我們能更宏觀地了解世界的窗口。瀕死經驗研究並沒有使我們遠離科學，墮入迷信。實際上，透過科學方法來了解世界上無形的種種，可以讓科學跳脫物質和能量的侷限，更精確地描述現實。

遵循過去幾十年來累積的科學證據，我並不特別提倡任何一種理論或信仰體系。我知道這會讓很多支持特定觀點的朋友失望。我知道，因為我嚴肅看待大腦中的物理變化如何帶來瀕死經驗，所以一些篤信靈性的朋友會大唱反調；我也知道，我一些唯物主義的朋友，會因為我說心智可以獨立於大腦之外運作，而失望不已。同時，兩方人馬中，都可能有人會抱怨說，我不選邊站，是為了容易脫身。

但是實際上，正是因為我對知識誠實，所以我無法在這場辯論中支持任一陣營。我認為，有足夠的證據顯示，瀕死經驗既可以用生理上的機制來解釋，也能看成是心智在大腦之外持續運作。我們可以從有形世界的哲學觀來看，把瀕死經驗解釋成一種我們現在還沒有弄清楚的生理過程。我們也可以從無形存在的哲學脈絡來思考，把瀕死經驗解釋成是一種靈性禮物。這兩種想法雖然聽來合理，但都不科學，因為沒有證據可以反駁。換句話說，它們只不過是信仰。

我希望這本書中可以告訴大家，瀕死經驗沒有理由不能既是靈性上的禮物，也是特定的生理過程。科學證據顯示，這兩種想法可以共存，而且不互相牴觸，這使我們能夠超越科學與靈性之間的人為分界。不過，雖然我對這兩種觀點的態度開放，這並不代表我對瀕死經驗的意涵沒有任何看法。

數十年來的研究讓我相信，瀕死經驗真實且深刻，而且能提升自我的靈性和覺察。我知道，瀕死經驗之所以對當事人很重要，是因為它們改變了當事人的人生。但我相信，瀕死經驗對科學家也很重要，因為，對於人的心和腦，瀕死經驗提供了重要的線索。對所有人來說，我認為最重要的是，瀕死經驗告訴我們何謂死亡和臨終，何謂生命和活著。

在接下來的正文中，我跳過了研究方法和統計細節。如果想知道我提及的研究方法細節，可以在書末註釋的參考文獻中找到。讀者也可以從維吉尼亞大學感知研究室的網站 www.uvadops.org 上，下載我所有經過同儕審閱的期刊文章。

儘管我是以自己對瀕死經驗四十五年來的科學研究寫成了這本書，但我設定的讀者並不是其他科學家。同時，雖然我希望曾經經歷過瀕死經驗的人，會覺得我為他們伸張了正義，但我也不是為他們而寫的。事實上，我是為我們而寫。這本書是寫給那些對於人類不可思議的心感到好奇的讀者，寫給對於生死想提出更深層問題的人們。

關於死亡和死後的世界，已經有很多論述和著作，多數都將科學和宗教視為互斥的兩端。在本書中，我嘗試延展討論的方向，並藉此改變對話。我希望證明科學和靈性是相容的，對靈性的嚮往不代表需要放棄科學。我的學思歷程顯示，以證據輔佐信念和理解，科學地觀察、了解世界，並不妨礙我們欣賞生命中靈性和無形的層面。另一方面，體會靈性和無形的事物，並不代表我們不能以科學的角度，來評估自己的經驗，以證據做為信念和理解的基石。儘管對於臨終以及死後的世界，我學到了很多，但這並不是一本只關於死亡的書。這也是一本關於生命和活著的書，關於慈悲與關懷，關於我們彼此之間的相互聯結，我們要如何活得更有意義、更加充實。

我寫這本書的目的，不是要說服你相信任何一種觀點，而是要讓你思考：科學的觀點可以幫助我們理解瀕死經驗，告訴我們有關生死和死後的世界。遵循科學證據，我學到了很多有關瀕死經驗及其含義的知識。我寫這本書，是為了與你分享我的學思歷程。我希望能讓你思考問題、細索答案；並不是要你相信任何一種觀點，而是讓你重新評估自己對於生與死的看法。我不是頒布十誡的摩西，我只是一位科學家，我分享的是數據和資料代表的涵義。

儘管那時候，我努力想從記憶中抹去關於荷莉的一切，但是，身為一名科學家，我知道自己沒有辦法完全忽略整件事情。如果因為無法解釋，就假裝事情沒有發生，這才是最不科學的作法。為了有邏輯地解答義大利麵醬汙漬之謎，我開啟了長達五十年的研究。最終，我仍然無法回答自己所有的問題，但這段過程，讓我質疑了自己曾經擁有的一些答案。展開這個研究沒有多久，我就被帶進了一個我根本無法想像的領域。

第一章 用科學解釋那無法解釋的

我從來沒有見過只有半張臉的人。我在精神科受訓了半年左右，一天，亨利被送來了醫院。我第一次看到他的時候，他躺在病床上，我很難不盯著他右邊的臉，那原本應該是下巴和臉頰的地方。整形外科醫師其實已經神乎其技地用腹部的皮膚，把臉部的傷口拼湊起來，但即使如此，當我看著他時，我仍然很難保持鎮定。他只用嘴巴的左側說話，語調緩慢而且含糊不清。雖然我有些不自在，但他似乎一點也不尷尬，也並不抗拒與我交談。事實上，當他告訴我在開槍後發生的種種，他顯得泰然自若。

我認識亨利時，他四十歲。他生在一個貧窮的農家，他是家中的老么。他的哥哥姊姊在結婚後都搬離了家；亨利儘管也結了婚，卻從未離開。他的父親在他二十三歲時過世，他們兩人那時候一起出去打獵，父親心臟病發作，亨利設法把父親帶回農場，只是父親仍然死在他的懷裡。接下來，他的母親接掌了農場的管理工作。幾年後，亨利的妻子離開他，帶著孩子回到了住在鎮上的娘家。

在亨利自殺的十個月前，他的母親得了肺炎。他開車帶她去看醫生，母親被安排住院，她要亨利不要離開她的身邊，不過那天晚上，亨利還是回家照料雞隻。當他第二天早上回到醫院時，母親已經沒有了意識，幾個小時後便過世了。

亨利崩潰了。他開始瘋狂喝酒。他對於自己把母親拋棄在醫院裡非常內疚，每一天晚上都夢見母親還活著。他無法碰觸母親遺留下來的遺物，家裡所有的東西都還保持母親在世時的原樣。他喝酒後會特別沮喪，一遍又一遍地喃喃說著「家再也不是家了」。最終，憂鬱了好幾個月的他，某天喝了一整個早上的酒之後，就帶著獵槍去到埋葬父母的墓地。

他在墳墓上坐了幾個小時，時而回想，時而想像著與父母之間的對話，他決定是時候加入他們了。他躺在墳墓上，把頭放在他覺得是母親懷抱的地方。亨利將點二二口徑的狩獵步槍放在兩腿之間，將它對準下巴，然後用拇指輕輕扣了扳機。子彈撕裂了他右側的臉，在他的臉頰和太陽穴周遭留下許多碎片。但他算是運氣好，子彈沒有打到大腦[1]。

當我詢問亨利時，我試圖讓自己的聲音保持穩定，也避免一直看著他縫合的臉頰。我說：「聽起來好痛。你心中經歷的一切，我只能稍稍想像。你那時候感覺如何？」

亨利的左臉微微一笑。他說：「我扣了扳機後，周圍的一切都消失了：起伏的丘陵，後面的山，全都消失了。」

他抬頭看看我。我點了頭，繼續問：「然後呢？」

「我發現自己在長滿野花的草地上。在那裡，我的爸媽張開雙臂歡迎我。我聽到媽媽對爸爸說：『亨利來了。』她聽起來很高興。但是當她看到我，表情卻變了。她搖了搖頭，說：『哦，亨利，看看你做了什麼！』」

亨利停了下來，低頭看著自己的手，吞了口水。我等了一會兒，然後說：「要講這些對你來說一定相當不容易。你那時候覺得怎樣？」

他只是聳聳肩，搖了搖頭，然後深吸一口氣。「就這樣而已，」他說。「我之後就回到了墓地，爸媽也不見了。我可以感覺到頭底有一大灘血，所以我想我最好趕快找人來幫忙。我想把自己拖回到卡車上，但是才到半路，就被一名挖墓人看到。他跑了過來，用一塊布把我的頭纏住，開車送我來到醫院。」他再次聳聳肩膀。「然後我就在這裡了。」

「真是驚險，」我說。「自從父母過世以來，你有看過他們嗎？」

他搖了搖頭。「沒有。但是可以在那裡見到他們，感覺很好。」

「聽起來你應該在開槍之後就昏了過去，至少短暫失去了意識。你覺得看到你的父母可能是一場夢嗎？」

亨利噘起嘴唇，搖了搖頭。「那不是夢，」他說。「見到爸媽，就像現在見到你一樣，非常真實。」

我不得不暫停一下，試圖弄清楚他在說什麼。對亨利來說，這是完全合情合理的：他看到了他們，看到他們歡迎他進入天堂。但是在我的科學世界觀中，這種事情絕非真實。我在腦海中掃過各種可能性。亨利有精神病嗎？他喝得那麼醉，所以產生幻覺了嗎？他是不是在父母的墳墓上坐了太久，以致於產生酒精戒斷症候群和精神錯亂？還是，他腦中父母的影像只是悲傷的一部分？

我也沒有辦法說亨利發瘋了。此時，亨利已經在醫院待了幾天。他說話平和，舉止沒有什麼奇怪的地方。自從入院以來，他沒有任何酒精戒斷的生理徵狀。令我驚訝的是，他似乎一點也不傷心。

我問亨利：「當你扣下扳機時，你希望會發生什麼？」

「我只是不想活了，」他迅速說道。「我不在乎會發生什麼事。我受夠了，沒有媽媽我就無法繼續下去。」

「現在呢？你現在想要結束一切嗎？」

他說：「我現在完全不會那樣想。我仍然很想念媽媽，但現在我很高興知道她在那裡。」

身為才剛受訓一陣子的精神科醫師，我從未見過能夠像亨利一樣，在自殺未遂之後，卻渾身充滿自信的人。他說他為自己企圖自殺而感到羞愧，但很感激能洞見異相。他渴望與其他患者交談，向他們訴說生命的價值和神聖性。不管是什麼讓他看到了父母，這樣的經歷顯然有助於他面對自己的悲傷。

那時，距離「瀕死經驗」這個術語出現在英文詞彙裡，還需要幾年的時間。我當下唯一了解亨利經歷的辦法，是把它當作幻覺，也就是他假想了一場和已故父母的團聚。我認為他的經歷是一種心理防衛機制，僅此而已。

這件事情發生在荷莉與領帶汙漬事件的幾個月後。那時，我仍想方設法要弄清楚荷莉那件事。但是亨利的經歷對我來說，和荷莉的經歷截然不同。她聲稱看到並聽到自己無意識身體以外的東西，但仍然身處在正常的有形世界中。她並沒有看到或聽到任何靈魂。另一方面，亨利聲稱看到並聽到了已故父母的魂魄。最大的不同是，我可以以客觀的科學觀點來解釋亨利見到父母這件事，但荷莉卻把我拖下水，每當我想好好想一想，都沒有辦法平心靜氣，想要尋求解答，最後卻徒勞無功。

我可以將亨利的經驗視為一種心理防衛機制。但是我要怎麼說服他那不是真實的呢？我知道，如果我告訴他，整件事只是他的想像，那我將失去我身為醫師好不容易與他建立起的融洽關係。我也可以看得出來，他看到的一切對他來說幫助有多大，對解決他的自殺念頭來說，有多重要。我認為，他的幻覺是他無意識應對母親死亡的辦法。我認為，做為亨利的醫生，我能給他的幫助，是讓他更珍視他所見到的一切，而不是去挑戰給了他生存理由的事件的真偽。我給他的訊息很簡單：「聽起來你經歷了非常重大的事件，為你的人生帶來了新的目標。我們來看看，對你來說這代表了什麼，以及你該如何展開接下來的人生。」

我希望能讓亨利了解，他看到死去的父母，是他與逝者在心理上重新團聚的一種方式。但他把那次相聚當成事實，而不是某種象徵。當時，我從來沒有想過，他之所以把那次相聚當成事實，單純是因為那**的確是**真的。在我的學經歷中，沒有任何東西可以證明亨利真的見過他的父母。撫養我長大的是一位化學家；對我的父親來說，現實就是元素週期表。

＊　＊　＊

我父親無時不刻不是化學家。我小時候住過的每個地方，地下室都是他自己蓋的化學實驗室。他熱愛科學，也熱愛與他人分享他熱愛的學問。當我在紐約杭廷頓讀小學時，他教我使用本生燈、天平秤、離心機、電磁攪拌器、刻度量筒以及錐形瓶和圓底燒瓶。

那時，杜邦的一位科學家意外發現了鐵氟龍。我父親早期的實驗很多都和鐵氟龍相關。他在一家小型化學公司工作，他的公司利用鐵氟龍製造各式各樣的產品，例如絕緣電線和火箭燃料電池。和其他塗料相比，鐵氟龍的優點在於其表面非常光滑，幾乎不會沾黏。父親的一些發明產生了實質的益處。當時，鐵氟龍塗層的廚具尚未問世，父親就已經用各種形式的鐵氟龍噴塗家中的鍋碗瓢盆，雖然我們有時候會在食物裡發現一些塗料。他的其他發明則不太成功。例如，他將鐵氟龍襯墊放到我們的鞋子裡，好讓我們腳底不會起水泡。可是結果鞋子變得太滑，我每走一步，腳都在鞋子裡滑動，不但走路變得困難，跑步也變得非常危險。對我父親而言，實驗是否成功對他來說並不那麼重要；重要的是進行實驗時的興奮感，以及等待後續結果時的不確定。

＊　＊　＊

當我仰臥在奉獻石上時，我很興奮，背脊像是有電流竄過。陽光從高聳的松樹間灑落，照亮了周遭的月桂樹和杜鵑叢。鳥兒在清晨的微風中婉轉。這塊大花崗岩板的表面有一圈一公分深的凹槽，把我的身體圈在裡面。在我的腳下，圓形凹槽和石板邊緣之間有一條短溝。整塊石板的重量一定超過一噸，由四塊石基座撐起，離地面一公尺左右。

我的父親身材不高，肩膀寬闊，眼神總是發亮。他手裡拿著捲尺，嘴裡叼著菸斗，在石板四周走來走去，在筆記本上記錄畫圖。在花崗岩板旁，有十幾個石室、石壁和石溝，還有似乎是用來丈量日期和時間的直立石塊。這些都是一個謎。在二十世紀中葉，擁有這塊土地的農民把這個位在新罕布什州塞勒姆的地方叫做「神祕丘」。研究人員推測，這個遺址可能是西元一千年左右，由在這裡定居的維京人所建。或者也有可能是，來自不列顛群島的凱爾特人在西元前七百年留下的建築；不然，也有可能是數千年前，阿貝那基和彭納克原住民部落遺留下來的痕跡。

無論其起源如何，我躺在那塊冰冷的石板上，背脊發涼。我想像著自己的血液流到身體四周的凹槽中，然後從腳下的排水溝匯集到一個桶子裡。這令人毛骨悚然，但也莫名刺激。我當時只有十歲，無法解釋我身體的顫抖究竟是因為新英格蘭的秋意，還是因為幫忙父親解決科學難題而興奮。對父親而言，科學研究充滿了快感，而我繼承了他對科學的著迷。我那時已經投身為科學而行的行列，挑戰未知的世界。十歲的我，已經迷上科學了。我喜歡收集和分析數據來回答問題，而不是聽信猜測、道聽塗說或鄉野神話。

直到今日，關於神祕丘的真相仍然不明，可能是因為數百年來好多人更動過廢墟，破壞或改變了其起源的證據。也有可能，奉獻石只不過是一台十九世紀的榨汁機的下半部，圍繞邊緣的凹槽只是用來蒐集榨出的蘋果汁；或者，這只是一架普通的石磨，從木灰中提取鹼液來製造肥皂。父親和我找不到可以支持關於神祕丘任何解釋的證據，但我從未忘記有系統地尋求真相時的興奮感。

＊　＊　＊

父親一直抱持著懷疑態度，他不斷懷疑自己對事物的解釋。他最快樂的時候，是在調查不了解的事情時，或者在研究為什麼結果與他的期望互相牴觸時。他教我的不僅是面對科學的熱情，還有認識到科學本質其實充滿了試驗性。追根溯源，科學始終是一項正在進行中的工作。無論我們認為自己的世界觀有多堅實可靠，如果新證據引起懷疑，我們都必須準備好重新考慮一切。這種豁達態度的成果之一，就是我們能夠接納自己無法解釋的事物。當研究出現的結果與我們事先構想的相符時，我們可以更細緻地了解其中幽微；但是，當研究結果和我們的期待不同時，往往才是科學有所突破的時候。

儘管父親鼓勵我研究我無法解釋的事情，但他從未提及人類的心理，也沒有提過像是思緒或感情之類抽象的東西，更不用說更抽象的概念，例如神、精神或靈魂。在科學中成長，以科學做為未來的職涯規劃，我已經非常滿足。在父親的帶領下，我相信實證是尋找真相的準則。

在康乃爾大學就讀時，我主修實驗心理學，以科學方法研究金魚如何在迷宮中找到路；老鼠如何學會只在固定某個時間去壓動橫桿取得食物，其他時間卻不會；未成年的獼猴如何學會辨認物體，尋找食物。雖然我著迷於動物的智慧，但我更渴望研究人類，所以我繼續讀了醫學院。我在醫學院的時光美好，從接生嬰兒到前往老年患者家裡進行家訪，都是深刻的回憶。但是，當我對精神疾病了解愈多，就愈覺得我們對大腦一點都不了解。這些未解之謎，最終引領我走進了精神病學的領域。

我在醫學院三年級時，告訴父親我想成為一名精神科醫師。我跟他說，對於人類潛意識中的想法和感覺如何影響行為，我很有興趣。父親坐在他的椅子上，雙腿交叉，慢慢地從外套口袋裡掏出一根玉米芯菸斗和一個菸袋。他仔細地填滿了菸斗，將菸草壓實，又加了一些菸草，然後再壓實。接著，他點了一根火柴，一邊小心翼翼地移到菸斗上，一邊輕輕地吸了幾口菸。最後，他抬起頭。令我驚訝的是，他問我：「你為什麼會覺得我們有潛意識的想法和感覺呢？」

這個直白的問題讓我嚇了一跳。父親並不是說潛意識不存在，他只是在尋求證據，任何抱持著懷疑態度的科學家都會這樣問。然而，他的問題使我大吃一驚。至少這一百年來，潛意識，也就是我們在不自覺的情況下思考和感覺到的東西，一直是精神病學的基礎。

佛洛伊德把人的內心比做冰山[2]。我們有意識的想法和感受就像在海平面上方可以看到的冰山尖頂。例如，你意識到自己口渴，有意識地決定找杯東西來喝。但是，有十分之九的冰山是肉眼看不見的，這就是所謂的潛意識。這些想法和感覺我們並沒有意識到，但總是影響著我們的行為。例如，大多數老師不會故意給長得最好看的學生高分。但是，有充分的證據顯示，老師事實上確實在不自覺的情況下，給外表比較突出的學生較高的分數[3]。因為教授這麼教，教科書上也這樣寫，所以我相信潛意識的思想和感覺會影響我們的行為，不曾懷疑。

雖然我很驚訝父親會質疑潛意識的作用，但我知道他有他的道理。在接受潛意識之前，我應該找一下證據。但這就有了問題：當研究涉及無法看到和衡量的事物（如思想和感覺），究竟什麼樣的東西才能構成證據？儘管科學家在理解世界有形的面向有了長足的進展，但我們也時時刻刻體驗到無形的事物，例如思想和情感。那些沒有形體的東西就像椅子和石頭這類摸得著、看得到的物質一樣，都是這世界的一部分。既然科學可以觀察物質的變化，蒐集資料，那麼科學也可以如此研究**無形的一切**。

實際上，科學家長久以來已經研究了各種沒辦法直接觀察到的現象，像是情感或次原子粒子。我們無法直接觀察到情感，例如愛、憤怒或恐懼，但是我們可以藉由觀察它們如何影響我們的言語、行為和身體反應，來**間接**研究它們。例如，當我們感到憤怒（一種無形的情感）時，我們的音量會提高，話語激烈，額頭可能皺起來，血壓可能上升，我們可能會朝著桌子或櫃檯摔東西。從這些可觀察到的效應中，其他人可以推斷我們正在生氣。

同樣地，物理學家無法直接觀察到一些太小、壽命太短而無法捕獲的次原子粒子。物理學家達諾德·格拉澤（Donald Glaser）以**間接**的方式研究這些粒子，獲得了一九六〇年的諾貝爾物理獎。他表示，我們可以在氣泡室（裝有液態氫等液體的容器）中發射微小、壽命短暫的粒子，然後研究粒子在液體中留下的氣泡痕跡。從這些痕跡中，我們可以得到很多關於粒子的知識。

但是，這樣依賴證據的科學傳統，讓我發現自己承襲的世界觀其實充滿了侷限。有很多事情不能以物質粒子或作用力來完全解釋，但還是發生了。僅僅因為難以解釋而迴避，似乎並不科學。那些與我世界觀不符的東西呼喚著我，要我設法去理解它們，而不是拒絕承認它們的存在。尊重難以衡量的事物不是拒絕科學，而是擁抱科學，我們不該把難以衡量的事物貼上「不可能」的標籤後隨意丟棄。

* * *

我在接受精神科醫師培訓時，遇過一些自認會讀心術的患者。我和大多數精神科醫師一樣，認為這些只不過是個人幻想或搞不清現實。但是，我們有任何證據支持我們的論點嗎？我們怎麼知道這些患者的「症狀」——也就是可以讀心這件事——是精神疾病而不是真的呢？當然，做為科學家，我不能不經過檢試，就相信他們的說法為真，但是我也不能未經檢視，就把他們的主張當作妄想。我認為，在沒有證據的情況下，無論是為他們的信念背書，或否定他們的說法，都對患者無益，也違反了科學原則。因此，我和其他受訓醫師一起設計了一項對照實驗，來測試這些患者是否**真的**可以讀心。

對於這項研究可能產生的風險，我有點不安。我身為科學研究者，想知道這些患者可不可以為其主張提供證據，但是，做為精神科醫師，我工作的一部分就是幫助患者排除他們的妄想、用更加現實的方式來思考。如果讀心根本就不可能，那麼認真對待這些患者說的話，會不會反而強化了他們的錯誤觀念呢？

我不確定這項研究可能產生的好處，有沒有大過對患者本身的潛在風險？因此我和精神病房的其他醫護人員討論了這項研究。我先說明自己對進行這項研究的猶豫：如果認真對待這些患者不尋常的說法，會不會只是加深了他們的妄想。但令我驚訝的是，病房主任和其他人員都覺得這項研究有趣，並認為在醫院的安全環境下，如果有任何病情更加嚴重的情況，我們都可以應對。所以，在大家的祝福中，我開始了這項研究。有兩名精神科實習醫師自願在實驗中輪流擔任「遞送者」的角色，也就是接受患者讀心的人。

患者獨自一人坐在我辦公室的躺椅上，先放鬆幾分鐘。然後，當他們覺得一切就緒，就開始對一台錄音機說話，描述他們看到的任何圖像或感覺。同時，在走道另一端的另一間辦公室中，我們準備了五張雜誌圖片，分別顯示平靜、可怕、暴力、好笑、情色五種場景，「遞送者」從中隨意挑選一張，把精神集中在上面。五分鐘後，我來到我的辦公室，遞給患者一個信封，裡頭裝著這五張雜誌圖片，要患者排排看哪張圖片和他們讀到的心思比較相近。當他們排完順序，我會告訴他們「遞送者」一直在看的是哪一張。接著，我們會花幾分鐘討論整個過程。

研究結果與我們預期的一樣：沒有任何證據顯示患者有讀心術，沒有跡象證明他們所謂的讀心術是真的。但是，這項研究產生了一個我沒有預料到的結果。實驗結束後，我問每個患者他們的想法。令我驚訝的是，他們都很高興自己參加了研究，而且更重要的是，他們每個人都更加信任這裡的醫護人員，因為我們認真面對並檢視了他們的想法和感受。另外，有一名患者說，因為在實驗時他沒有辦法讀心，所以他開始發現，自己的其他想法也有不理性的地方，於是漸漸能夠分辨幻想與現實。他的治療師主動告訴我，在實驗過程中，這位患者的病情明顯好轉。最後，沒有任何患者因為這項實驗所以病情惡化。

從這項研究中，我找回了當初在神祕丘躺在「奉獻石」上那種興奮的感覺。這個大多數同事理都不理的想法，讓我開始做起研究蒐集數據，這個研究的結果可能證明這個想法是錯的，但也可能就此改變我們對精神疾病的看法。的確，和我們預期的一樣，患者無法讀心，但這並不是讓我興奮的原因。對我來說，用科學的方式來檢驗一個大膽的假說，才是有趣之處。對我而言，過程比答案更重要。關於整個實驗，我後來發表在主流醫學雜誌上，而這個出自神經內科、精神科、神經外科實習醫師之手的研究，也贏得了當年全國威廉・門寧格獎（William C. Menninger Award）的年度最佳研究[4]。

＊　＊　＊

直到幾年後，我才遇到雷蒙・穆迪，並首次聽聞關於瀕臨死亡的經驗。那時，我剛加入維吉尼亞大學精神病學系的教師群，雷蒙則是在精神科實習。他實習的第一站是急診，由我負責指導。我知道雷蒙在讀醫學院前教過哲學，也知道他還是醫學生時，就出過一本書[5]，雖然我並不知道他的書是關於什麼的。有一天，當急診難得安靜時，我們聊了他的背景，他告訴我他的書，書名是《死後的世界》。書中，他用「瀕死經驗」一詞，來描述有一些人在生死之際的不尋常經歷。聽著他說這些，我開始慢慢意識到，他在書中所描述的事情，不就是亨利那時認為自己看到已故的父母嗎？當荷莉昏迷時，她說她看到她的室友與我在另一個房間交談，也是如此。荷莉和亨利的經驗，都和雷蒙在瀕死經驗中發現和描述的一些特點相符。因為我當時還不知道要追問他們兩人，所以現在也不可能知道亨利和荷莉是否還經歷過更多與瀕死經驗相符的情況。但是，光聽到別的醫生這樣說，甚至知道這樣的現象有名字，彷彿天啟！那種感覺就像一扇大門漸漸開了一條縫。

我之所以來維吉尼亞大學，是因為知道這裡的感知研究中心（Division of Perceptual Studies），是由現在已故的前精神科主任伊恩・史蒂文森（Ian Stevenson）所創立。數十年來，伊恩一直在收集和研究雷蒙在他的書中描述的那種無法解釋的經歷。當然，伊恩並沒有像雷蒙一樣，用瀕死經驗這個詞。伊恩將這些經歷分類，像是「出竅」、「臨終靈視」和「幻影」。

我帶雷蒙去見伊恩，我們三個人討論了如何以科學的方式來研究這些經驗。那時，雷蒙每個星期都會收到大量的信件。我一讀，就發現它們的雷同之處。幾乎所有的來信者都說，知道自己不是唯一曾經有過瀕死經驗的人，他們非常震驚，所以寫信來謝謝雷蒙證明他們沒有發瘋。

後來，紐約一家主要的出版社重新出版雷蒙的書，引起了更大的關注。在接下來的幾年，許多醫師、護理師、社工和研究人員與雷蒙聯絡，表達對研究這種現象的興趣。雷蒙將這些人請來維吉尼亞大學，大家見了面，並決定由我們其中四人（我、心理學家肯尼斯・林恩〔Ken Ring〕、心臟內科醫師麥可・撒邦〔Mike Sabom〕、社會學家約翰・

澳達特〔John Audette〕）成立國際瀕死研究協會（International Association for Near-Death Studies，簡稱IANDS），來發展對瀕死經驗的研究。和有瀕死經驗的人交談，了解這些事件對他們生活的影響，並認識了其他對瀕死經驗有興趣的研究人員，我如魚得水。瀕死經驗剛好是我那時關注的兩個領域的交集：一方面，這是未經證實、尚待研究的謎團，另一方面，我在急診關注的正是人與死亡的近身搏鬥。瀕死經驗結合了醫學、心智，和我自幼對科學發現懷抱的興奮感。這些因素結合起來，為我接下來的職涯確定了方向。

為了尋求答案，深入瀕死經驗的旅程帶我走過一家又一家醫院，來到一所又一所大學，從一州又到了另一個州。多年來，我對各式各樣的住院患者進行研究，這些患者可能因為心臟病、其他疾病、事故、企圖自殺、鬥毆、手術或分娩中的併發症而瀕臨死亡過。這些患者中幾乎有一半都曾失去心跳、血壓或呼吸，或已被宣布死亡。多年來，我與許多同事合作，在同儕審閱的醫學期刊上發表過一百多篇論文呈現我們的研究成果。

除了住院患者，也有超過一千名有瀕死經驗的人與我聯絡，告訴我他們的經歷。他們描述的經歷與住院患者多有相似之處。因此，我記錄下這些故事，希望當我有夠多樣本時，能夠在其中找到某些固定的模式。而這些模式最後也的確讓我更深入理解瀕死經驗。

第二章

跳脫時間

二十三歲的比爾・赫倫德是美國空軍空難搶救隊的消防員。當他開著卡車駛近燃燒的機尾時，火勢已經超過六十公尺高。第一次的爆炸讓他失去了平衡，他摔倒，但沒有受傷。他爬了起來，想要繼續滅火。但是隨後，大火造成了第二次更強大的爆炸。火焰、金屬和電纜的爆炸，把他整個人炸飛，讓他撞到了卡車的側邊。第二次爆炸時，他感到頭部和胸部一陣劇痛，嘴巴裡有血的味道，沒有辦法呼吸。在摔到地上之前，他就失去了意識。

比爾在之後經歷了非常複雜的瀕死經驗。這是在一九七〇年，那時，雷蒙・穆迪的書還沒出版，瀕死經驗也還沒有確定的名字。比爾後來痊癒後，想要和醫生分享經驗，結果反而被送進了精神科。在接下來二十年左右，比爾沒有告訴任何人他的瀕死經驗，直到某天，他發現了一個隸屬於國際瀕死研究協會的在地支持小組。在那裡，他得知我對瀕死經驗很有興趣，所以聯絡了那時在康乃狄克大學擔任精神科臨床主任的我。

比爾與我分享了他的故事，這是一起在南達克塔州拉皮德城的埃爾斯沃思空軍基地發生的墜機事件，飛機殘骸造成的爆炸讓他整個人凌空飛起。他聲稱自己在沒有意識時，看到並聽到一些似乎完全不可能的東西。不過，那時候的我已經知道，不可以因為在我觀念裡覺得不可能，就認為整件事情子虛烏有。除了他親身的經歷外，比爾也寄給我一九七〇年四月四日《快速城市雜誌》（*Rapid City Journal*）的剪報，上面有燃燒機骸的照片，還有他英勇飛行員勳章的副本，上面褒獎他「完全無視自身安全的勇敢行為與人道關懷」。

底下是比爾的故事：

「我好像被提了起來，然後我看到有兩個夥伴救起了一名昏迷的消防員。不知道為什麼，雖然他們全副武裝，戴著消防頭盔，但我知道那兩個人是誰。可是我不知道他們救的是誰。我大喊，『嘿！丹！吉姆！救救我！』但他們聽不到我的聲音。然後我意識到，因為我是唯一一個在那個位置的消防員，而且因為我的痛感、味覺和嗅覺都消失了，他們拖走的一定是我的身體。我可以清楚看到一切，我覺得溫暖，平靜，很安全。

突然，一旁轟隆隆的，像是爆炸了，但聲音更沉，也持續更久。我看到丹和吉姆被撞倒在我的身上。當時，我處於黑暗之中，但是可以全然意識到周圍的一切。我像是處在某個隧道內，就像是在龍捲風的中心：遠處有光線，我看到藍綠色的螺旋光圈像極光一樣飄忽來去。

我朝著光走去。我沿著隧道，移動得非常快速，一瞬間就到了。似乎在『那裡』，時間不太一樣，或者根本不存在。有光芒從某個存有之物身上散發出來，那非常燦爛的光芒是他本質的一部分。他看起來好漂亮，並讓人感覺到完全無條件的愛與祥和。我知道那裡也有其他人，但是我什麼也沒看見，因為除了那個光明的個體，我無法注意其他東西。他一下子丟給我好多問題，像是同時對我投射眾多印象，而不是逐字地講。他問我：『你覺得你這一生過得如何？』又問：『你如何對待他人？』他一面問，我覺得我生命中的每一件事，從小時候的一切到起火的機骸，都投射到我的眼前。有一些是我早就已經忘記的人事物，有一些是我感到慚愧的人際交往。但是這個光明的存有之物很快就原諒了我所有的錯誤。他要我『隨遇而安』，並告訴我，我在世界上的工作尚未完成，我必須回去。我也就離開了。

我回到了我的身體。我不記得怎麼回去的。疼痛又回來了，我也聞到飛機燃料的惡臭，聽到警報聲和爆炸。醫生和急救人員都在忙著救治丹、吉姆和B-52的機組人員，沒有人注意到我。後來，我才知道他們其實在我身上花了一段時間，確定我已經死了，才把注意力轉移到他們覺得還可以救治的人身上。

兩天後，醫生告訴我，我能活下來非常幸運。我說，我**確實**死了。他用很奇怪的眼神看著我，並安排我進行心理狀態評估。從那時候開始，我就再也沒有向別人提起過這段經歷。」

* * *

在我聽過的瀕死經驗中，比爾的經歷和其他許多敘述一樣，都挑戰了我對世界運行的理解。單獨來看，很難以科學的方式研究這些個人經驗。但隨著愈來愈多人知道我對瀕死經驗的興趣，無論是口耳相傳，還是透過我在學術上的發表或大眾媒體上的文章，愈來愈多人和我分享他們的經歷，我的資料夾也愈來愈厚。我開始著手研究在這些瀕死經驗的描述中，哪些特點特別顛覆我們的觀念，以便歸納出一些可以顯示瀕死經驗性質和起源的共通法則。

瀕死經驗最讓我困惑的其中一個特點，就是思緒變得極度清晰快捷。這和我原本以為的相反，畢竟大腦處在缺氧狀態。我懷疑是不是所有這些有過瀕死經驗的人，真的都像他們聲稱的那樣，在大腦缺乏氧氣的情況下，還能清晰迅速地思考。於是，我決定好好詳讀每個人給我的敘述。我發現，他們之中**的確**有許多人說到自己的念頭變得比平常更快、更清晰、更有邏輯。

事實證明，這並不是現在才有的現象。一八九二年，有一名瑞士地質學教授阿伯特・馮・聖加侖・海姆（Albert von St. Gallen Heim）在《瑞士阿爾卑斯山俱樂部年鑑》（*Yearbook of the Swiss Alpine Club*）中，出版了第一批大量的瀕死經驗紀錄[1]。海姆本人早在二十年前，也有過瀕死經驗。當時他二十二歲，正在爬阿爾卑斯山。當他從二十一公尺高的山坡摔落時，他的身體多次撞向凹凸不平的堅硬山壁。他寫道，他以前看過其他人從山上摔落；看著別人掉下來是可怕的經歷，但是當自己摔下來時，令他震驚的是，他感覺美好。他聲稱自己非常驚訝，因為一點也不痛。海姆的經歷對他的影響非常深遠，他開始接觸在山難中倖存下來的登山者，也迅速找到三十名和他有類似故事的人。關於他在摔落時念頭開始快轉，海姆是這麼說的：

「我在那五到十秒內的感覺，用十倍的時間也說不完。我所有的念頭和想法都非常連貫清晰，而且不像夢境一樣容易消失遺忘。首先，我考慮了各種自己可能的遭遇。我對自己說：『很快，我就會摔出懸崖，然後底下很顯然是一堵峭壁，因為我看不見底。底下到底還有沒有積雪這很重要。如果峭壁上的雪化了，在底下積成一堆，那麼如果我摔在雪上，就可能撿回一條命。但如果我摔在沒有雪的地方，那麼一定是石礫，以這種速度摔下去，我想我必死無疑。如果，觸地的一瞬間，我沒有馬上死去或失去意識，我一定要立刻拿起我的水壺，在我的舌頭上滴點酒醋。我也不可以放開我的登山杖，也許它之後會有用。』所以，我緊緊地握住登山杖。我曾想過要摘掉眼鏡，以免眼鏡的碎片傷到眼睛，但是我完全不由自主，根本沒有餘裕動手。隨後，我想到一連串關於同伴的事。我對自己說，落地時，無論自己受傷的程度，為了我的山友，我一定要馬上對著他們大喊：『我很好！』這樣，我的兄弟和其他三位朋友才能從他們的震驚中恢復過來，然後冒死垂降下來救我。我的下一個想法是，五天之後，我原本要開始在大學授課了。我也想到我的親朋好友會如何收到我的死訊，所以在腦中安慰了他們。客觀的觀察、個人的想法、主觀的感受同時發生。然後我聽到一聲悶響。我摔到底了[2]。」

在摔落的幾秒鐘內，海姆的思緒漫長且複雜，要說清楚還不簡單。其他許多有瀕死經驗的人也提到了同樣的狀況。約翰．惠特克在四十七歲時，接受胰腺癌和肝癌的手術後，也產生了瀕死經驗。他說：

「我意識到我有一個身體，很像我已經離開的身體。我也意識到自己的意識變得特別敏銳。在這種狀態下，我的思緒變得異常活躍，非常清楚自己正在經歷的事情。我變得非常有觀察力；我的念頭似乎比正常時快了兩倍，但仍然非常清晰。」

＊　＊　＊

在我訪談過的人中，有一半說他們在瀕死經驗期間的思緒比平常更清晰，也有半數的人說他們的念頭出現得比平常更快。格雷格．諾姆在二十四歲時，乘坐的氣胎船因為經過瀑布而翻覆，他因而溺水。他告訴我那時候他的臉朝下，被困在河底的沙子裡：

「那時候，我腦袋突然動得好快。好多事情似乎同時發生，而且重疊在一起。一瞬間，我的腦海中高速閃過好多畫面，但我驚訝的是，我的大腦完全跟得上速度。然後，讓我更驚訝的是，在理解畫面的同時，我還可以思考其他事情。突然，一切都變得有意義。我還記得我當時在想，『啊，原來是這樣阿。這麼簡單明白，我只是從來都沒有從這個角度想過。』」

＊　＊　＊

在思考變得快速的同時，是感到時間變慢。羅伯在四十四歲時有了瀕死經驗。他站在梯子上，結果梯子翻倒，他整個人向後仰。他告訴我，他思緒加速，可是覺得時間慢了下來：

「我發覺自己跌得好慢，幾乎就像是在拍攝一系列靜物照一樣：按下快門，一張照片；再按一次，又一張照片。這樣放慢的速度大大增加了我的思考時間，讓我想到我可以運用梯子，讓自己從兩層樓的高度跌到石板上。跌落的過程不僅變慢，而且我的想法變得非常清晰。我現在還記得自己那時想著要瞄準灌木叢，儘管摔到那邊可能會被刺傷，但可以減緩跌勢。最後事情真的如此。我滾了幾圈，沒有讓頭部受傷。這樣奇妙的速度放慢，讓我在瞬間能夠清晰地思考，非常驚人。」

羅伯認為，因為時間變得緩慢，所以他有時間計畫活下來的辦法。這讓我又想起了海姆從山上掉下來的描述。海姆的瀕死經驗還有有趣的科學後續。心理學家喬．格林（Joe Green）認為，海姆摔落的經驗可能影響了愛因斯坦的相對論[3]。海姆在一八九二年寫道，當他摔下來時，「時間大大延展了[4]。」換句話說，他的時間似乎慢了下來，讓他得以思考自己的處境。海姆在蘇黎世理工學院教授地質學，常和他的學生分享自己的瀕死經驗，其中一名學生就是當時還是青少年的愛因斯坦[5]。愛因斯坦至少上過海姆兩門課。後來，愛因斯坦寫信給海姆的兒子，說海姆的課充滿了「魔力」[6]。十年後，愛因斯坦發表了一篇石破天驚的論文，提出了相對論，他**認為移動的速度愈快，時間就變得愈慢**[7]。我們無法確定這是否只是巧合，但這讓我開始覺得，或許海姆所謂快速墜落時的時間趨緩，悄悄地深植在愛因斯坦的腦海中，並最終影響了他關於「時間並非恆定，而是根據移動速度而產生變化」的想法。

＊＊＊

最極端的狀況是**時間變得完全不存在**。許多瀕死經驗都曾提到這點。喬．格拉西是一名三十六歲的警察。他在手術後失血過多，幾乎死去。關於自己的瀕死經驗，他說：

「我知道永恆是什麼感覺，時間沒有了意義。要嘗試向別人描述這個感覺非常困難。要怎麼告訴別人什麼是永恆，沒有任何東西可以從一點發展到另外一點，因為一切**永遠都在**，而你完全沉浸其中。對我來說，我告別人間的時間是長是短，都沒有關係。這個問題只和人世有關[8]。」

對於喬來說，時間不僅變慢了，而且似乎完全消失了。許多有瀕死經驗的人都提到一種永恆的感覺。有些人說時間仍然存在，但是他們的瀕死經驗似乎在**時間的流動之外**。在瀕死經驗中，所有事情似乎同時發生，或者似乎無定向的流動。其他人則說，他們在瀕死經驗中，意識到時間**不再存在**，時間這個概念變得毫無意義。

與我分享瀕死經驗的人中，有四分之三的人感到時間產生了變化，有超過一半的人說，時間在他們的瀕死經驗中不再存在。我注意到，在沒有預見的突發事件中，當事人較常有時間變慢或停止，加上思緒速度變快的感覺，例如車禍意外或看似健康的人心臟病發作。在本來就預期死亡即將到來的人身上，比較少見，例如患有致命疾病的患者病況惡化或試圖自殺的人[9]。思緒的速度和對時間的感覺產生變化，通常出現在瀕死經驗的一開始，並且似乎是由意識到死亡的威脅而產生。因為分析了大量的瀕死經驗，我才能發現時間變慢與突然面臨死亡之間的關聯性。

這樣的關聯性對我來說很合理。如果你想在突如其來的危機中生存下來，那麼放慢對時間的感覺，以更清晰、更快速的方式來思考，就更有可能幫自己找到救命之道，就像海姆和羅伯在跌倒時的計畫。另一方面我們知道，那些預期自己會死的人，經常會在生命的盡頭回顧自己的人生。當死亡真正到來時，這些人可能已經不需要再一次回顧。這樣看來，因為突發意外而引起的瀕死經驗，思考模式的改變會比較強烈。但是，就算我能找到理由來解釋為什麼人在面對威脅生命的危險時，**應該**更快速清晰地思考，並放慢對時間的感知，但我仍非常困惑為什麼他們**能夠**這樣做。因為，在極度接近死亡的瞬間，不是應該會感到恐懼和變得歇斯底里嗎？我能理解**為什麼**瀕死經驗中的時間可能產生變化，但是我無法回答這是怎麼發生的。

* * *

除了出現比平常更快速清晰的**念頭**，許多有瀕死經驗的人還說，他們的**感覺**（例如視覺和聽覺）比平常更加敏銳。珍・史密斯在三十二歲時，因為生產時對麻醉產生不良反應而有過瀕死經驗[10]。她告訴我：

「我發現自己在一片草地上，神智清朗，自我意識清明，再一次意識到身體的存在。這是一片美麗的綠色草地，開著美麗的花朵，美麗的色彩，燦爛的光芒照耀，是我從未見過的光，天空、草地、花朵的顏色也都是我從未見過的。我記得好清楚，我一面看著一面想：『這些顏色我從來沒有看過！』然後我讚嘆著這些美景，意識到我看到的是萬物的內在光芒，五顏六色散發的是全然的榮耀。不是反射出來的光，而是每株植物柔和的內在光芒。我往上看，天空湛藍，天光比我們所知道的任何光都還要美麗。」

* * *

珍的超凡經歷是視覺上的體驗，但有時也會涉及其他感官。因為氣胎船翻覆而溺水的格雷格．諾姆，告訴我他的感覺如何變得異常敏銳：

「突然之間，我聽到並看到前所未有的東西。瀑布的聲音是如此響脆清晰，完全難以形容。兩年前，我在一間酒吧聽樂團演奏時，有一個人扔了大鞭炮進來，在我的頭附近爆炸，我的右耳因此受傷。但是現在，在我的瀕死經驗中，我可以清楚地聽到聲音。而且在我的眼前一切都好美，讓我覺得這些年來，自己似乎一直受到身體感覺的限制。在那一刻，離我很遠的東西和離我很近的東西看起來一樣清晰。我的視線沒有絲毫模糊。」

格雷格不僅發現視野變得明亮，而且受損的聽力恢復，所有身體的感覺都變得異常敏銳。在我的研究中，有三分之二的人提到了異常強烈的感覺，通常是特別明亮的光和獨特的色彩，或異常清晰的聽力和獨特的聲音。在極少數情況下，還有人提到了不尋常的氣味或味道。

我不確定該如何詮釋這些經驗。大腦明明受損，但在瀕死經驗中，卻出現超凡的思考和感知能力，這很難用我們現有對大腦的理解來解釋。但是，就是如此矛盾吸引著我，讓我更想要了解，無法棄之一旁。我想，如果可以把這些經驗放到更大的框架中來檢視，可以幫助我們掌握它們的意義。而這個更大的框架涵蓋了瀕死經驗中，另一個同樣挑戰我們觀念的特點。

第三章
回顧人生

在許多瀕死經驗中，另一個我覺得特別重要的特點，就是人生的回顧，也就是一生的場景翻湧而至[1]。格雷格．諾姆在二十四歲時溺水。當時，他的氣胎船摔落瀑布而翻覆。他說他快速地回顧了自己的人生，還想起自己早就忘記的經歷：

「我意識到自己像是整個過程的旁觀者。好像有其他人在操控投影機一樣，我第一次客觀地觀看自己的人生，有好有壞。我意識到這些畫面是我生命中的最後一章，當這些畫面停止時，我將永遠失去意識。

一開始的畫面是我童年時期的彩色影像。我很驚訝，因為我看到自己坐在高高的兒童餐椅上，用手拿起一些食物，然後扔到地上。我看到我的媽媽，比現在年輕了二十五歲，她哄著我說，好孩子才不會把食物扔在地上。接下來，是在我三四歲時，我們夏天去湖邊度假。我和哥哥必須背著浮球才浮得起來，因為我們都還不會游泳。由於某些原因，我生他的氣，為了讓他知道我很氣，我把他的浮球扔進了湖裡。馬克很傷心，開始大哭，父親走了過來，告訴我說我這樣做不好，我要和他一起划船去撿，然後我要向馬克說對不起。還有很多我根本就已經忘記的畫面浮現，讓我非常訝異。

每一個畫面，幾乎都是我在過去有從中學習到什麼的經驗。我還看到了很多讓我心理受創的事情。畫面高速播放著，我知道快要播完了，因為離現在愈來愈近。然後畫面停止了，只剩黑暗，好像短暫的停頓後有什麼即將發生。」

＊　＊　＊

當我尋找有關人生回顧的研究時，我發現這也不是現在才有的現象。一七九一年，未來的英國海軍少將法蘭西斯・博福特爵士還只是一名十七歲的中尉時，他在英格蘭南岸的普次茅斯港從船上掉到海裡[2]。不幸的是，他那時還不會游泳。他竭盡全力，但無法呼吸。他失去了意識，卻馬上感覺到鎮定，並注意到自己思考模式的變化。他後來這樣描述：

「從停止用力的那一刻開始——我想這是窒息的結果——一種最完美的寧靜取代了之前的動盪。或許我們可以說這是無感，但絕對不是自暴自棄。雖然因此沒有了感覺，但心智卻完全沒有停歇。任何描述都沒有辦法形容腦袋的活躍，因為念頭翻騰而出，快速轉動，不僅無法以文字框限，而且任何不曾經歷類似狀況的人都會覺得難以想像。

現在，我仍然可以重拾這些思緒。當時我第一個想到的事是剛發生的事件，還有事件之所以會發生背後尷尬的原因。然後，更多更廣泛的記憶湧現：我們最近一次的航行；過往某一次遠遊；沉船；我的學校；我在那裡有了哪些進步，我虛擲的時間；甚至是我幼時的追尋和冒險。這樣回想著，我人生中每一個過去的事件似乎接續出現在我的回憶中。但是，並非如我現在這樣只記住要點，而是一個又一個畫面，充滿了不重要的細節。簡而言之，我全部的人生似乎都在眼前供我綜覽，每一幕都讓我意識到對錯，或者讓我反思了事件的前因後果。確實，許多早已被我遺忘的瑣碎的種種，又塞滿了我的腦袋，甚至覺得事情最近才剛發生，仍然熟悉。」

博福特不僅提到了他的思緒加速，而且他回顧了一生中的每個事件，並在回顧的同時評斷過往行動的對錯。與我分享瀕死經驗的人也都描述了類似的人生回顧。

* * *

湯姆·索耶在交通局擔任主管。三十三歲時，他在修卡車的時候車子垮下來，重擊他的胸部[3]。這個事件讓他有了瀕死經驗。他在一九八一年寫了一封信給我，告訴我他答應了雷蒙·穆迪的妻子路易斯，要自願參加我的研究。在接下來的二十五年裡，我和湯姆和他的妻子伊蓮變得很熟。他最終死於慢性肺病。那些年，我住的地方離他家往往開車一下就到，他也經常來訪，為我詳細生動地描述了導致他瀕死經驗的事故：

「我當時打算修理我的小卡車。我九歲的兒子陶德放學回家，想幫忙。為了給他一個好榜樣，我小心翼翼地照著安全程序來。我先用箱子、木材和千斤頂安全固定住卡車。卡車頂起來之後，我仰躺在修車躺板上。我打算換一個輪胎螺帽，並修理一下變速箱連桿。

我滑進車底，告訴陶德我需要哪些工具。我先處理變速箱連桿。突然間，卡車動了！它一動，我就知道有某個地方出了嚴重的差錯。在鑽到卡車底下之前，我一再檢查，什麼安全措施都做了。事故發生一個多星期後，我才知道是千斤頂下的路面鬆動，造成路上鋪的瀝青下面出現了一個氣室，氣室在千斤頂的壓力下破裂，讓卡車橫移了一下。卡車一動，前輪的千斤頂就沒有卡緊，整輛卡車當然也就栽在我的身上。

卡車像是以極慢的速度掉了下來。車子墜落的過程中，我試圖大聲叫：『陶德，去找人幫忙。』但是，在我喊出聲音前，快兩千公斤的卡車就砸在我的胸口，把我全身的空氣都擠了出來。卡車的車架橫跨在我的肋骨和胸部之間。

我一瞬間沒了氣，只剩半口，根本不可能長時間憋住呼吸。我搖了搖頭，不讓自己失去意識，怎麼能這麼糊里糊塗就死在這場意外，當然要繼續活下去。但最終，我耗盡了氧氣，漸漸沒有辦法專心。我意識到自己無法動彈。我知道最後我的眼睛慢慢閉上，然後就什麼也看不到了。那時我的心臟仍然在跳，最後幾下，愈來愈慢。最後三下心跳尤其奇怪。然後就是一片空白。」

湯姆說，在接下來的瀕死經驗中，他回顧了一些過去的痛苦經歷：

「我回顧了到目前為止的所有人生。與其把整件事描述一番，不如我就舉個例子好了。當我八歲的時候，父親要我整理草坪，拔除院子裡的雜草。母親的姊姊蓋伊姨媽住在我們家後面的小屋。和她在一起總是很好玩，那時候所有的小孩都覺得她是個很酷的人。她之前曾告訴過我，後院小藤蔓上的野花她要用。『湯米，那些花先不要除掉。』她說。

但是，父親要我修剪草坪並割除雜草。現在，我原本可以向父親解釋，蓋伊姨媽想要讓那個地方的雜草繼續長。或者，我也可以向蓋伊姨媽解釋說，父親剛剛才要我修剪草坪，並說要剪掉那片藤蔓。或者，我也可以照規矩來，故意去修剪院子，把雜草都割掉。我最後就是這麼做。我故意做壞事，故意不乖。蓋伊姨媽沒有對我說什麼，什麼也沒說。我想，『哇，我竟然沒事。』故事就這樣結束了。

你猜怎樣？我不僅重返現場，而且還重溫了當時每一個確切的念頭和心情，甚至是當時的氣溫，還有八歲時的我無法衡量的東西。例如，當時的我並不知道那裡有多少蚊子。在回顧中，我可以算得清清楚楚。一切都比事發當時我所感知的實際情況還要清晰準確，我體驗到那些不可能感知到的東西。我像是照相機一樣，從幾十或幾百公尺的高空中，看著在草坪上的自己。我什麼都看到了。我回顧了所有片段，從第一口呼吸到事故當下。全部，一切。」

我曾聽過其他有瀕死經驗的人說，他們鉅細靡遺地回顧了人生。我想，這可能是面對死亡威脅的心理反應。但是湯姆還提到了他回顧人生時的另一個特點，這就比較難理解了。湯姆不僅透過**自己**的眼睛回顧了人生，還從**其他人**的角度重溫一切。他生動地描述：

「我不僅重新體驗了八歲時的想法，像沒被懲罰的興奮和喜悅，我也以一名三十三歲成年人的觀點，觀看了整個過程，用現有的智慧和哲理來了解。**但是，不僅如此**。

我也從蓋伊姨媽的角度經歷了整件事情。當她走出後門，看到雜草被割掉了，我知道她的腦海中翻來覆去的各種想法。『天哪，發生了什麼事？哦，湯米一定是忘記我說過的話了。但是他不可能忘記的阿。喔，我不該這樣想，湯米從來沒有這麼做的。哎呀，這很嚴重阿。他應該要知道……他不可能知道。』

在來回思考各種可能之後，蓋伊姨媽對自己說：『好吧，有可能。不，湯米不是那樣的小孩。畢竟這不是什麼大事；我愛他。我會絕口不提此事。老天，如果他真的忘記了，我還提醒他，這會讓他多難過呀。我應該直接問他嗎？』

我要告訴你的是：我在蓋伊姨媽的身體裡，我看到她看到的，我感覺到她感覺到的，我知道她沒有說出口的疑問。我覺得丟臉，對自己失望，覺得自己糟糕透頂。經歷這些完全改變了我的態度。

除此之外，更重要的是，從精神上來講，我能夠絕對、正向、無條件地觀察現場。換句話說，我不是帶著蓋伊姨媽經歷過的負面情緒來看事情。我是以無條件的愛經歷了整個事件，透過神的眼睛，或者是耶穌基督的眼睛，或者是耶穌的光，或者是悟道佛陀的光，一個精神的實體。我完全沒有批判。這和我在姨媽心中造成的創傷一起出現。同時存在的還有我年幼時的傲慢自大、愚蠢的小念頭和激動。」

在我研究的所有參與者中，有四分之一的人提到了人生回顧。一些有瀕死經驗的人告訴我，從出生到現在，他們的人生以倒敘的方式在眼前閃過。其他人則表示，他們可以隨意觀看自己人生中的不同場景。絕大多數人認為，與普通的回憶相比，回顧人生時的體驗更為生動。有一些人告訴我，他們像是在大銀幕或書頁上看到過往的畫面。但是，更多人（例如湯姆）則是說，他們**再次經歷這些過去的事件**，經歷原本的悸動和感覺，**就像是事件正在發生一樣**。

四分之三的人說，回顧人生改變了他們的態度；現在，人生中真正重要的東西不一樣了。有一半的人則是經歷了評判，多是自己評斷自己過往行為的對錯。有超過一半的人像湯姆一樣，不僅透過自己的眼睛經歷了這些過去的事情，而且還從他人的角度審視過往，感受到自己和其他人的情緒。

芭芭拉・哈里斯・惠特菲爾德在三十二歲時經歷了瀕死經驗，那時她剛動完背部手術，在術後被固定住的期間得到呼吸系統併發症[4]。她回顧人生時，是從其他相關人士的角度重新體驗了自己童年受虐的經驗：

「脫離身體後，我走進了黑暗。我往下看，在靠右邊的地方，看到自己在一個泡泡中哭泣——我躺在一張圓床上。然後，我向上往左邊看去，發現一歲的自己在另一個泡泡中（趴在嬰兒床上），哭得唏哩嘩啦。我決定不當三十二歲的芭芭拉了，我要去嬰兒那裡。當我離開三十二歲的身體躺的那張圓床時，我覺得自己好像從這一生中釋放了出來。當我這樣做的時候，我意識到有一種能量環繞住我，穿過我，盈滿我，支撐著我存在的每一個分子。

在回顧的每個場景中，我都可以再次感受到自己那些時間點的感受。我可以感覺其他人因為我的行為而感受到的一切。有些感覺很好，有些感覺則糟透了。所有這些都轉化為知識，然後我明白了：一瞬間，我什麼都明白了！訊息以令人難以置信的驚人速度流動著，如果不是有特殊能量支持著我，我早就精疲力竭，完全耗盡。各種訊息進到我的知覺裡，但『愛』中和了我對自己的批判。每個場景，每份感覺，包括我自己和在場其他人的，我都感受得到。沒有所謂好壞。只有我和我的親人，努力想存在，努力想活下來。

我往黑暗中左上角的嬰兒走去。你可以想像那嬰兒正在一個氣泡中，而那個氣泡位於成千上萬個氣泡的中心。在每個氣泡中，都是我生命中的某一個場景。走向嬰兒時，我彷彿快速走過其他泡泡，於是在同一時間，我重新活了三十二年。我可以聽到自己喃喃自語：『難怪，難怪。』現在，我覺得我說『難怪』的意思是『難怪妳是現在這個樣子。看看妳小時候別人對妳做了什麼』。

我的母親一直有毒癮，她時常生氣又有暴力傾向。在我回顧人生時，我再次看到了童年所有的創傷，但我不是像成年後記得的那樣零碎地看到，而是像那時候事發當時，看到並再次體驗。我不僅是我，我也是我的母親，也是我爸，還有我的哥哥，我們都是同一個個體。現在，我感受到母親的痛苦和她自己被遺棄的童年。她不是故意這樣對我。她只是不知道該如何照顧我、如何體貼。她不知道如何愛一個人。她不了解生活到底是什麼。她仍然對自己的童年非常憤怒，氣他們生活窮困，氣自己的父親在她十一歲時去世之前，幾乎每天都癲癇大發作。然後她氣他就這麼離開了自己。

一切都再度湧現。我目睹了哥哥對母親的虐待感到憤怒，然後他的憤怒移轉到我的身上。我看到我們每個人都彼此牽連，在這場由我母親開始的群魔亂舞之中無法脫身。我看到她的身體如何表達她情感上的痛苦。我聽見自己說：『難怪，難怪。』我現在知道她虐待我，是因為她討厭自己。

我看到自己為了生存而自暴自棄。我忘了我還是個孩子。我成為了母親的母親。我突然知道，我的母親在她童年時也經歷過同樣的事情。父親癲癇發作期間，她照顧著他，從小就得放棄自我來照顧父親。她和我在童年期間，都成為別人需要的一切。我在回顧人生的過程中，也看到了母親的靈魂，看到她的生活多麼痛苦，她多麼失落。我回顧著自己的人生，看到她其實是一個陷入無助的好人。我看到她的美麗、她的人性、她童年時沒人注意到的渴求。我愛她並且了解她。我們或許困陷在家庭的糾葛中，但我們的靈魂仍然透過創物者的能量，在一場生命之舞中相連。

我不斷回顧自己的人生：我結了婚，生了小孩，看到自己就快要重蹈覆轍，讓自己童年時經歷的虐待和創傷繼續循環下去。我漸漸變得像母親一樣。當我的人生在眼前展開時，我親眼目睹我對自己有多麼嚴厲，因為小時候的我就是這樣被教的。我意識到，我這三十二年來犯的最大錯誤，就是從來沒有學會怎麼愛自己。」

＊　＊　＊

我們如何看待人生回顧？在過去的半個世紀中，「人生回顧療法」是以有系統的方式，在他人的引導下徹底重新檢視重大人生事件。這一直是心理諮商師陪伴瀕臨死亡者面對臨終的主要方法[5]。它可以幫助人們面對失去、罪惡感、衝突或失敗，並在人生和成就中找到意義。這樣的總結方式能幫助人們平靜面對死亡。

對於有瀕死經驗，然後活過來的人來說，他們的人生回顧不僅可以幫助自己應對失去，找到生活的意義，還可以幫助他們根據獲得的了解來改變自己的行為。湯姆不僅透過自己的眼睛，還從其他人的角度，重新體驗了自己的人生，這讓他更能理解自己為他人帶來的痛苦，進而避免重蹈覆轍。芭芭拉重溫了童年，了解自己的經歷，也認識了母親的人生，這讓她意識到並理解了自己的虐待行為，並由此改變了自己的生活，避免讓自己和孩子再度陷入這樣的家暴循環。

除了這些最近的例子，我們也要記得，幾個世紀以來，類似的例子很多，像是博福特少將在十八世紀末葉自述的瀕死經驗。博福特少將的經驗，就像海姆在十九世紀末描述自己從山上掉下來時思緒加速、時間放緩一樣，這些歷史敘述顯示，瀕死經驗並非只是反映了我們現代人死後會發生什麼。數百年來，瀕死經驗挑戰了我們對大腦和其運作模式的理解。

瀕死經驗不是新的現象，反而可能是數百年來人們普遍經歷過的經驗。只是這仍然無法告訴我們瀕死經驗究竟是什麼。難道瀕死經驗是某種人類共有的心理機制，幫助我們在死前尋得圓滿？還是只是當我們接近死亡時，大腦功能失常所引起的？還是其實完全是其他現象？那個時候，我還沒有可以更徹底研究瀕死經驗的工具和方法。因此，我不只收集當事人的故事，同時也開始著手建立一種更有系統的組織和分析方式。這個過程，帶給我一系列全新的問題和挑戰。

第四章
了解故事的全貌

我在研究瀕死經驗這件事，愈傳愈廣，愈來愈多人來找我分享他們的經驗。只要我收集愈多瀕死經驗，要分析這些經驗中反覆出現的畫面和特點就愈容易。另外，如果我可以知道更多這些瀕死經驗背後的醫病細節，我就更有機會找到與這些經驗相關的生物機制。但是，我也意識到，這些人提供給我的瀕死經驗可能只是冰山一角。這些經驗是篩選過的經驗：這些人願意且能夠分享他們的故事。這些故事和其他瀕死經驗相同嗎？其他那些不願意分享，或者沒有辦法述說出來的人，他們的經驗一樣嗎？

我決定，除了那些自願告訴我故事的人之外，我必須大量採訪曾經接近死亡的人。身處大學醫院，這樣的機會不少。在心臟科同意後，我進行了一項研究，對因為嚴重心臟問題住院的每位患者進行訪談。在兩年半的時間裡，我採訪了將近一千六百名因心臟問題而住院的患者，其中有一百一十六例屬於心臟病發作[1]。根據病歷顯示，他們的心臟曾經完全停止過。

其中一位病患是克勞德，一位七十二歲的農夫。他住院的第二天，我去了他的病房，自我介紹，問他是否願意和我談談他發生了什麼事。他很疑惑地看著我，好像他的病況明明就擺在眼前，不須深究。不過他還是同意和我聊聊。我說，我知道他的心臟一度停止。我問了我會問每一位病患的問題：「你在失去意識之前還記得什麼嗎？」

克勞德緩緩說道：「我當時在餵豬。一開始，我有點頭暈，所以我回到穀倉，坐在一捆乾草上。」他停了下來，然後說：「那是我知道的最後一件事。」

「在那之後你還記得什麼嗎？」我問。

「我在這張床上醒來，胸口裝了管線，手臂上插了一根管子，我不知道我到底是怎麼來到這裡的。」

我盡量不帶情緒地詢問第三個我會問每位患者的問題：「在這兩個時間點之間，你還記得什麼嗎？」

克勞德猶豫了一下，好像在打量我，然後他也不帶情緒地說：「我以為我要去見上帝了，但是我的老爸——他已經走了十五年了——阻止了我，叫我回去。」

我盡量保持沉著專業，儘管直接聽到不帶成見的瀕死經驗讓人非常興奮。我身體稍微前傾，點了點頭，說：「請再多說一些你見到爸爸的過程。」

克勞德很有耐心地看著我，短暫的停頓後，他說：「我就是見到了。」

我點了點頭，一面在想下一個問題要怎麼問。但是克勞德閉上了眼睛。他說：「我累了。我沒有什麼要說的了。」

＊　＊　＊

這件事情讓我相信在這家醫院中，一定還有其他人像克勞德一樣，也有瀕死經驗。事實上，我總共找到二十六位心臟病患者告訴我他們的瀕死經驗。心臟停止的患者中，有十分之一有瀕死經驗；心臟沒有完全停止，但心臟病發作或有其他嚴重心臟問題的患者中，有百分之一有瀕死經驗。

現在，我要決定該如何評估這些瀕死經驗。當然，我無法直接觀察他們的經歷。我所知道的是這些人告訴我的經歷，以及他們如何受到自己瀕死經驗的影響。但是，許多有瀕死經驗的人，一開始總是說，他們的經歷無法用言語表達。因此，我發現，要他們描述一下情況，等於是在要求他們做一件非常困難的事情。許多有瀕死經驗的人，會從他們熟悉的文化或宗教隱喻中找尋相關詞彙，好將無法歸類的事物化作語言。例如，許多有瀕死經驗的美國人告訴我，他們穿過一個漫長的黑暗空間，一個他們稱之為「隧道」的地方。有些有瀕死經驗的人，來自開發程度較低的國家，那裡隧道比較罕見，所以他們可能把這樣的黑暗空間叫做「井」或者是「洞」。多米尼克是一名卡車司機，當他的十八輪大卡車在州際公路上與另一輛車對撞時，他經歷了瀕死經驗。他說自己穿過一條又暗又長的「排氣管」，一個在他的工作領域很熟悉的東西。

許多有瀕死經驗的人無法用語言表達，所以感到沮喪。在手術後幾乎失血過多而死的警察喬．格拉西告訴我，他在分享自己的瀕死經驗時，沒有辦法描述的那種挫敗感：

「我沒有辦法清楚描述我經歷的事情。這事用文字無法表達，要嘗試告訴別人也非常困難。我們既有的觀念沒有任何一個適用。我想我要說的是，我這一生中都還不曾有過類似的經驗，讓我可以用來解釋自己經歷的一切。沒辦法說出來令人無力。我正在嘗試告訴你一些我自己都沒有辦法告訴自己的東西。很簡單可是也很深沉，這就是問題所在。

這讓人很挫折。我真的沒有辦法表達，我一直做不到，我現在就表達不出來。所以，無論我對別人說什麼，他們都會用自己的經驗幫我過篩，並根據自己既有的觀念來了解我的經歷。我想告訴我的妻子，但是我真的不知道該怎麼說。明明是這麼美妙的事物，對我而言意義這麼重大，也改變了我的人生，可是我卻沒辦法說出來，反而寂寞得要命。」

＊＊＊

同樣地，現在四十六歲的生意人比爾．烏弗，在腹部手術期間中因盲腸破裂而有了瀕死經驗。他告訴我，他也一樣不知道怎麼描述自己的經歷[2]：

「有一部分是語言本身的問題，因為英文裡面，根本還沒有那些字詞，可以讓我好好地描述這個故事。我到目前為止，根本還沒有經歷過這種事。我知道要說清楚並不可能，但是我仍然一直在嘗試。我腦袋裡沒有任何一個字可以描述我所看到的。我想要和別人分享，但是找不到字來描述。這些念頭一遍又一遍出現在我的腦海中，有時候似乎呼之欲出要讓所有人知道我經歷的一切。查字典是沒有用的，現有的詞乏味至極，沒有顏色。

無論盒子裡有多少蠟筆，你也不可能用蠟筆畫出氣味。這就是無法用文字描述瀕死經驗的感覺。無論用了多少字，你也都無法真正描述瀕死經驗的樣子。我曾嘗試清醒地躺在黑暗中，發出各種聲音來解釋一切，也許音樂可以做到語言做不到的事吧，畢竟，有些聲音的美同樣是無法形容的，那些聲音讓我們流淚或展開行動。嗯，瀕死經驗後那股從來沒有消失的平靜感，也許只能音樂這種形式來傳達。」

＊　＊　＊

史蒂夫．路易汀在八歲時溺水而經歷了瀕死經驗。關於描述瀕死經驗的困難，他這樣說：

「死後所說的語言要複雜得多，而且可能涵蓋經驗本身。回到身體後，我對當時的記憶也變得扁平，變得簡略，變成象徵。我覺得之所以會這樣，是因為人的大腦無法理解如此複雜，甚至陌生的世界。當我看到有人說他們看到黃金街道時，我覺得很好笑，因為這就是一個複雜的視覺意象被壓扁的例子。我猜，應該不是黃金吧，只是某種活躍、充滿生命力的狀態。」

＊＊＊

因為無法找到適當的方式來描述他的經歷，所以史蒂夫認為，其他有瀕死經驗的人的具體描述，都不能照字面意思理解，而只是比喻。他認為黃金街道、珍珠城門和天使般的人物這些描述，都只是其他人為了傳達本質上難以形容的經歷，所能想出來最好的比喻。十三世紀蘇菲派神祕主義者賈拉．阿丁．魯米（Jalāl ad-Dīn Rumi）寫道：「沉默是上帝的語言；所有其他的一切都是糟糕的翻譯[3]。」許多有瀕死經驗的人似乎就是這麼認為。與喬、比爾和史蒂夫相比，大多數有瀕死經驗的人語言表達能力較差，他們之中有許多人，例如克勞德，無法（或可能不願）詳細描述自己的瀕死經驗。儘管如此，我需要一種系統性的方式來談論瀕死經驗，以便進行科學研究，獲得某種有邏輯的理解。

溝通一向不容易，文字常常不足以表達，要傳達深刻的情感經驗時尤其如此。但是，許多有瀕死經驗的人想分享故事時，語言的侷限不是他們遭遇的唯一困難。有些經歷過瀕死經驗的人害怕自己會被別人看成瘋子或在說謊，而且他們的害怕不無道理。有一個例子是試圖自殺的警官吉娜。我那時正在訪談自殺未遂而入院的病患[4]，在過程中遇到了她。我的計畫是發掘他們可能經歷過的瀕死經驗，然後在接下來幾個月，持續評估他們對自殺的看法。我想知道瀕死經驗是否會改變人們對於自殺的態度。

吉娜是一名二十四歲的菜鳥警察。她不到一百六十公分，身材嬌小，黑色捲髮有些亂，但她韌性和毅力十足，一看就知道不好惹。她非常喜歡警察學校的課程和培訓，但是開始執勤後，警界的男性文化讓她既自卑又反感。多年來，她一直想當一名警察，所以當她的上司開始訕笑甚至觸摸她時，她覺得自己無處可逃。她找不到出路。後來，她吞藥自殺，醒來後發現自己來到精神病房。我猜，不管她有沒有意識到這個事實，她過量服用藥物，某方面來說是在尋求幫助，因為如果她真的想自殺，那麼用槍會簡單得多，也比較符合她直截了當的性格。

我問吉娜我通常會問的問題：失去意識之前，她記得的最後一件事是什麼？在之後，她想起的下一件事是什麼？她兩次之間還記得什麼嗎？她說自己昏迷時，沒有任何經歷。因此，我把她視作對照組，也就是**沒有**瀕死經驗的自殺未遂者。但是一個月後，當我又聯絡她，想了解她的狀況，並再次評估她的自殺念頭時，她讓我吃了一驚。

我先問：「吉娜，妳還記得，妳服藥過量後醒來有跟我說過話嗎？」

「我記得，」她有些猶豫地回答。「你問我對服藥過量後有沒有印象，但我沒有告訴你實情。」

我揚起了眉毛。「妳沒有告訴我……？」

她停了一下，然後說：「當急救人員把我送來醫院時，我離開了我的身體。」

換我停了下來，我在想要如何應對。她是否在編故事好讓我滿意？是不是因為她覺得一個月前的回覆讓我失望？我決定先不要懷疑她，至少暫時先這樣。「妳上個月是**不記得**，還是當時不願意和我說？」

她點點頭，皺著眉頭。「嗯，我那時候不確定你是認真的，所以我什麼也沒說。」

「那麼，妳現在可以告訴我什麼嗎？」

她直接開始說起了故事。「我站在救護車的一邊，看著我的身體和坐在我旁邊的急救人員。他正在調節流入我手臂的點滴的速度。他似乎很無聊，也不是很在乎我。但我自己也不擔心。我看著他這樣做，也看到我的身體一動也不動，當時我想，『還真有趣。』就這樣。我對我的身體沒有任何特別的感情，對我來說，那身體就跟那位急救人員一樣無關緊要。」

我等著她繼續，所以我問：「還有什麼嗎？」

她停了下來，搖了搖頭：「沒有了。」

在訪談結束前，我照程序詢問她的自殺念頭，也看她過得如何。她告訴我她直接找她的上司談判，但他好像裝作自己不知道她在說什麼，所以她向局長告發這名上司。她仍然在原單位執勤，但騷擾似乎已經不再發生。我告訴她這是正確的做法，要這麼做真的不容易。我問她是否還有任何問題，她說沒有，所以我謝謝她願意與我交談。

一個月後，我第三次見她。「吉娜，上次妳說妳服藥過量之後，在救護車裡靈魂出竅。」

「對，」她尷尬地笑著。「但我沒有告訴你我見到我表妹的事。」

我又挑了眉。「妳的表妹？」

「沒錯，」她回答，但沒有看我。「我的表妹瑪麗亞當時和我一起在救護車裡。她四年前死於車禍。我們同歲，從小一起長大。她告訴我，我還有很多事情要做，除了結束自己的人生，我還有其他選擇。她的口氣像往常一樣有點尖酸，但也聽得出來她很難過我竟然會吞藥自殺。」

她停了下來，然後繼續說。「她告訴我她要送我回去，這樣我就可以對付我的上司，而不是讓事情就這樣算了。她說，如果我又自殺，她會再把我踢回人間。」

「妳上個月沒有說這些，是因為妳不敢告訴我嗎？」

她直視著我，笑了一下。「拜託，你是精神科醫師耶！我可不想再住院！我才不想冒險，你有可能會覺得我發瘋了！」

我點了點頭，也笑了出來。「但是妳現在覺得，妳可以告訴我這些了？」

她變得嚴肅，注視著我。「嗯，你沒有因為我說我離開了自己的身體，就說我有精神病，所以我覺得應該可以告訴你這件事。」

我們又聊了一下她對於表妹的記憶，以及表妹把她送回來的感覺，最後她似乎沒力了。跟上次一樣，我以標準程序來結束對談，問她是否還有自殺的念頭，生活過得如何。她嘆了口氣，她說她不認為局長認真對待她的告發。她已經找了工會代表，並提出正式申訴，也寫了信給當地的檢察官。我再次肯定她採取行動的決定，給她機會問我問題，並感謝她再次與我交談。

又一個月過去。當我試圖聯絡吉娜時，我得知她已經辭去了警察的工作，說自己要搬回家去。我想找她訪談，可是再也沒有她的蹤跡。

當然，當我們在她甦醒後第一次談話時，她之所以沒有告訴我出竅和見到表妹的事，有可能是因為這些事根本沒有發生。有可能我們每次見面時，她都在編故事。但是她沒有一定要編故事的理由，而且她的情緒反應看起來並不假。她是否準確地記得自己的經歷，就又是另一回事了，而且這也不是我可以證實的東西。但吉娜不願意告訴精神科醫師她的經歷，尤其是在我們第一次見面時（那時她正急著想趕快出院），聽起來都有道理。她的瀕死經驗中，還有更多她不願意吐露的細節嗎？我永遠都無法知道。

我在訪談瀕死經驗的過程中發現，很多人不太願意說出自己的經歷[5]。要記得，對他們來說，這往往是晴天霹靂的經驗。有些擁有瀕死經驗的人太過震驚，心神還未恢復，以至於還沒有準備好談論自己的經歷。有些人對於回到自己的身體感到沮喪或憤怒。有些人發現自己的經歷和宗教勾勒的死後世界不一樣，而感到困惑。有些人擔心他們的瀕死經驗是精神疾病的病徵，或擔心別人這樣想。有些人之所以有瀕死經驗，是因為暴力攻擊、自殺未遂或一場原本可以避免的事故，他們不想談論自己的經歷，是因為事件本身帶來太大的創傷，他們仍感到羞愧或自責。

許多有瀕死經驗的人擔心，別人不會理解自己經歷過的事情（就算是研究人員也一樣）。他們擔心，如果談論自己的瀕死經驗，會被嘲笑。有些人則認為，如果與他人共享，經驗就被玷汙了，或者經驗本身就失去了意義。有些人覺得自己的瀕死經驗是自己的事情，不能分享。他們認為，他們在瀕死經驗中接收到的訊息，是專屬於自己的，不容許科學進行研究或分析。

研究人員和家人朋友很難知道有瀕死經驗的人是否說出了實情。病人不願分享自己經歷的原因有很多，所以只要他們**肯說**，我總是很感激。在一段瀕死經驗過後，一個人可能非常脆弱，他們**接下來**做的事情，對他們日後的身心健康非常重要。

第五章

你怎麼知道是真的？

一九七八年，我剛認識雷蒙．穆迪，我和伊恩．史蒂文森對瀕死經驗的研究也剛起步。那時我意識到自己需要更多強化醫學研究技能的訓練，但在像維吉尼亞大學這樣以臨床為主的醫學院裡，是得不到的。所以我轉任到密西根大學，這是一所以研究為主的醫學院，那裡有資深教授可以教授我所需要知道的知識，如此一來，我才能以嚴謹的科學態度來研究瀕死經驗。我特別榮幸獲得已故精神健康研究中心（Mental Health Research Institute）主任賈德納．闊登（Gardner Quarton）的指導，他教我怎麼提出實際的研究問題，並設計紮實的研究計畫。

早期，我和其他人的瀕死經驗研究，多半只是收集第一人稱的敘事，我們並沒有通用的研究方法或模式。我們每個人在收集資料時，都把焦點放在自己認為重要的細節上。有些研究者感興趣的是瀕死經驗期間思緒清晰與否，所以他們把焦點放在時間感的扭曲、人生回顧等細節，但不去探討出竅或遇到死去親人的感覺。有些人對瀕死經驗的宗教含義感興趣，他們就專注在見到神或死後的世界，卻沒有詢問心情或想法的變化。當我查閱這些紀錄時，我不確定我們收集的是不是相同的東西，還是我們只是在研究人們認為自己快死時，可能會發生的各種不同經歷。

有一位學者將瀕死經驗定義為「人們接近死亡時所經歷的一切」。但這在我看來似乎過於空泛。人們面對死亡時有許多經歷，從失去意識、驚慌到接受，這些經歷都是非常不同的，與雷蒙．穆迪所說的瀕死經驗一詞完全不同。我意識到我們需要尋求某種共識，讓我們在談論瀕死經驗時能夠彼此了解。這是一個挑戰。每一位學者都有自己的觀念和看法；我們每個人也多少都是單打獨鬥，不知道還有誰在研究瀕死經驗，也不知道其他人如何定義瀕死經驗。所以，我想要讓瀕死經驗研究有一些邏輯和固定的程序。

為了解決這個問題，我在一九八〇年代初期開發了瀕死經驗量表，以此來標準化「瀕死經驗」的含義[1]。我首先列出了瀕死經驗文獻中最常出現的八十項特點，然後把這張表寄給有瀕死經驗的人。這些人與其他研究人員反覆評估後，並經過統計分析，我將量表濃縮成十六項特點。這十六項特點包括思考模式的變化，例如思緒加速和對過去場景的回顧。也包括情緒上的變化，例如深刻的平靜，或是感覺到某個光體散發出無條件的愛。還有一些特點是超凡的感知，例如知道其他地方發生的事情，或者感覺離開身體。最後，量表中也包括某種置身在另一個世界的感覺，例如看到死去的親人、和宗教人物見面，或來到告別此生的邊境。

拿到量表後，有瀕死經驗的人就這十六項特點評分，每一項可以給零、一分或兩分，所以總分可以在零到三十二分之間。例如，因為飛機爆炸而有瀕死經驗的比爾．赫倫德得到了二十八分。被卡車壓住而產生瀕死經驗的湯姆．索耶得到了三十一分。這些得分有助於研究人員彼此比較研究成果，但對於處理個人經歷並沒有幫助。我發現，許多低分的瀕死經驗仍然帶給當事人精神上翻天覆地的變化。因此，瀕死經驗量表不能衡量當事人可能受到的影響。這只是研究人員可以用來確定他們正在進行同樣研究的工具。量表問市有三十八年，經受了時間的考驗，也被翻譯成二十多種語言，在全球數百項研究中廣泛使用。

量表是經過嚴格的評估後擬定的，但讓我有一點驚訝的是，有一些在瀕死經驗中常見的東西（例如穿過隧道的感覺）並沒有在其中。人們**的確**在瀕死經驗中常提及穿過隧道的感覺，但是在其他許多經歷也都有穿過隧道的感覺。一些研究人員認為，穿過隧道的感覺是我們大腦想像出來的東西，目的是當我們不知道確切的移動過程時，以此來向自己解釋，我們是怎麼從一個地方來到另一個地方的[2]。有人說這差不多等同於理論物理學家口中的「蟲洞」（宇宙和宇宙之間藉由蟲洞相連）[3]。我不確定這是否是解釋隧道感最好的辦法，但畢竟，無論是在瀕死經驗或其他經驗裡，人們都可能有穿過隧道的感覺，而且頻率差不多，因此，研究人員無法利用穿過隧道這個特點，來區分一段經歷是瀕死經驗，還是人在接近死亡時的其他體驗。

這份量表發行二十年後，成了全世界瀕死經驗研究的標準工具。這時，卻有兩位我不認識的學者，站出來挑戰我的研究方法：他們分別是南伊利諾大學醫學院的統計學家蘭斯・藍吉（Rense Lange），和澳洲阿得萊德大學的心理學家吉姆・霍蘭（Jim Houran）。他們兩人以前對瀕死經驗並沒有興趣，但是正在將一套複雜的統計檢驗應用於其他研究人員開發的各種量表上，並在過程中揭穿其中一些缺失。他們希望我可以給他們大約三百名有瀕死經驗的人的量表原始結果，讓他們對數據進行複雜的統計檢驗，以查看瀕死經驗量表是否有效。

我很擔心，也對與他們合作持保留態度。我已經將多年的精力投入在這個量表中，而且世界各地的學者也廣泛使用此研究方法。我對他們想進行的統計測試並不熟悉，不知道那是否是個好的檢測方法，還有，我的量表是否經受得起這種檢測。如果量表沒有通過他們的檢測，那該怎麼辦？這會讓我所有對瀕死經驗的研究失去公信力嗎？這會破壞我個人的信譽嗎？會終結我科學家的生涯嗎？

另一方面，如果瀕死經驗量表有問題，我當然想知道！我怎麼能拒絕分享我的數據，不讓別人檢測我的量表？如果我真的是一個懷疑論者，我怎麼只懷疑別人的想法，卻不懷疑自己的想法呢？我遇到過太多學者，他們自稱「懷疑論者」，但卻拒絕查看任何可能挑戰自己信念的證據。我是否可以放下自己的驕傲以及對失敗的恐懼，把數據交出來，接受別人的獨立檢測？對知識誠實就應該是這樣。真正的懷疑論者就是會這麼做。如果我的父親還活著，就會要我這麼做。我將所有瀕死經驗量表的數據和數百名有瀕死經驗的人的回答交給蘭斯和吉姆，等待他們的結果。好幾個月過去了，我很多個晚上都輾轉難眠，反覆思索自己的決定。但每天一早醒來，在日光下，我知道這是正確的選擇。

最終，他們的分析確認瀕死經驗量表是有效的[4]，這讓我大大鬆了一口氣。結果顯示量表適用於各種文化，無分男女和年齡層。無論瀕死經驗過了多少年，量表顯示的分數仍然相同。我鬆了一口氣。我的瀕死經驗量表——甚至廣義一點來說，瀕死經驗本身——由這兩位懷疑論者賦予了信譽，他們不僅對瀕死經驗沒有任何興趣，而且很樂意抹黑。

* * *

我在密西根大學擔任精神急診科主任期間，只要我沒有與家人相處，我每天晚上和週末，仍然繼續與在維吉尼亞的伊恩．史蒂文森通電話，保持信件往返。那時候還沒有電腦，更不用說電子郵件了。

一九七九年，我們的研究進入關鍵時刻。伊恩和我在《美國醫學學會期刊》（*Journal of the American Medical Association*）上發表了一篇關於瀕死經驗的短文[5]。我們在那篇文章中指出，儘管近幾十年來有關死亡和臨終的書籍和文章數量不斷增加，但這些作者始終忽略了「死亡後我們的意識是否會繼續存在」這個問題。我們並**沒有**聲稱，瀕死經驗證明死亡之後有意識，而是說瀕死經驗或許可以顯示，當人死後，意識會以某種形式繼續存在。我們承認，有瀕死經驗的人死前的期望可能會影響他們如何理解和陳述自己的瀕死經驗，但我們也發現，瀕死經驗常常與當事人對死後世界的想像不同[6]。此外，我們敘述了瀕死經驗在不同國家和社會中的共通特點，其中一些與許多文化或宗教信仰背道而馳。最後，我們指出，有瀕死經驗的人幾乎都因為自己的經歷而確信，他們身為人的某些部分，在死亡後仍繼續存在。我們最後結論道，瀕死經驗的許多方面尚未得到解釋，值得進一步研究。

那個時候，我的同事幾乎沒有人知道我在研究瀕死經驗。我的工作主要是治療患者和教學。我對瀕死經驗仍然有著複雜的情結。一方面，它們實在太像宗教和民間傳說，和我信奉科學、「眼見為憑」的成長背景大相逕庭。我沒有辦法利用物理粒子和作用力來了解瀕死經驗，那麼它們怎麼可能是真的呢？

但另一方面來說，瀕死經驗確實發生。許多人不僅公開了經歷，而且認為瀕死經驗是正向、扭轉人生的經歷。伊恩和我發表的文章讓我在學術界中出了櫃；文章能夠登出，我既驚訝又心滿意足。實際上，我非常開心，因為我的這篇文章登在全球第二被廣泛閱讀的醫學期刊上，就算我的同事現在知道了我有不尋常的興趣，這篇文章可是受到醫學界數一數二期刊的賞識。

我高興沒有持續多久。我們的文章發表幾個月後，我收到了伊恩的信，隨函附上一封寄給《美國醫學學會期刊》編輯的投書。這封信的作者是紐約一家醫院的整形外科主任，他抱怨期刊刊登我們的文章。他認為，瀕死經驗是宗教的事，醫師不該插手，而且醫學期刊也不應該提及。《美國醫學學會期刊》的編輯應該秉持致力為執業醫師提供實用的訊息。他們將這封信轉寄給伊恩，希望我們寫一篇回應，屆時與這封投書一同刊出。

我被這封信嚇到了。我覺得自己涉入過深卻不知道怎麼脫身，好像我以為自己已經長大了，想和大哥哥一起玩，結果被打了一巴掌。一部分的我想要反擊，但另一部分則想道歉，然後縮進被窩裡。我很害怕：當這封來自某科主任的信最終白紙黑字印出來，我的職涯和聲譽就毀了。幸運的是，曾經也是某科主任的伊恩完全不怕。反而，他擔起起草我們倆回應的任務。我們認為，對醫師來說，了解瀕死經驗並認真對待這些經驗，非常重要。

一方面而言，瀕死經驗經常發生在因重病和重傷而接受醫療的人們身上。在當時，我們對可能與瀕死經驗有關聯的生理變化知之甚少。只有在醫師更加了解瀕死經驗，並對其更感興趣的情況下，我們才有機會了解。另一方面，瀕死經驗通常改變了當事人對死亡和臨終的觀念，這可能也會對他們的生活型態和對醫療的態度產生深遠的影響。我們認為，照顧患者的醫師理所當然會希望了解這些經歷及其影響。

在我們的文章發表六個月後，投書和我們的回應在期刊上一起被登出[7]。事情也就到此為止。沒有人再寄信給期刊編輯，我在密西根的同事也沒有人提及我的論文或後來的小風波。最終，整件事情讓我大膽了一些。在接下來的幾年，我繼續在重要的精神病學期刊上發表文章，描述我對瀕死經驗的研究[8]。

幾年後，我在美國精神病學協會（American Psychiatric Association）的年會上，安排了一場關於瀕死經驗的小組討論。但是在演講的前一天，我做了一個可怕的夢。我夢到自己的身體愈來愈大。起初，那種身體變化並沒有產生任何特殊情緒，但我一直變大，很快就變得比地球還大。當我繼續在宇宙中擴展，觸及遙遠的星球時，我突然意識到組成我身體的原子並沒有隨之增長：我之所以一直在變大，是因為各個原子之間的距離增加了。當身體中的原子愈離愈遠時，我開始恐慌。我的意識開始在拉開距離的原子間來回擺動。我感覺自己拚了老命想讓間距不斷加大的身體保持完整。我發抖著驚醒過來，渾身是汗。

為了讓自己平靜下來，我嘗試向自己解釋一下這個夢境。我知道這只是一場夢，我並沒有真正離開床，但仍然是一次恐怖的經歷。我絞盡腦汁試圖理解為什麼這場夢這麼可怕，最後我意識到我的夢是警告我不要操之過急。我拚命讓自己的身體在不斷膨脹時還能保持完整，反映了我害怕失去自己的原則。我即將在全國性的醫學學會上談論瀕死經驗，我是否會因此而失去了自己的方向？最終，我整理好自己的情緒，在第二天早上發表了演說。但因為那場可怕的噩夢，我的演說多了一些謙虛和保守。

＊　＊　＊

我在密西根大學擔任精神科醫師五年後，科主任請我到他的辦公室。我知道患者尊敬我的臨床工作表現，學生對我的教學也給了正面的評價，所以我以為，這是對我的表現的例行評估。但是當我坐下後，我的信心就變成了憂慮。在整齊的柚木書桌後，坐著一位禿頭的資深教授，他透過半掛的眼鏡看著我。我彷彿回到了家，即將接受我慈愛但嚴厲的父親的訓話。

他有點勉強地微笑著，告訴我醫學院對我的臨床工作和教學都感到滿意，但真正能讓我升等和獲得終身職的是研究。他告訴我，我應該停止浪費時間研究瀕死經驗，因為它們「只是街坊奇聞」。他說，為了保住我的工作，我需要進行受控實驗：在不告訴參與者他們是實驗組還是對照組的前提下，將他們隨機分配。當然，我們無法分配瀕死經驗給人們；我們也不可能規定參與實驗的人是否可以知道他們擁有瀕死經驗。因此，當系上要考慮是否要續聘時，將不會考慮我對瀕死經驗進行的任何研究。這些研究實際上也可能會對我的職涯發展不利。

科主任的話對我來說，完全是晴天霹靂。我在童年時，很怕讓高標準的父親失望，現在那種害怕又重新浮現。這是我一直視為重要導師和盟友的科主任，他卻告訴我：我沒有達到他的科學標準，研究瀕死經驗是浪費時間。我努力保持鎮定，並告訴他：「我不是這樣看待瀕死經驗的。」

「我知道！」他吼道。「可是這就是我要告訴你的。我完全了解瀕死經驗。我父親就曾經歷過，所以我知道瀕死經驗有多強大。但是那不是我們可以解釋或研究的東西。如果你繼續浪費時間在上面，那麼你就不可能繼續待在這裡了。」

這是一個重大的打擊，我不確定該如何處理。儘管我大部分的研究都集中在瀕死經驗，但我並不認為自己主要是瀕死經驗研究人員，別人也不這麼覺得。首先，我仍然是一名臨床精神科醫師，我大部分的時間都在為病人服務，其餘多數時間則負責教導住院醫師、實習醫師和醫學生。我利用晚上和週末的時間研究瀕死經驗。這或多或少是一項耗心費力的嗜好，因為我沒有得到相應的報酬。既然我想繼續在醫學院當精神科醫師，那麼，為此「嗜好」冒險是否值得呢？

科主任試圖導正我「錯誤」的研究方向，讓我可以留下來。我知道我**可以**做得到。我可以忘記瀕死經驗，將研究重點放在藥物和腦部化學機制等主流精神病學研究上，將科學方法拿來了解精神疾病的機轉。但是，我知道瀕死經驗確實發生在人們身上，挑戰了我們對人類內心和大腦的理解，而我不能假裝事情不是如此。

無論瀕死經驗是什麼，它們都像是精神科藥物和心理治療一樣，改變了人們的人生。

而且，瀕死經驗的效力似乎更快、更深入、更持久。除此之外，瀕死經驗不僅改變了當事人的人生，也常常改變了當事人周遭的一切，我自己也是其中一份子。

瀕死經驗是我不了解的東西，其他人也都似乎不了解。不過研究瀕死經驗沒有為我帶來收入，未來看來也不會有任何酬勞。

每當我投入到這個「嗜好」中，就是減少了一點和家人相處的時間。我有兩個孩子。對我和我的妻子珍妮來說，家庭一直是我們一生中最重要的部分。我很感謝珍妮對我在瀕死經驗研究上的支持，但這總是讓我百感交集。沒有研究，我的生活依舊充實而有意義。我有家人，也有臨床治療和教學工作，我都很珍惜。瀕死經驗研究究竟屬於我生活中的哪一個部分？毫無疑問，我的生活首先是家庭，事業排第二，瀕死經驗研究是第三。我怎麼能繼續犧牲晚上和週末與家人共度的時光，並冒著可能丟掉工作的風險去做這件事呢？研究瀕死經驗真的那麼重要嗎？

與科主任的會談讓這些問題全都浮上檯面，我現在只能直接面對。如果我想保住自己的工作，就必須放棄對瀕死經驗的興趣。但這是對自己不誠實。我的科學背景讓我覺得，瀕死經驗難以解釋或難以研究，並不是放棄它的理由，而應該是我們加倍努力研究的原因。

但是，就如同科主任所說，瀕死經驗只是些「奇聞」。研究人員亞文・吉布森（Arvin Gibson）指出：「瀕死經驗研究著手的基本素材**必須**是經歷過瀕死經驗的人的敘事。如果排除這些敘事，試圖提供某些不帶主觀因子的統計數據，這才是學術上的不誠實。……沒有這些敘事，就沒有素材可以分析[9]。」我的資料中有上千則瀕死經驗，裡頭有太多類似之處，而我只是過去四十五年來研究這些經驗的眾多科學家之一。有這麼多的人提出類似的個人經驗，就代表這個主題值得我們更深入了解。實際上，人類歷史中，個人的奇聞軼事就一直是大多數科學假設的來源。

大多數研究**始於**科學家收集、驗證和比較這些奇聞軼事，直到這些故事中的樣板模式變得明顯。科學家從這些模式中得出假設，假設再經過檢驗與微調。當奇聞不只一則，而是幾乎成冊，那麼如果能進行嚴格的檢視，它們在醫學研究中將展現重大的價值。例如，愛滋病和萊姆病能被發現，就是這些個人故事的功勞；我們之所以會知道某些藥物有意外的功效，也是因為科學家意識到，所謂的奇聞其實某種程度上很普遍。政治學家雷蒙德・沃爾芬格（Raymond Wolfinger）在半個世紀前說：「當奇聞重複出現，就成了數據[10]。」

如果我們忽略了這些個人的特殊情況，只因為它們不是受控實驗，會發生什麼事呢？如果我告訴醫師，我胸口痛而且呼吸困難，我可不想聽到醫生說：「那只是你個人的問題，不值得研究。」我希望醫生能認真對待我的症狀，因為那很可能是重要問題的潛在線索。

一項研究之所以科學，是因為收集和評估資訊的過程嚴謹。但科學研究不僅限於研究對象可以被隨機分配到實驗組或對照組的受控實驗中。事實上，科學研究的主題很少出現在受控實驗的情況下。很多被大家接受為科學的領域，有時候根本不可能在實驗室裡研究，例如天文學、演化生物學、地質學和古生物學[11]。

在學界享有盛譽的《英國醫學雜誌》（*British Medical Journal*）曾刊登一篇反諷文。該文作者聲稱，他們要研究降落傘是否有助於防止跳機的人死亡。作者一開始就先剔除了個人事蹟和經驗，只檢視隨機分配的對照實驗。當然，他們無法將人隨機分組來進行實驗（怎麼可能把參與實驗的人，分成配戴降落傘組和不配戴降落傘組，然後要他們從飛機上跳下來？）所以他們的結論是：「人們認為降落傘是有用的防護設備，很大程度上是基於個人的經驗。」他們說，只考慮隨機對照實驗的科學家會認為，沒有證據顯示降落傘的作用[12]！作者最後提出了另一個結論：「在特殊情況下，常識或許比較管用。」

當然，如果沒有經過檢視，就對所有個人經驗照單全收，這是沒有意義的。同樣地，沒有經過調查就拒絕所有個人經驗，也沒有道理。我不希望我的醫生直接聽信我胸痛的說法，認為這是我心臟病發作的證據。但我也不希望，他或她把我的症狀當作是無意義的個人情況。我希望醫生能找尋胸痛的理由，並根據其他證據，進行評估。所有個人狀況都是如此。在沒有評估的情況下，全盤接受**或**全盤否定都是不科學的。

一旦我接受要讓科主任失望了的事實，我也就看清：了解瀕死經驗，對我來說很重要。但這也代表我不能繼續留在密西根大學，我也不想繼續待下去，等到升等和任期審查時才被拒絕續聘。我仍然喜歡治療病人，也喜歡教學。在與珍妮商量過後，我們決定，我要去別的大學工作。我希望可以在以臨床為主的醫學院工作，一個可以看重我臨床及教學專業的地方，並且可以讓我繼續從事瀕死經驗的研究。雖然這就表示我們得搬家。最後，我把目標設定在東北部，這樣就能就近照顧我獨居的母親和岳母，也能靠近我的兄弟姐妹和他們的子女。如果我打算舉家搬遷，我希望至少能搬到一個可以讓我們的家庭連結更緊密的地方。

後來，我們搬到康乃狄克，對我的家人和我的研究來說，這個結果令人滿意。我感覺就像回到了家，再次與親戚團聚，也在一所重視我治病和教學專業的大學工作，還讓我進行任何我感興趣的研究，只要我做得好就好。在這裡，我很幸運能和很多研究人員合作，他們有些人自己曾有過瀕死經歷，有些人沒有。身為科學家，我非常重視知識辯論和批判思考，但是我也意識到，這樣子的態度可能也會讓我以偏頗的角度看待世界。和有瀕死經驗的人共事，讓我能從不同的角度看事情，避免分心或陷入學術的盲目。和不熟悉瀕死經驗的人共事，則一再提醒我，對於沒有聽說過瀕死經驗的人來說，這些經歷會是多麼震撼。

那時候，縱使瀕死經驗量表已經讓全世界的研究人員知道，他們正在研究相同的經歷，我仍然覺得我漏掉了許多重要的元素。即使我認真地建構科學工具和方法，並將其用於系統性的研究，我仍然察覺到，瀕死經驗的範圍和深度遠遠超過量表上的簡答題。問卷可以告訴我們許多有關瀕死經驗的有用訊息，但也漏掉了很多關鍵。單單一張問卷，並沒有辦法捕捉到瀕死經驗的箇中幽微。有瀕死經驗的人總是告訴我，儘管瀕死經驗量表在為研究目的定義瀕死經驗時很有幫助，但我必須更加深入研究這些故事，才能了解更多。

第六章
出竅

對大多數人而言，瀕死經驗的某些方面，像是人生回顧，並不難了解。我們很多人會時不時回望自己的人生，尤其是在過渡時期或發生重大人生事件的時候。但是，其他瀕死經驗的特點就比較難以理解了。科學史學者湯瑪斯．庫恩（Thomas Kuhn）曾說，一旦出現無法解釋的新事實，科學通常就會產生進展[1]。因此，我決定我要深入研究瀕死經驗中最難以解釋的部分。幸運的是，這時我認識了艾爾．蘇利文[2]。

那一天晚上，這位五十六歲、留著白鬍子的卡車司機，來到我在康乃狄克大學舉辦的一個晚餐小聚。這個聚會的成員是有瀕死經驗的人，或對瀕死經驗有興趣的人。艾爾向大家介紹了自己，但隨後在整個聚會中，他只是默默地坐著，看起來很專心，偶爾對所講的內容微笑或點頭。聚會快要結束時，我問他，做為新人，他有沒有想要說些什麼。他說：「也許下次吧。」散場時，他走近我，希望明天可以到我辦公室來找我。

當艾爾穿著制服來見我時，他毫不猶豫地開始說起了自己的故事。「某個星期一早上，我在工作時，胸口開始痛了起來，調度員幫我叫了急救。他們直接把我送進了醫院。他們還在測試我的心臟、評估問題時，我心臟的一條主動脈就完全塞住了。」他停了下來，但仍然微笑著。

「阿，那接下來發生了什麼？」

「嗯，我記不太清楚了，我頭暈目眩。外科醫師說，至少有一根冠狀動脈阻塞了，必須立刻動手術。我在紙上簽了名，並要他們打電話給我太太並告訴她。然後他們把我送進手術室，進行了四次冠狀動脈繞道手術。當然，這些我都不知道。當我有意識時，我從手術室的上方俯視。」

「你一定嚇了一跳。」我說。

「嗯，這倒還好，」艾爾繼續說。「當我低頭一看，真正讓我驚訝的是我在左下方看到自己！我躺在一張蓋著淺藍色床單的桌子上，整個人被切開，露出胸腔。在裡面，我可以看到自己的心臟。我也看到我的外科醫師，剛才他才向我解釋了手術的過程。他看起來似乎有些困擾。他搖晃著手臂，好像想要飛起來的樣子。」

「這是什麼意思呢？」我問。艾爾把手掌放在胸前，晃動手肘。這讓我覺得很奇怪，外科醫師在手術過程中搖晃手臂？在醫學界打滾了這麼多年，我從來沒有見過或聽過有外科醫師這樣做。連在電視節目裡，也不會看到外科醫師有這樣的舉動。這聽起來比較像是艾爾在全身麻醉後，所經歷的一場奇怪夢境，而不像是他真正看到的事情。

我歪了歪頭，挑起了眉毛。「好，」我說得很慢。「接著發生了什麼事？」

艾爾繼續說道：「我知道，我也覺得很奇怪。但是後來，我把注意力轉移到右下角。突然，我被溫暖、歡愉與和平籠罩，有一種被呵護的感覺。一個披著棕色斗篷的身影，從一團光中向我飄來。我愈來愈暢快時，我好高興。我發現眼前的人是我的母親。我母親去世很多年了，她那時才三十七歲，而我只有七歲。我現在已經五十多歲了。我第一個念頭就是母親看起來好年輕。她的表情一下子變成了關心。在那一瞬間，她離開了我的身邊，飄向我的外科醫師。她把醫師的手放在我的心臟左側，然後回到了我的身邊。我看著外科醫師迅速的動作，好像在驅趕飛蟲一樣。」艾爾停了下來，他第一次失去了笑容。

「接著呢？」我希望他繼續往下說。

「嗯，」他緩緩地說。「還有後續，但是我不確定我是不是可以說出口。」

「哦？」我一面說，一面想著有什麼辦法能讓他繼續說下去。在我想到任何方法之前，他先開了口。

「有人告訴我，在我附近的一個小男孩得了癌症，我得告訴他的父母。」他又停了下來，舔抿了一下嘴唇。「但是我認為我不能這樣做。我的意思是，我該怎麼向他們解釋我怎麼會知道這件事？」

我說：「這的確是個問題。你要不要先暫時考慮一下？也許先和別人談談？」

「我找不到人說。我的太太不想要聽到這件事。她不想聽到任何關於這段經歷的事。她說她嫁給一個溫柔、勤奮、有趣的人，而不是《舊約》裡的先知。」

我建議：「也許下個月你可以帶她一起來參加瀕死經驗的小聚。讓她看到，有瀕死經驗的人只是普通人，而且除了你，還有很多人。」

艾爾笑著搖了搖頭。「還是算了。」他說。「她怎麼樣都不會來的。她甚至不希望我再去。她說，我想太多了，我應該要忘記瀕死經驗，然後回到現實。」

對我來說，艾爾很顯然經歷了一場深刻的體驗，改變了他的人生，但我仍然無法接受他聲稱在手術室中看到的一切。我想，關於他看到醫師在手術時晃動手臂這件事，如果我可以與醫師本人或手術團隊中的誰談談，或許可以解開謎團。

「艾爾，你有沒有告訴你的外科醫師在手術過程中發生的事情？」我問。

「哦，當然有。」他說。「不是馬上，而是幾天後。他每天都會來巡房。我問他，為什麼他在手術室裡，好像想要飛起來一樣，不停晃動著手臂。」

「他怎麼回答？」

「嗯，他很尷尬。然後他開始生氣，問我：『是誰告訴你這些的？』我說：『沒有人告訴過我，是我從上面看到的。』我用手指了指天花板。」

「他對這個的反應是？」我問。

艾爾說：「他變得很閃躲，以為我是在罵他。他說：『拜託，至少我的手術沒出什麼錯吧，畢竟你還活著，不是嗎？』然後他就走了出去。」

到那一刻為止，我一直認同艾爾，從他的角度來看他的故事。但是知道他的外科醫師的反應後，我想起荷莉對我指出領帶上的汙漬時我的感覺。我完全了解那位醫師的不舒服。他不只是尷尬而已，這種不舒服比較像是暈船，搞不清楚狀況的那種感覺。

「我可以和他談談嗎？」我問。

「當然可以。」艾爾說。

「我需要你簽一份文件，因為我不在他的醫院工作。」

他說：「沒問題。」

艾爾的外科醫師是一位嚴肅的日裔美籍心臟外科醫師，享有很高的聲譽，似乎並不是一位會在手術室裡開玩笑的人。他同意與我見面，也希望聽到艾爾目前的狀況。令我驚訝的是，他證實了艾爾所說的話。他告訴我，在日本接受外科手術訓練期間，他養成了一個特殊的習慣，他從未見過其他美國外科醫師這樣做。要進行一場手術前，他會先刷手，進到手術室並戴上無菌手套後，因為他不想碰到房間中任何可能將汙染物（無論多麼小）轉移到他手上的東西，所以，在他看著助手開始手術時，他會把雙手放在胸前，緊貼著無菌手術袍，以確保不會意外觸摸到任何東西。然後，他會用手肘代替手指，來指點與吩咐他的手術團隊。

在談話之前，我懷疑艾爾可能只是在夢裡看到外科醫師晃動手肘。但是，當我發現這件事確實發生時，我不得不尋找另一種解釋。我問這位醫師，他自己如何看待艾爾聲稱他看到了所有這些情況。這位外科醫師聳了聳肩，說：「我們家是佛教徒。不是所有東西都要說得通。」

我開始想，艾爾是不是在完全麻醉之前，就看到他的外科醫師搖晃手臂？因此，為了確定事情發生的先後順序和時間點，我問艾爾，他的外科醫師在搖晃手臂時，他還觀察到什麼。

他說，他看到自己的胸腔被金屬夾鉗撐開。另外兩名外科醫師則在他的腿上手術。這讓他覺得很奇怪，因為他的問題明明是在心臟，而且他也沒想到有人會動到他的腿。事實上，那時候，外科醫師正在從他的腿部剝離一條靜脈，來為他的心臟創建繞道。這個細節清楚顯示，當艾爾目睹心臟外科醫師搖晃手臂時，他已經完全失去知覺。他不可能用肉眼看到這些奇怪的過程，因為他的大腦已經完全麻醉，雙眼也被貼上了膠帶。通常，如果要進行長時間的麻醉，為了防止患者的眼睛在無法眨眼的情況下變得乾燥，會黏上膠帶。所以，他本來應該看不到任何東西的，然而他卻看到了。

＊　＊　＊

艾爾的經歷或許令人困惑，但並非特別。在瀕死經驗中靈魂出竅，精確看到周遭事物，並不是很常見，但艾爾不是我聽過的唯一一個例子。珍在二十三歲生第一胎時，經歷了瀕死經驗。她描述自己離開身體，並看到其他地方發生的事情：

「由於失血，我的血壓下降。醫院沒有我血型的血，所以護理師開始慌張。我聽到護理師說『哦，天哪，我們要失去她了。』我一下子就離開了我的身體，從手術室的天花板往下看，看著他們對著我的身體動手術。我知道自己還沒死。我花了一段時間才搞清楚我正在看的人就是**我自己**！我看到醫生來了，急救過程展開，聽到他們的對話，看到我的孩子出生。我也聽到他們在評論和擔心我的孩子的狀況。那是一家小醫院。我來到候診室，發現我在媽媽身邊。她在抽菸。我媽媽不抽菸的，但是她很久之後才承認自己『試著』抽了一兩根，因為實在太緊張了！我又回到手術室，我的孩子情況好轉。我自己則不太樂觀。」

珍說，她之後碰到了已故的祖母和一位「嚮導」。這位嚮導告訴她，現在時候未到，儘管她的身體受到驚嚇，她還是要回去。然後，她在病床上醒來，雙臂接滿了管子。她想告訴護理師和醫師發生了什麼事，但是他們告訴她「這沒什麼」，她意識到這是他們不了解的事情。

＊　＊　＊

柯琳在二十二歲時，有了類似的經歷。當時她產後大量出血。她告訴我她出竅的過程：

「我非常痛苦，到最後終於失去了知覺。當我醒過來時，完全不是正常情況！實際上，我不僅脫離了身體，而且花了幾分鐘，我才意識到，躺在手術台上，那具慘白、沾滿鮮血的身體是我自己！我要說，那時候我的『意識』大概是在天花板附近的某個地方。我看著護理師和醫師在房間裡瘋狂地跑來跑去，一切都是為了讓那個可憐的女孩活過來。

我的婦產科醫師和被叫來的麻醉科醫師吵了起來。婦產科醫生堅持任何急救都沒有用，因為很明顯為時已晚，我已經死了，他的責任已了。我這條命是麻醉科醫師撿回來的，因為他用盡全力要讓我活過來。我現在仍然記得他大呼小叫的樣子：『她還這麼年輕。我們一定要救她！』他催促著護理師輸血，他強迫婦產科醫師繼續動手術。我記得，那時候兩位醫師滿口髒話，讓我非常震驚。我簡直不敢相信醫師說話會這麼粗魯，而且是在護理師在場的情況下！

幾天後，我『正常』恢復了意識（在我自己的身體裡），我發現自己人在加護病房，全身上下都接著管子。麻醉科醫師走了進來。我立刻就認出他，感謝他救了我的命。他似乎很訝異，問我為什麼要謝謝他。因此，我告訴他所有事情：我當時在手術室的經歷，我親眼目睹的一切。我告訴他，聽到婦產科醫師和他互罵髒話，我多麼震驚。起初，他也覺得很不可思議，但是他要我告訴他我記得的所有事情。當我說完，他說他對我的故事並沒有很驚訝，因為他以前也曾接觸過其他幾位有瀕死經驗的患者。」

柯琳說，聽到麻醉科醫師這樣說，對她來說意義重大。她不曾懷疑自己經歷的真偽，在她看來，這比她的日常經歷更為真實。但是，對她而言，重要的是，能夠和一位沒有把她的經驗當作幻覺或夢境的醫師進行討論。我一次又一次從擁有瀕死經驗的人口中聽到柯琳的這段話。當醫護人員貶低他們的瀕死經驗時，當事人往往非常沮喪、憤怒和憂鬱，並覺得自己喪失了身而為人價值。但是，當醫師和護理師傾聽他們的故事，並且，不論自己對瀕死經驗的想法如何，願意承認這段經驗對當事人的重要性，患者都會覺得受到尊重和理解。

在我的研究中，有百分之八十以上的人，坦承在瀕死經驗期間經歷了出竅。但是，只有一半的人像艾爾、珍和柯琳那樣，從場景上方實際看到自己的身體，並觀察周圍事件的情況。許多有瀕死經驗的人，對自己能往下看到自己的身體感到吃驚，有些人甚至一開始認不出那是自己的身體。其他人雖然知道是自己的身體，但搞不清楚為什麼自己脫離了身體。有一些人不知道自己已經死了，直到他們發現自己沒有氣息的身體，才恍然大悟。我訪談的對象中，大部分的人都說，離開身體然後回到身體的過程很輕鬆，不過是剎那間的事情，完全沒有痛楚。

＊　＊　＊

在瀕死經驗中，出竅的傳聞並不新奇。蘇格蘭著名的外科醫師亞歷山大．奧格斯頓爵士（Scott Alexander Ogston）以發現葡萄球菌而聞名。他在一九〇〇年波耳戰爭期間因傷寒住院，那時他五十六歲。他在瀕死經驗期間經歷了多次的出竅[3]：

「我的身心似乎是兩個不同的東西，在某種程度上是分開的。我感覺我的身體像在一扇門附近，癱成一團軟爛。它屬於我，但也不是**我**。我意識到我的神智不斷離開身體……直到某種東西產生了意識，讓那團冰冷躺在門邊的東西又被攪動了起來，然後我才回想起那是我的身體。我迅速被拉回去裡面，縱使很討厭，還是重新被接了起來，變回了**我**，被餵飽，有人對我說話，得到照顧。當身體又被我拋在一旁，我似乎像之前一樣到處悠晃……儘管我知道自己距離死亡已經不遠。我沒有宗教信仰，也不畏懼死亡。我在渾沌的天空下徘徊，漠然但知足，直到又有什麼東西再次攪動了躺在那裡的身體，所以我又重新回到裡面。這樣來來回回，我愈來愈厭惡回到自己的身體裡……

在我飄盪的過程中，有一種奇怪的感覺，好像我可以透視建築物的牆壁，看到裡面的東西，儘管我知道牆壁在那裡，但一切對我來說都是透明的。例如，我清楚看到一位隸屬於皇家陸軍醫療隊的可憐外科醫師，他病得很重，最後在慘叫中死去。我不認識他，而且他也位在醫院的另一個地方。我看到他們蓋上他的屍體，躡手躡腳地把他運了出去，以免我們知道他已經死了……之後，當我告訴修女這些事情，她們告訴我，所有這些事情都正如我想像的那樣。」

* * *

類似奧格斯頓這種關於出竅的描述，我們也在現代重大的醫療緊急狀況時看到。神經解剖學家吉兒・博爾特・泰勒（Jill Bolte Taylor）嚴重中風，使她多年無法走路、說話、閱讀、書寫或想起任何東西。當她終於康復時，她把中風如何逐漸影響大腦的過程，非常生動地記錄了下來：

「中風的第一天，大悲大喜。對我來說，我的感知不再侷限在皮膚與空氣接觸的表面。我覺得自己像是被從瓶中放出來的精靈一樣[4]。我精神的能量似乎像一條大鯨魚，在無聲的歡愉中滑行。這種無邊無際無上的幸福，比我們肉體能享受到的最美好的樂趣，還要更加美好。當我的意識停留在這樣甜蜜的寧靜時，我意識到，我永遠無法把這麼巨大的精神重新塞回微小的細胞裡。」

＊　＊　＊

瀕死經驗的人描述的這些出竅體驗，很多我們都難以證實。或許這只是他們的想像，還是他們只是好運猜對了可能發生的事情？乍看之下，很多故事似乎可以被這樣歸類。但是，有兩項研究比較了有瀕死經驗的患者和沒有瀕死經驗的患者，看他們如何描述自己接受的急救。

心臟科醫師麥可・撒邦發現，有瀕死經驗的人對其接受的心肺復甦術描述得非常準確，對於沒有意料到的事件也會有非常具體的細節[5]。另一方面，要沒有瀕死經驗的患者回想心肺復甦的過程時，他們的描述往往含糊不清，也有許多錯誤。加護病房護理師潘妮・薩托里（Penny Sartori）一項為期五年針對加護病房病患的研究，也證實了撒邦的發現[6]。同樣地，當心臟停止跳動時，體驗出竅的患者可以準確描述自己接受的心肺復甦，但是其他在心臟病發作後倖存的人，如果沒有出竅經驗，在描述心肺復甦所使用的設備和程序時，都出現了重大錯誤。

對於擁有瀕死經驗的人來說，能準確描述他們昏迷時周圍發生的事情，是非常普遍的嗎？諮商心理學教授楊・霍爾頓（Jan Holden）回顧了九十三篇瀕死經驗中的出竅體驗[7]。她發現有百分之九十二的人完全準確，百分之六的人有錯誤，只有百分之一的人完全錯誤。任何出竅後的準確描述，都足以讓我們費勁解讀。美國心理學之父威廉・詹姆斯（William James）在一個多世紀前就說：「如果你想打破天下烏鴉一般黑的定律，你不用證明沒有烏鴉是黑色；你只要證明有一隻烏鴉是白的就夠了[8]。」

＊　＊　＊

因為出竅後的精準感知，讓瀕死經驗很難被當作是幻覺。但是，即使敘事得到了證人的證實（像艾爾的外科醫師承認有晃動自己的手臂），事件發生後，他們的敘述仍常常被當作是奇聞軼事。如果人們在昏迷狀態下，確實能從體外看到事物，我們不是應該能夠利用受控實驗對其進行測試嗎？

自一九九〇年以來，已經有六項發表過的研究，測試瀕死經驗期間出竅感覺的準確性[9]。在這些實驗中，研究人員將視覺「目標」放置在具有瀕死經驗的人可能看到的位置。研究人員通常將這些目標物放在醫院裡病患最有可能心臟停止的病房內，像是急診室、心臟監護病房，以及加護病房等處室的天花板角落。病人沒有被告知目標的存在，但是任何自稱有出竅的人，都會被問到他們是否在房間內看到任何異常或意料之外的東西。

結果，這六項研究共發現了十二名患者聲稱有過瀕死經驗，並感覺自己離開了身體。在這十二名患者中，沒有人表示看到了視覺目標。因此，研究人員沒有證據證明，有瀕死經驗的人真的可以脫離身體看到東西。

從小到大，我看過好多和醫療相關的電視節目，在節目裡，幾乎每個心臟停止跳動的病人都能成功活過來。所以，我在醫學院時學到，即使在院內，心臟病發作後的存活率其實很低的時候，非常驚訝。美國心臟協會（American Heart Association）在二〇一八年更新了數據[10]，心臟病發作的存活率在院外僅為百分之十，在院內則為百分之二十五，而且大多數的人救回來後也只能短暫續命。只有百分之十一的人可以從醫院返家。

考慮到這個難題，我設計了一項研究，研究對象是**我知道**可以在心臟停止後存活的患者[11]。這項實驗中的患者，他們的心臟是在精細監控的情況下停止運轉的。這些人是反覆出現危險的心律不整的患者，他們的心臟有很高的機率會突然停止，通常這類患者會被轉診至心臟外科，進行胸部外科手術，將一個小型設備放到身體裡。這個設備被稱為「植入式心臟整流去顫器」（ＩＣＤ），它可連續監測患者的心律，如果檢測到心臟停止，它會自動電擊，使其恢復正常的心跳。當心臟外科醫師將設備放到患者胸腔時，他們必須先測試去顫器是否正常運作，然後才能縫合。為此，他們會故意先用電擊讓患者的心臟停下來，然後觀察植入式心臟整流去顫器是否可以讓心臟恢復跳動。這時，由於我們確切知道心臟將在幾分幾秒的時候停止，所以我們知道應該什麼時候在哪裡放置視覺目標，來測試患者是否真的能離開身體。

在十年前，心臟科臨床護理師凱西．米爾恩（Cathy Milne），研究了接受這種植入手術的人發生瀕死經驗的頻率[12]。她發現，其中有百分之十四的人經歷了瀕死經驗。因此，我有理由相信我們會找到足夠數量的瀕死經驗，來測試患者是否能看到視覺目標。我與楊・霍爾頓合作，計畫了研究的細節和目標。我將一台筆記型電腦放在手術台上方一台透視攝影X光機的上方。電腦已經設定好，會從七十二個動畫圖像中隨機挑選，例如一隻在電腦螢幕旁跳躍的紫色青蛙。動畫會播放五分鐘，然後閃爍的時間顯示會打斷動畫，最後動畫自行關閉。如果患者在心臟停止跳動時真的離開了身體，他們也許能夠看得出圖像是什麼。電腦會記錄下為每個患者播放的視覺目標，但房間裡的醫護人員都不知道視覺目標是什麼。

每位病人從麻醉中醒來後，我會問我一貫的問題：「你在失去意識前還記得什麼嗎？」

但是，有一半的人困惑地看著我，說：「你是什麼意思？我並沒有失去意識。」事實證明，我沒有考慮到新的 Midazolam 鎮靜劑的效果。這種鎮靜劑通常在手術前給每位患者服用，讓他們昏昏欲睡，減輕焦慮感。醫院為了讓患者不記得手術過程，所以使用 Midazolam，這麼做對於減少讓他們內心痛苦的記憶，很有幫助；但是，對於想要探索在心臟停止時，患者有沒有離開身體的任何記憶，這種藥反而幫了倒忙。也就是說，患者會覺得手術沒那麼辛苦，但他們很難記住任何經驗。在這項研究裡，我們進行了五十多次誘發的心臟停止，但沒有發現任何一位患者在手術過程中有瀕死經驗或出竅的感覺。

除了使用 Midazolam 導致患者記憶模糊之外，我的實驗還有另一個我沒有預料到的問題。有一次，我在一場有很多有瀕死經驗的人參加的研討會中，討論了這個研究。大家對我天真的想法感到驚訝。他們說，一個心臟剛剛停下來的人，並且正在等著被救回來，也就是一個剛剛因為自己與身體意外分離而震驚的患者，並不會在病房四周找尋與他們無關的隱藏圖像。

我曾經對這個研究寄予厚望，希望證實或否定有瀕死經驗的人可以出竅的說法。所以，這個研究方向未能提供確定的答案，還滿讓人失望的。我心中的懷疑論者一直認為，除非我們能夠利用對照實驗證明瀕死經驗中的出竅現象，否則我們不知道自己是否在自欺欺人。艾爾是不是聽過護理師談論他的外科醫師有搖晃手臂的特殊習慣，然後想像自己親眼見到了？荷莉知道我領帶上有汙漬，會不會只是巧合，還是幸運猜到？畢竟，這些只是奇聞軼事，而不是受控實驗的結果。因為我領帶上的汙漬不是刻意安排的，所以荷莉正確指出它的存在就比較沒有意義？你會不會因為證據來自個人經驗而非隨機實驗，就懷疑降落傘能提高存活率？

在我的研究中，大約七百名在瀕死經驗時有離開身體的視覺感受者，有十分之四的人說他們意識到自己感官範圍之外的事物。其中一半的人說，他們後來與別人確認過，證實他們「看到」或「聽到」的事情的確發生。但是，另外一半的人卻從未告訴過那些出現在瀕死經驗裡的人（通常是醫師和護理師），因為他們擔心自己的敘述會聽起來太過古怪。我很能理解，有瀕死經驗的人會擔心其他人說他們瘋了，特別是醫師的回應。我想起飛機爆炸事件的消防員比爾．赫倫德，他告訴醫師自己死而復活這件事，然後就被送去做精神鑑定了。

在失去意識時，還能看到或聽到事物。這些故事動搖了我從童年以來的世界觀：世界上真的只存在看得到、聽得到或感覺得到的東西嗎？當然，荷莉說我領帶上有汙漬，這的確挑戰了我的信念，但單憑一件事情並沒有讓我相信一切。雖然我不能否認發生過這件事，但我仍然覺得，荷莉是透過我不知道的某種正常管道獲得資訊的。許多科學家（包括我在內）一直試圖忽略這些無法解釋的事件。當事件變得令人不安時，就直接否認它們曾經發生過。但是神經科學家和人類學家查爾斯．懷特黑德（Charles Whitehead）寫道：「異常現象往往會被掃到地毯下，直到有太多這樣的異常，結果傢俱都站不穩了。[13]」這些無法解釋的事件數量之多，例如我與荷莉之間的對話，例如艾爾的外科醫師搖晃手臂的習慣，例如楊．霍爾頓收集的數百則紀錄。信奉理性的科學家，不知道怎麼解釋有瀕死經驗的人為什麼會看到和聽到他們應該看不見或聽不到的東西。這也開始讓我世界裡的傢俱紛紛傾倒。

對很多人來說（包括我在內），瀕死經驗中，這些非同尋常的特點，跨越了可信和不可信的界線。明明聽起來還算真實的故事，突然變得如此古怪，以至於聽者開始質疑其是否可信。在某些情況下，他們描述的事件可以得到驗證。但是，即使在沒有獨立證人的情況下，我訪談的當事人聽起來都很真誠，他們的瀕死經驗也產生了深刻的影響，以至於我無法想像他們的這些經歷是說謊。他們的瀕死經驗需要受到尊重和認真對待。但是，從天花板俯視躺在手術台上的身體，這很難解釋。我知道我需要提出一些理論。不相信瀕死經驗的人經常提出的說法是這些只是幻想，根本沒有發生，只是當事人的想像。做為一名精神科醫師，我知道我必須直接面對這些問題。

第七章
還是，他們發瘋了？

彼得從宿舍的屋頂跳下來，摔斷了雙腿。他是一名大學生，之前在學生健康中心接受幻聽的治療。我在事件發生幾天後，到骨科病房找他訪談。他已經重新開始使用精神藥物。雖然根據護理師的紀錄，他不再像他住院時那樣，有幻聽或意識混亂的情形。

在自我介紹之後，我說：「彼得，我聽說你從宿舍的屋頂跳了下來。你能告訴我發生了什麼事嗎？」

他深吸一口氣，開始說。「我之所以停藥，是因為吃藥讓我一直很累。我愈來愈沒有辦法專心在課業上。兩個星期後，我開始產生幻覺。」他停了下來，看著我。

「幻覺？」我問。

「對，我聽到魔鬼跟我說，我現在是他的人，因為我的生活亂七八糟。」彼得低頭看著自己打著石膏的雙腿，然後拉起床單。「他說我很邪惡，我必須死，他叫我到地獄找他。所以我爬上樓梯到宿舍的頂樓，然後爬上梯子到屋頂。我坐在屋頂邊緣的欄杆上，雙腿臨空懸著。那時候還是清晨，沒有人在下面走動。我冷得發抖，然後魔鬼對我大喊：『就是現在！快！』」

他繼續說：「我很困惑，很害怕。幻覺沒有停止，我相信我聽到的東西。我覺得自己不值得活下去，所以我向前傾，然後雙手用力一推。當我摔下去的時候，我閉上了眼睛，覺得快要吐了。」

彼得抬頭看了我一眼。他短暫停頓了一下，彷彿在考慮要告訴我多少東西。他接著說：「後來，當我墜落時，神對我說話。我看不到他，但是我聽到了他宏亮清晰的聲音。他說，『彼得，你是我的孩子之一。你不屬於魔鬼。很多人愛著你，只是你不知道。我不會讓你的生命就這樣結束。』」

彼得停了下，抿了抿嘴。他伸手從床邊桌上拿水，用吸管喝了一口。他沒有繼續說他的故事。

「接著呢？」我問。

「我不知道我觸地時有沒有失去意識。我好像在那裡躺了很久，這一切在我腦中亂成一團。我記得周圍有一群人，然後我被抬到擔架上，然後被抬進救護車裡。我很痛，我不太知道究竟發生了什麼事。但是我還活著，這讓我鬆了一口氣。」

「你現在感覺如何？」我問。

「嗯，如果你是要問我還想不想自殺，我不想。我知道神都幫我安排好了。」

我點了點頭，試圖在腦中勾勒下一個問題。「所以你是說，你聽到了一個你認為是魔鬼的聲音，你覺得這是幻覺。可是，你聽到了另一個你覺得是神的聲音。這兩個聲音都只有你才能聽到。」

「對。」他說，點點微笑。「我知道你在想什麼，你在想，為什麼我認為一個是幻覺，另一個是真實的？」

「沒錯，」我說。「我在聽你的故事時，我無法分辨這兩種聲音有什麼差別。你怎麼知道它們不一樣？」

彼得緩緩地搖了搖頭。「我不知道怎麼解釋，但是跟你現在的聲音相比，神的聲音更宏亮，更清晰，更真實。反之，你的聲音比魔鬼的聲音更強大，更清晰，更真實。我知道在自殺前，我以為魔鬼的聲音是真的，但是現在的我並沒有發瘋，我知道那時候的聲音只是幻覺。但神的聲音絕對不是，那是真的。」他揮舞著手。「那個聲音比所有這一切都還要真實。」

彼得在半空中聽到神的聲音，這到底是幻聽，還是他的瀕死經驗？儘管重新開始吃藥後，彼得現在知道他之前以為是魔鬼的聲音，其實是幻覺，但他仍然相信神真的對他說了話。

這樣的分別讓我陷入了困境。彼得認為他聽到了兩個聲音（神和魔鬼），而且兩者截然不同。但是在我們其他人眼裡，怎麼知道哪些聲音是想像的，哪些聲音可能是真的呢？在我看來，探索其中差異是理解瀕死經驗的關鍵。我是精神科醫師，我比其他研究瀕死經驗的人稍有優勢，可以探索當事人的精神疾病症狀。此外，我在大學醫院的臨床工作也治療過許多有過瀕死經驗的精神病患。問題在於要怎麼區分兩者呢：是精神疾病導致了瀕死經驗？還是瀕死經驗導致了精神疾病？還是，兩者完全是獨立的事物，彼此毫不相關？

要解決這些問題，我的第一步是研究在有瀕死經驗的人之中，精神疾病是否常見。精神疾病出現的機率，在有瀕死經驗的人身上，會比在沒有瀕死經驗的人身上還要高嗎？為了回答這個問題，我比較了不同精神疾病在兩群人身上發生的頻率：一邊是聲稱有瀕死經驗的人，另一邊是曾經瀕臨死亡，但未說自己有瀕死經驗的人。我使用了「精神疾病診斷篩查問卷」（Psychiatric Diagnostic Screening Questionnaire）[1]，這是精神科使用的一種標準問卷，能篩查十六種最常見的精神疾病，包括憂鬱、焦慮、創傷後壓力症候群、強迫思想或行為、飲食障礙症、酗酒和吸毒、情緒困擾造成的生理症狀、無法分辨想像和真實等等。

我發現，在有瀕死經驗的人身上，和在曾經瀕臨死亡但未說過有瀕死經驗的人身上，這十六種情況的發生率相同。同時，在有瀕死經驗的人身上，和未曾瀕臨死亡的一般人身上，這些精神疾病發生的機率也相同。最後，我也把這些機率和這些精神疾病發生在一般人身上的機率相比，發現沒有差異。換句話說，這些證據顯示，有瀕死經驗並不會增加或減少得到精神疾病的機率。

另外，我認為有兩種精神疾病可能與瀕死經驗相關，於是我特別研究了它們發生的機率：解離（dissociation）和創傷後壓力症候群。「解離」是自我感覺與身體感覺分離的一種情況。一個正常且相當普遍的例子是「高速公路催眠」（highway hypnosis），那是指你開車行駛了一大段路之後，身體適應了道路和周圍的汽車，卻在自己突然「醒來」，或突然意識到自己開過頭了的時候，才自覺到自己正在開車。比較極端的解離會讓人覺得自己已經不在身體中。解離可能是對創傷的一種正常反應。在這種情況下，解離是一種心理上的自我保護，為了避開身體遭受的痛苦和對身體狀況的恐懼。

我請一群瀕臨死亡的人填寫解離經驗量表[2]。他們之中，有一些人經歷了瀕死經驗，有些則沒有。那些有瀕死經驗的人，確實在他們的回答中，呈現了類似解離的傾向，但還不足以被確診為精神上的解離。有瀕死經驗的人表現出來的解離是一般對創傷的反應，還不能算是精神疾病。換句話說，有瀕死經驗的人將注意力移開正處於危機之中的身體。注意力轉移是對無法忍受的創傷出現的正常反應，而不能算是精神疾病的病徵。

我也想知道瀕死經驗和創傷後壓力症候群是否有關。對於大多數人來說，瀕臨死亡一定非常可怕，畢竟遭逢死亡、痛苦和失去控制的風險。可以想見，接近死亡可能會導致創傷後壓力症候群，無論是否伴隨著瀕死經驗。創傷後壓力症候群的症狀包括非常真實的夢、回顧事件當下、努力避免或拒絕面對任何和創傷有關的連結。我父親在三十歲時，某個星期一早上開車去上班途中，心臟病發作。康復後，他害怕再次上路。他為了克服對開車的恐懼還去看了心理治療師。那時候，創傷後壓力症候群還不是正式診斷名稱，但如果是現在這就會是他的病名。

和解離一樣，我檢視了曾接近死亡的普通民眾。我請他們填寫創傷後壓力症候群的標準評斷量表，也就是「事件影響測量表」（Impact of Event Scale）[3]。我比較有瀕死經驗的人和沒有瀕死經驗的人的創傷後壓力症候群的病徵。與解離一樣，我發現那些有瀕死經驗的人，也表現出比較多創傷後壓力症候群的特徵，但仍不足以被診斷為創傷後壓力症候群。和患有創傷後壓力症候群的人不同，有瀕死經驗的人往往會做夢，瀕死的瞬間不斷閃過腦中，但他們並沒有因此想要避免這種情況的發生。這和他們對於瀕死經驗的態度吻合：瀕死經驗成為他們人生的亮點，而不是需要避免的負面事件。這種特殊的模式（事件不斷閃過腦中，但又不介意被如此提醒），通常出現在當我們想把一個不甚了解的體驗融入生活的時候。可是，這並不是精神障礙的典型病徵。

因此，各種研究得出的證據顯示，與普通人相比，有瀕死經驗的人得到精神疾病的機率沒有不同。尤其，無論是解離或創傷後壓力症候群，這些大家覺得在鬼門關前走一遭似乎有可能得到的病，其實和瀕死經驗並沒有直接關係。

＊　＊　＊

討論完瀕死經驗的人得到精神疾病的機率，我想反過來問：患有精神疾病的人，發生瀕死經驗的機率是多少？正在接受精神病治療的患者，他們的瀕死經驗比一般人多嗎？

為了回答這個問題，我鎖定來看精神科門診的人。他們的狀況雖不需要住院治療，但仍然有情緒上的困擾。在進行這項研究的一年中，我共調查了八百多名患者。他們在門診初診時，我請他們填寫心理壓力的標準量表，也就是涵蓋九十項症狀的「身心適應量表修訂版」（SCL-90-R）[4]。我也問他們是否曾經接近死亡過。回答「是」的患者，我也請他們完成了我的瀕死經驗量表。

來看精神科門診的患者中，有三分之一說他們曾經瀕臨死亡，而這些患者中約有百分之二十的人曾經有瀕死經驗。這個頻率和一般民眾有瀕死經驗的情況差不多。換句話說，證據顯示，瀕死經驗發生的機率，在有精神疾病的人身上，和一般人一樣。

在這項研究中，接近死亡的患者在身心適應量表修訂版上的得分，確實比未曾接近死亡的患者高。也就是說，接近死亡的人，比其他患者經歷過更大的痛苦。這並不讓我訝異，因為差一點死掉本身就是一場創傷事件，通常會造成心理傷害。但令我驚訝的是，在那些曾差一點死掉的人當中，有瀕死經驗的人比**沒有**瀕死經驗的人，吐露**較少**的憂愁。換句話說，這個證據顯示，在人瀕死之後，瀕死經驗實際上為當事人帶來了一些**心理上的保護**。

因此，我沒有發現精神疾病與瀕死經驗之間有任何關聯。無論有沒有瀕死經驗，得到精神疾病的機率是相同的。同樣地，無論有沒有精神疾病，擁有瀕死經驗的機率也相同。

真正的好消息是，瀕死經驗有可能讓人在貼近死亡之後，得到一些心理上的保護。

＊　＊　＊

可是，那些像彼得一樣，同時有瀕死經驗又有精神疾病的人呢？當他從屋頂跳下來時，我們能夠分辨哪些是他的瀕死經驗，而哪些又是他的精神疾病嗎？這個問題不僅在我們討論精神疾病時出現，也與藥物濫用有關。當服藥過量的人聲稱自己出現了瀕死經驗，我們該如何將他在瀕死經驗看到的東西，和因為藥物引起的幻覺區分開來呢？

十八歲時，賈斯汀在一場學校派對中，過量使用迷幻藥。他倒在地板上，看起來似乎沒了呼吸。他說，在瀕死經驗時，他的意識「清澈無比」，與他用了迷幻藥之後令人恐懼的混亂形成對比。他是這樣說的：

「我的父親一年前死於癌症。我上大學是因為我覺得我應該要這樣做，但是我其實沒有人生方向。有一天晚上，有一個宿舍朋友邀我到他朋友家試試迷幻藥。他給了我三片，看起來有點多，可是這個傢伙好像知道自己在幹嘛。我抽了大概四十五分鐘的大麻後，開始瘋狂地產生幻覺。我死撐著，想要熬過去，但是我就像坐在雲霄飛車上，大腦失控，完全束手無策，感覺整個人都毀了。我變得愈來愈瘋狂，也愈來愈沮喪。我想要離開，可是沒有辦法。我糟糕的噩夢成真了。然後在某一刻，我整個人朝前趴下昏倒在地。我的朋友後來說，我停止了呼吸。黑暗籠罩著我，我知道自己快要死了，但對此我無能為力。

接下來，我的意識與身體完全分離。我的意識一直都在，仍然維持完整。我一點都不擔心那個還躺在地上的身體。我不再痛苦了。吸毒後我痛苦得要死，但是當我離開身體後，痛苦就不見了。我不痛了，我只覺得我被有生以來最純潔、最無私、最美麗的愛所深深包覆。我倒下來的地方對我已經沒有任何意義，我全心投入自己的經驗裡。在整段經歷中，我的意識很清晰，幾乎是『全神投入』的狀態。

我要先澄清一下：我感受到的清晰和感覺的直接，和用藥過量的痛苦完全相反。呼一口的下場簡直太可怕了，糟糕到極點。最重要的是，我想趕快逃脫並恢復正常。我那時急須治療。昏倒後，我臉先著地，那一刻我脫離身體進到了另一個世界。那一刻所有痛苦都消失了，一切都變得非常清楚。瀕死經驗非常清晰，就像醒來並迎接新的一天一樣。但是，當我後來在醫院醒來時，我又一次感受到幻覺，昏昏沉沉的，或許是藥效還在，也或許是醫院用的藥。

對我而言，這是在過去幾年中最瘋狂的事，彷彿一次簡短的輪迴。一開始是糟糕透頂的吸毒經驗，然後是一段非常清晰的瀕死體驗，最後醒來，但仍然有幻覺，無法好好分辨現實與幻覺。我的瀕死經驗是一次充實、真實、完美的生動體驗，比在之前或之後的任何經歷都還要重要。這十五年來，我仍然清楚記得那段迷人的個人經歷。」

賈斯汀把他的瀕死經驗和吸毒經驗分得很清楚，就像彼得一樣。

＊　＊　＊

史帝芬也是如此。他是一名二十五歲的護理師，他在服藥自殺後經歷了瀕死經驗[5]。我去他的病房找他。

在自我介紹之後，我說：「史蒂芬，我知道到你昨天吞了藥。你能跟我說說這件事嗎？」

史蒂芬把牆上的電視關成靜音，把我上下打量了一番。「我惹了大麻煩。」他說。

「哦？」

他嘆了口氣，朝著門口瞥了一眼，然後開始說起故事。「我一直以來都從病房用藥中偷止痛藥。起初只有一點點，大多數是oxycodone（一種嗎啡類藥物）。我只在其他人負責分藥的時候拿，所以我值班時的藥物量是對的。但是後來我開始愈拿愈多，而且我很確定護理長已經注意到了。」

他停了下來，所以我請他繼續。「然後呢？」

史蒂芬深吸一口氣，繼續說下去。「我一直壓力很大。我父親幾個月前去世了，我的女朋友清楚地表明她想分手。我想這就是為什麼我開始吃藥。吃藥可以幫助我放鬆，或者只是忘掉一切。」

「但是並沒有幫助你解決問題對吧？」我問。

他笑了。「我知道吃藥不能解決問題。我只是想幫自己爭取一些時間，直到我覺得自己可以應付正在發生的一切。」

史蒂芬摘下眼鏡，用紙巾擦拭，然後戴上。「但是當護理長發現可能是我一直在偷拿，讓藥量常常對不齊，我覺得我逃不了了。我考慮過逃走，但我知道自己遲早要面對。」

「所以護理長還沒找你直接談過？」

「還沒，但我知道她已經知道了。我被抓只是早晚的事。我那時只想結束這一切。」他搖了搖頭。「我拿了一堆藥準備自殺，在別人有機會清點藥物之前，提前下了班。」

我說：「聽起來你把自己逼入了死胡同。」

「大概就是這樣吧。」他說。「我回到家，吞下所有的藥，灌了一瓶啤酒，躺在床上，覺得結局就是這樣了。」

「你希望接下來發生什麼事？」我問。

「沒有。」他迅速回答，似乎對這個問題有點吃驚。「我以為我會慢慢失去意識，最後就死掉。遲早會有人來找我，但就算找到，已為時已晚。」

「那你覺得那時候**你**會發生什麼？」我問。

史蒂芬抬頭看著我，一開始很困惑，然後覺得有趣。「什麼，你的意思是說，我會被審判然後被送到地獄？我從不信這些有的沒的。人死了就死了。」

他搖了搖頭，但沒再說什麼。

「但是你沒有死。」我說。「發生了什麼事？」

「我好像打了瞌睡，但是又醒了過來，然後我的胃痙攣，很難過，很想吐。而且很難呼吸。我好像沒有力氣深呼吸。我怕我**死不了**。我怕我只是讓自己中風之類而已。然後胃痙攣真的很嚴重。我覺得自己最好在狀態變得比現在更糟之前先找到人來幫忙。電話在廚房的牆上，也許離我的床快十公尺。我試著爬下床，但我頭暈目眩站不起來。我攀住床想讓自己穩一點，然後朝廚房走了幾步。可是我頭實在很痛，光站著就很難，更不用說要往前走了。」

他停了下來，過了一會兒，我鼓勵他繼續說。「接著呢？」

他盯著我看，停了很長一段時間，然後繼續說下去：「那個時候我也產生了幻覺。當我搖搖晃晃站著時，我用手扶著牆，看到家裡到處都是小矮人，他們抓住我的腳，讓我更不好走。」

「小矮人？」我不確定我是否聽對他說的話。

「對，小矮人。」他說。「小矮人，大概這麼高。」他伸出手，手掌朝下，大概跟床一樣高。「我知道這聽起來很瘋狂，可是**真的很**瘋狂。我看到『東西』，但那個時候它們看起來很真。」

史蒂芬吞了一口口水，然後繼續。「我完全搞不清楚狀況。但是，突然之間，我覺得自己離開了身體。」

「你離開了你的身體？」我重複了一遍，不確定我是否聽對他說的話。

「嗯，我不確定我是否真的離開了，但我當時在身體後方三公尺處，往下看。」

他繼續盯著我，所以我再次鼓勵他。「那你的身體在做什麼？」

史蒂芬搖搖頭。「它只是站在那兒，我的手撐在牆上，低頭看著所有這些小矮人，想弄清楚他們在做什麼。」

我不知道該說些什麼，所以我雙手一攤，手掌朝上，揚起了眉毛。

「我的意思是，**我**實際上看不到那些小矮人，」他說。「我在天花板附近，看著我的身體搖搖晃晃，看著我自己在兩腿之間找東西。我知道我的**身體**在看著那些小矮人，因為我還記得自己在身體裡面的時候看過它們。但是從**我**在的地方……」他搖了搖頭，吞吞口水。「從我現在的角度向下看自己的身體，我看不到它們。我知道我的身體迷迷糊糊，而且有幻覺，但是我的頭腦很清楚。**我**沒有幻覺，但**我的身體**有。我仍然像平常一樣思路清晰，但是身體看起來完全搞不清楚狀況。」

他又停了下來，過了一會兒我說：「這故事也太精彩。你自己是怎麼想的呢？」

他偷笑了一下，搖搖頭。「我嚇壞了！一分鐘前我還在身體裡，看到小矮人。下一分鐘，我就來到天花板附近。我不知道發生了什麼事。」

一段很長的沉默後，我問：「然後呢？」

史蒂芬嘆了口氣。「我想我一定又失去意識了。我醒來時躺在地板上，仍然很昏，但是小矮人不見了。我爬進廚房，撥電話叫了救護車。」

史蒂芬說，他沒有幻覺，可是他的大腦有產生幻覺——這要**我**怎麼理解呢？這似乎就像賈斯汀可以區別迷幻藥產生的可怕效果和瀕死經驗的平和清晰，也類似彼得堅持魔鬼的聲音和上帝的聲音不同，一個是自己幻聽，另外一個則真實不已。

✶ ✶ ✶

儘管有一些幻覺的徵狀可能是由精神疾病引起，可是其中會不會有些是真實的經歷，就像彼得、賈斯汀和史蒂芬所說的那樣？如果是這樣，我們該如何區分它們？

精神疾病和瀕死經驗之間有什麼不同呢？我想答案應該在經驗發生之後發生了什麼，也需要考慮瀕死經驗對當事人人生產生的影響。我和精神科醫師米奇．利斯特（Mitch Liester）比較了兩組聲稱有幻聽的患者[6]。這兩組人分別是精神分裂患者與少數有瀕死經驗並在經歷後仍能聽到聲音的人。針對他們聽到的聲音是有益還是有害，我們提出了一連串標準化的問題。

我們發現兩組之間存在著顯著的差異。大多數有瀕死經驗的人認為聲音舒緩且撫慰人心，讓他們對自己的感覺更好，對他們的人際關係也產生了正面的影響。另一方面，大多數精神分裂症患者並不喜歡聽到的聲音，他們覺得聲音令人痛苦又充滿威脅，使他們對自己的感覺更糟，並對他們的人際關係產生了負面的影響。大多數有瀕死經驗的人都希望繼續聽到聲音，而幾乎所有精神分裂症患者都不希望繼續聽到。

因此，聽到別人聽不到的聲音，對於那些有瀕死經驗的人來說，是一種非常正面的經歷，而對於精神分裂症患者來說，卻是一種非常負面的經歷。彼得跳樓時聽到上帝的聲音，聽起來雖然像是他精神分裂所經歷的幻覺，但這個聲音幫助他找到了人生的意義和目標。我認為這是一個清晰且重要的分別。

* * *

有一些臨床醫師認為，精神疾病所引起的非正常經歷，和動搖心靈的瀕死經驗，截然不同[7]。他們認為，瀕死經驗是因為生命遭受威脅，或由其他極端事件所觸發。而且，瀕死經驗通常很短暫，只發生一次，並且經常發生在過著正常生活的人身上。另一方面，精神疾病可能在沒有任何明顯誘因下發生，往往持續很長一段時間，或一次又一次地復發，並且經常發生在有重大心理障礙或處於社會邊緣的人身上。

另一個不同點在於，人們對瀕死經驗和對精神疾病發作的記憶非常不同。瀕死經驗在數十年後，當事人仍然印象深刻，並且常被認為比真實還要真實。他們的記憶不會隨著時間流逝而褪去，反而會保留生動和豐富的細節[8]。患有精神疾病的人，則通常在急性發作結束後，才意識到自己看到的東西是不存在的。隨著時間過去，對精神疾病發作的記憶會逐漸消失，變得不那麼清晰和完整，直到最後像大多數的夢境一樣，完全忘記。

此外，有瀕死經驗的人，經常一次又一次地重新檢視自己的經驗，以尋求經驗所傳達的意義。他們常常會去找其他有瀕死經驗的人，分享自己的經歷和見解。如果他們受瀕死經驗所擾，通常就是他們還沒弄清楚如何將經驗和經驗傳達的訊息融入到自己的人生中。另一方面，患有精神疾病的人，通常會避免提到自己不尋常的念頭和感知，也不會嘗試去理解這些不正常。他們通常不會主動分享一直以來困擾著自己的經驗。

最後，瀕死經驗通常會讓人生多了意義和目的，讓當事人在日常生活中獲得更多快樂，減少對死亡的恐懼，並拉近人際間的距離。如此一來，擁有瀕死經驗的人，常常不再那麼執著於自己的需求和關切，轉而關心他人和展現同情心。在瀕死經驗過後，結果通常是正面的，當事人通常不會覺得日常生活很難熬。另一方面，患有精神疾病的人，可能會失去生活意義和日常的快樂，感到恐懼和脫節，更加墜入自己的需要和關注，減少與他人的接觸。精神疾病通常會導致負面結果，包括工作和感情難以維持、法律上的糾葛、自殘的衝動。

當然，這樣只是籠統地區分瀕死經驗和精神疾病。所有上述這些都可能有例外。當然，有些人確實從精神疾病中學習並且成長[9]，而有些人可能需要很多年，才能理解自己的瀕死經驗，並且把它融入生活中。但這些都是例外。

＊　＊　＊

因此，證據顯示，瀕死經驗與精神疾病無關。能夠解決這個問題，我鬆了一口氣。多年來，我聽到很多像比爾．赫倫德這樣的人，因為與醫師說了他們的瀕死經驗，被認為得到精神病，所以被送去精神科。我在研討會上討論過這個議題，也在我工作的地方與學生、住院醫師和神職人員談過。這些資訊已經開始影響臨床醫療保健單位。近年來，隨著醫療院所愈來愈熟知瀕死經驗出現的可能，患者也受到不一樣的對待。

但是，如果瀕死經驗不是幻覺或與精神疾病相關的現象，那是否意謂著它們是真實的經歷？我需要更強有力的證據來回答這個問題。

第八章

瀕死經驗是真的嗎？

證據似乎顯示，瀕死經歷與幻覺有很大的不同。但是，這樣的不同並不一定代表瀕死經驗的故事是對事件的準確描述。在過去四十年中，我不斷想知道瀕死經驗的故事，到底是真實經歷的記憶，還是垂死之人內心希望和期待的投射。我一些醫學界的同事認為，瀕死經驗只是純粹的幻想，因此不認為任何有關瀕死經驗的研究是科學。但是科不科學不是光看研究主題。一個研究科學與否，在於研究是否基於嚴謹的觀察、證據和合理的推論。

如神經科學家馬克．李瑞（Mark Leary）所說，「科學不是以研究的主題來劃分的，而是對這些主題的研究方法。……有些人不相信某種現象是真的，並不會使得研究該現象的學問變成偽科學。科學可以用來討論各式各樣的問題，甚至是最終並不存在的現象。事實上，科學的一項重要功能，就是以實證來證明哪些作用是真的，哪些是假的。……因此，如果因為正在被檢視的假說本身是錯的，就斷言某個特定主題的研究不是科學，完全沒有道理[1]！」

在歷史中，有很多事一開始被認為是假的，因此不值得科學研究，後來才被證明為真實現象。十九世紀之前，大多數科學家認為隕石的報導不值一提[2]，儘管從遠古時代就有從天上掉下來岩石的記載。十九世紀之前，科學家和醫生也都嘲笑細菌的概念[3]，儘管古希臘人就推測過疾病是由肉眼看不見的「瘟疫種子」從受感染的患者身上傳播出去。直到一九八〇年代，大多數醫學研究，仍然覺得尋找可能引起胃潰瘍的細菌是在浪費時間[4]，但現今這種想法已被廣泛接受，並讓貝瑞．馬歇爾（Barry Marshall）和羅賓．華倫（Robin Warren）獲得了二〇〇五年的諾貝爾醫學獎。

我的一些同事認為瀕死經驗不可能是真的，因為它與我們現在了解的大腦運作模式背道而馳。但是，就其本質而言，科學始終是一項不斷發展中的工作。每一代科學家都覺得前人的論述天真而狹隘。那麼我們怎麼能夠以為，我們現在對大腦的了解，不會被未來的科學觀點給推翻呢？

藉由發現新現象，調整、改良現有的觀點，科學才會進步[5]。一個世紀前，科技的進步讓物理學家能夠研究非常小的粒子和非常快的速度所造成的物理現象。這時他們發現，世界沿用了好幾世紀的公式，雖然還能描述日常生活中的物理運動，但已無法精確捕捉這些新的現象。這些物理學家忠於知識的坦然，無法忽視這些不遵守牛頓運動定律的新現象。但是，這並不代表他們必須將舊的公式棄如敝屣。他們只需要承認，牛頓定律**只在某些條件下**才有用。利用相對論和量子力學的數學計算，與經典物理學相結合，舊的公式變得更精細完善，成為更能完整描述物理現象的模型。

同樣地，上個世紀在醫療技術上的進步，讓神經科學家能夠認識像瀕死經驗或大腦受損時仍有意識等現象。醫學研究幾個世紀以來，認為無形的人類思維是有形大腦的產物，這在日常生活中或許說得通，但卻無法解釋這些瀕死經驗。神經科學家若要忠於科學，就不能忽視這些無法以原有觀念來解釋的瀕死經驗。但這並不代表他們必須放棄原有理解大腦與內心的方法。他們只需要承認，之前的大腦—思維二元論**只在某些條件下**才有用。他們必須改進舊有觀念，才能把像瀕死經驗這種大腦停止後仍有意識的現象，納入其知識系統裡，這樣才有辦法更完整地描述人類心智的真實樣貌。

科學家永遠沒有最終的答案。我們所能做的就是觀察，從觀察中我們編織出能夠為人了解的故事。在講這些故事的時候，我們必須有邏輯，並與觀察到的實證相符。科學就在這樣反覆訴說故事的過程中，朝著「完整描述真實」這個永遠無法達到的目標前行。如神經科學家湯馬斯・斯科菲爾德（Thomas Schofield）所說：「科學並不是在尋找真理，而是在尋找如何以更好的方式來犯錯。……一個理論永遠不可能完美無缺；它最好的狀況是比前一個理論更好[6]。」

天文物理學家尼爾・德格拉斯・泰森（Neil deGrasse Tyson）將真實分為個人真理與客觀的真理。個人真理是你自己相信的事，但不一定能向其他人證明。泰森說：「科學要發現的是客觀的真理。無論你相信與否，這都是真實的事情，不受文化、宗教、政治背景所侷限[7]。」

當我愈來愈鑽研瀕死經驗，我愈對泰森的論述產生共鳴。來自不同文化、不同宗教信仰的人，都曾經歷瀕死經驗，**無論他們自己是否相信**。我在書中引用的一些瀕死經驗，其實與當事人自己的文化和宗教背景相牴觸。有一些人是無神論者，他們不相信神的存在或死後的任何事物，但無法否認自己在被宣布死亡後，以某種方式繼續擁有意識。在我看來，瀕死經驗的研究可以是一門以嚴謹觀察做為方法的實證科學。

當然，在處理觀察結果時，我們需要考慮收集瀕死經驗的人有意或無意的篩選過程。和所有研究一樣，我們必須不斷審視自己的偏見，並質疑自己的觀念及作法，有沒有可能影響到自己對於數據的詮釋。有時候，研究者偏好某種詮釋，聲稱自己有科學的支持。但是我從父親那裡學到：科學不會選邊站，而是公正評估所有數據的方法。問題不是科學是否支持你，而是你是否選擇了科學。

＊　＊　＊

那麼，我們如何以科學的方式來檢測瀕死經驗是否為真呢？從表面上來看，質疑別人的體驗是否「確實」發生有點荒謬。哲學家亞伯拉罕・卡普蘭（Abraham Kaplan）曾講過一個故事：有個人去了一處遙遠的地方，返回家鄉後，聲稱自己看到了一隻古怪但奇妙的野獸：駱駝[8]。他說，這種動物能夠在沒有水的情況下，在炙熱的沙漠中行走好幾天！他家鄉的學者驚奇之餘，不太懂他說的話。他們說：「我們不知道這種動物是否真的存在，但有鑑於我們對生物學的了解，我們將召開一場會議，來決定這種動物是否可能是真的。」旅行者回答：「可能是真的？可是我已經說了，我看到過！」

心理學家鮑伯・汎・德・卡索（Bob Van de Castle）說，如果你被卡車撞到，就**知道**自己被卡車撞到了[9]，不管別人如何懷疑，你都不會認為這輛卡車只是想像的。我沒有被卡車撞過，但是大約五十年前，荷莉堅持說，她昏迷躺在另一個房間時，看到了我領帶上的汙漬，讓我大為震驚。我不知道該怎麼理解整個事件，但是我沒有辦法假裝事情從未發生，我也不能說，這只是荷莉看錯了，或者一切都只是我的想像。我聽過的所有瀕死經驗，雖然不是發生在**我的**身上，但是別人告訴過我，我怎麼能夠決定它們有沒有真的發生過？

我之前提到，出竅經驗很難被驗證。回想一下，楊．霍爾頓檢視了九十三份瀕死經驗期間的人體感知報告，發現有百分之九十二可以得到外部的證實，有百分之六包含某些錯誤，只有百分之一的紀錄是完全錯誤的。很顯然，有些有瀕死經驗的人，他們的陳述沒有準確描述真實情況。但是，這些錯誤，甚至編造，不代表所有的瀕死經驗都是沒有價值的。十三世紀的蘇菲派神祕主義者賈拉．阿丁．魯米說，除非有真幣，否則不會有假幣[10]。因此，除非有真正的瀕死經驗，否則也不會有偽造的瀕死經驗。問題是要如何區分它們。我不知道如何檢測有關超現實世界的故事。但我**知道**，對於有形世界的描述可以如何驗證。

其中一種方法，就是檢驗有瀕死經驗的人記憶可靠與否。有幾個因素讓我懷疑瀕死經驗的記憶可能**不可靠**。首先，許多瀕死經驗發生在心臟病發作期間。心臟停止運動時，容易引起失憶[11]。其次，瀕死經驗有時發生在服用精神藥物的患者身上，而精神藥物可能會干擾他們的記憶能力[12]。第三，瀕死經驗通常發生在創傷事件中，我們已經知道創傷會影響記憶的準確性[13]。第四，瀕死經驗通常包含強烈的正面情緒，可能會影響記憶[14]。最後，有時候，瀕死經驗在發生很久之後，當事人才有機會描述出來，記憶中的細節不再完整[15]。所有這些因素，都讓人懷疑瀕死經驗記憶的可靠性。

一些研究人員推測，隨著時間過去，瀕死經驗的故事會愈來愈被加油添醋，對於瀕死經驗的回憶會變得更加美好[16]。我已經研究瀕死經驗四十年了，所以我能夠談談這個問題。從二〇〇二年開始，我開始回去找我在一九八〇年代初期訪談過的那些人，請他們再次為我描述自己的瀕死經驗。我發現，隨著時間過去，他們**並沒有**把故事說得更加美好[17]。實際上，他們在一九八〇年代告訴我的內容，與幾十年後告訴我的內容，沒有什麼差別。這顯示，有瀕死經驗的人對自己瀕死經驗的記憶是可靠的。這也說明了研究好幾年前發生的瀕死經驗，和研究最近才有的瀕死經驗，一樣具備有效性。

另一個重要問題是，瀕死經驗是否受到當事人本身信仰的影響。我們知道，文化背景和期待會影響當事人詮釋自己瀕死經驗的角度。還記得卡車司機多米尼克把他的隧道感比喻成「排氣管」嗎？在瀕死經驗中，人們體驗到的會不會只是他們期待或希望發生的事情呢？我也測試了這個問題。早在雷蒙．穆迪於一九七五年提出「瀕死經驗」一詞之前，我在維吉尼亞大學的恩師伊恩．史蒂文森就已經收集了很多相關經驗。伊恩根據其中最顯著的特點，將這些經驗分門別類，如出竅、臨終靈視和幻影。

我從伊恩收集的檔案中，挑選了二十四起一九六〇年代到七〇年代初期的案例，依照雷蒙所描述的十五種共同特徵來進行評估[18]。然後，我在我的研究生吉娜．阿薩披利（Geena Athappilly）的幫助下，挑選了自己近期收集的二十四起瀕死經驗。我依照經驗者的年齡、種族、性別、宗教、瀕死的原因，以及醫學上的診斷，一個一個配對。每一個雷蒙所描述的瀕死經驗的特點（例如出竅、感到安寧、與其他人相遇、看到某「光體」、聽到音樂和回顧人生），在伊恩多年來收集的瀕死經驗，和最近我收集到的瀕死經驗中，都看得到。唯一的例外是穿越隧道的感覺，在最近的瀕死經驗中比較常被提到。但是，我們可以回想一下，我之所以把隧道感排除在我的瀕死經驗量表之外，正是因為其他研究人員認為，這是人們在事件發生之後，自圓其說的一種方式；人們不知道自己如何從一種情況轉變為另一種情況，所以自己想出了這樣的解釋。

吉娜和我也就雷蒙所說的瀕死經驗帶來的影響（像是價值觀改變、對死亡不再那麼恐懼、相信某種死後的延續、難以告訴他人關於自己的經歷），檢視了伊恩的檔案和我收集的案例。同樣地，無論是在一九七五年之前還是之後，這些細節同樣頻繁地出現在瀕死經驗的描述中。因此，在過去的幾十年中，瀕死經驗的描述並未出現變化。瀕死經驗也不僅僅是反映了大家熟知的死後世界。

但是，這些一致的描述是真實發生的事件的記憶，還是只是那些人回憶時想像出來的事件？實際上，大多數有瀕死經驗的人，都對於自己瀕死經驗的真實性相當肯定，不是聲稱「比真實還要真實」，就是說「比我經歷過的任何事物都還要真實」[19]。放射腫瘤學家傑佛瑞・朗（Jeffrey Long）調查了六百多名有瀕死經驗的人，發現有百分之九十六的人將自己的瀕死經驗評為「絕對真實」，而沒有一個人認為自己的經驗「絕對虛假」[20]。我的研究也顯示了這樣的現象。在我研究過的所有人中，有百分之七十一的人說，自己對瀕死經驗的記憶比對其他事件的記憶更為清晰生動；只有百分之三的人持反面的意見。

珍・史密斯在二十三歲時，因生產時對麻醉的不良反應而產生瀕死經驗。她說：「我從不覺得這是一場夢。我知道這是真實的，比我所知道的任何其他東西都還要真實。」黎安・卡羅在三十一歲時，因為肺部一塊巨大的血塊，心臟停止[21]。她談到自己的瀕死經驗時說：「我的死亡經歷比活著的時候更真實。」南西・艾文・布希在二十七歲時，對笑氣反應不良而有瀕死經驗[22]，她說：「沒錯，瀕死經驗比真實更真實，它絕對真實。」蘇珊・利頓，在二十九歲時有了瀕死經驗，她告訴我：「我完全沒有懷疑。一切都比現實世界中我們所知道的種種『更加真實』。」克里斯・麥特在二十一歲時，因為翻車，所以產生了瀕死經驗，他說：「我毫不懷疑這是真的，這比我們在這裡經歷的任何事情都真實得多。」尤蘭・斯托特在三十一歲時自殺未遂，她說：「這比地球上任何東西都還真實。相比之下，我在身體內經歷的人生就像是一場夢。」

有很多種方法可以檢視人們記得的是真實的事件還是幻想。我和精神科實習醫師蘿倫・摩爾（Lauren Moore）使用了記憶特徵問卷（Memory Characteristics Questionnaire）[23]。這個問卷使用廣泛，旨在區分真實事件的記憶與幻想或夢境的記憶。記憶特徵問卷檢視的是人對於真實事件或想像事件不同的記憶方式，例如記憶的清晰度和細節、記憶中的感官層面、記憶中事件發生的背景、回憶時的想法、回憶時的感覺強度。我請那些有瀕死經驗的人對三種不同經歷的記憶打分數：首先是他們瀕死時的經驗，第二個則是和瀕死經驗差不多時候的一起真實事件，第三個則是一起想像事件（也發生在差不多時候）。

蘿倫和我發現，對於擁有瀕死經驗的人來說，他們對該經歷的記憶就像真實事件的記憶，而不像想像中事件的記憶。實際上，在記憶中，瀕死經驗比真實事件**更為真實**，就像真實事件比想像的事件更真實一樣。與真實事件的記憶相比，他們記憶中的瀕死經驗，有更多細節、更清晰、更多背景描述和更強烈的感受。這正是人們幾十年來一直在告訴我的：對他們而言，他們的瀕死經驗，比日常經歷更為真實。另一方面，對於瀕臨死亡但**沒有**瀕死經驗的人來說，他們對該事件的記憶並沒有比其他真實事件更為真實。在比利時和義大利的另外兩個研究小組也得出了相同的結論[24]。此外，義大利的團隊在有瀕死經驗的人回憶其經歷時，測量了他們的腦波。結果，他們的腦波與回憶真實事件時的腦波一樣，而不是回憶想像事件的腦波。

因此，這些科學研究似乎證實了瀕死經驗的記憶今昔一致；並不是反映人們熟知或想像的死亡過程，反而看起來的確是對真實事件的回憶。但是，如果瀕死經驗是真實的經歷，而不是幻覺或幻想，我們要如何解釋？這個問題讓我接下來研究了在瀕死之際大腦的變化。

第九章
生物學角度的死亡過程

科學家如何解釋瀕死經驗呢？我知道很多關於大腦的知識，以及大腦不同部位如何運作。我還想知道的是，大腦中是否有**哪個特定區域**與瀕死經驗相關。很多研究人員以神經探針刺激的方式，查找引發瀕死經驗的區域。他們最常瞄準的是顳葉，在頭部的側面，太陽穴下方。一些研究者認為，瀕死經驗與右顳葉有關[1]，而另一派學者則主張與左顳葉相關[2]。

許多科學家引用了神經外科醫師懷爾德．潘菲爾德（Wilder Penfield）的研究做為證據，證明顳葉中異常的電流活動會引發出竅的感覺[3]。在一九五〇年代，潘菲爾德在麥吉爾大學的蒙特婁神經學研究中心（Montreal Neurological Institute）工作，治療那些對藥物沒有反應的癲癇（大腦中突然放電）患者。對於其中許多患者，唯一有效的治療方式是以手術切除導致癲癇發作的大腦部分。要找出癲癇發作在大腦中的確切位置，潘菲爾德進行開顱手術，並用溫和的電流直接接觸病人大腦的不同部位。令人驚訝的是，這並不痛，因為大腦沒有感覺疼痛的神經。因此，潘菲爾德能夠在患者完全清醒的狀態下，探查他們的大腦，而患者可以向他報告他們的感覺。

潘菲爾德利用這項技術，不僅發現了癲癇發作的起源，而且還確定了大腦各部位在受到刺激時的反應。他是第一個繪製出大腦輪廓的人，指出了哪些區域控制手指、嘴唇等部位的動作。他還確定了各個大腦區域在受到刺激時會產生的感覺，例如冷熱、氣味、聽見某首歌曲的聲音，或像看電影一樣看到過去的場景。

很多人以為，潘菲爾德在患者仍有意識的狀態下，用電流刺激他們的顳葉多處，進而成為第一個以人工方式製造出出竅和其他類似瀕死經驗現象的人。事實上，在他的一千一百三十二名患者中，只有兩位陳述了有一點類似出竅的情況。其中一位是一名三十三歲的男人。他在局部麻醉下進行了手術。潘菲爾德碰觸到他右顳葉的一個地方時，這位男人突然說：「我的舌頭苦苦甜甜的。」病人很困惑，嚐了一下味道，也試著吞吞口水。潘菲爾德接著關閉了電流，那個人說：「哦，天哪！我要離開我的身體了[4]。」他看起來很害怕，雙手揮舞著，好像需要人幫忙的樣子。潘菲爾德接著用電流刺激顳葉深處，那個人說自己在旋轉，感覺好像站了起來。

另一個案例是當潘菲爾德用探針觸碰一位女人的顳葉時，她說：「我有一種奇怪的感覺，好像我不在這裡[5]。」當他繼續用電流刺激時，她說：「好像我一半在這裡，另一半不在。」然後他觸碰了顳葉的另一個區域，她說：「我覺得很古怪。」她也說覺得自己好像要飄走了。潘菲爾德繼續刺激時，她問道：「我在這裡嗎？」然後，他又觸碰了顳葉的另一個地方，她說：「我感覺自己又要離開了。」她有一種不真實的感覺，完全不像有瀕死經驗的人說自己的感覺「比真實還要真實」。她覺得自己好像在別的地方，但也仍在原本的環境裡。這兩位覺得好像要離開身體的患者，都沒有提到像人在瀕死經驗中那樣從上方看著自己的身體。

這兩個案例有趣但難以讓人信服。後來的研究發現，各種不同型態的癲癇發作，會使患者大腦各部位受到影響，有可能會因此產生離開身體的感覺[6]。但總的而言，似乎沒有證據顯示，顳葉與出竅的感覺有關。

✳　✳　✳

其他神經科學家認為，瀕死經驗與大腦的其他部位有關，包括額葉、頂葉、視丘、下視丘、杏仁核和海馬迴[7]。蒙特婁大學的神經科學家馬利歐・博赫嘉（Mario Beauregard）和同事針對有瀕死經驗的人，掃描其大腦活動[8]。他們請這些人試圖在冥想中回想自己的瀕死經驗。博赫嘉發現，大腦中沒有特定某一個部位與瀕死經驗的記憶有關，而是，當這些人回想瀕死經驗時，大腦會有好幾個不同的地方變得活躍。

瀕死經驗可能與大腦不同部位（或與多個部位）相關，這些發現相互矛盾，沒有辦法給出明確的答案。既然其他研究人員曾說，癲癇發作的患者有時會有離開身體的感覺，所以我決定更仔細地研究這個特定族群的出竅經歷。我希望能藉此觀察到大腦特定部位的放電與瀕死經驗之間的關係。我聯絡在我工作的醫院負責治療癲癇的神經科醫師內森・芳田（Nathan Fountain），希望他能同意我訪談他的病人，我想請他們談談癲癇發作的經驗。當我向他解釋我的想法時，他的辦公桌上散滿了病歷、圖表和其他文件。儘管他專心親切地聽著，但我覺得他不太感興趣。

他搖搖頭說：「我認為你找不到你想要找的東西。癲癇發作會破壞大腦的正常功能，因此患者的意識會受到損傷，他們無法告訴你任何事情。如果他們全身性癲癇發作，那麼他們會一直處於昏迷狀態，因此他們不可能有任何形式的『經歷』。實際上，許多人甚至都不知道自己癲癇發作了。」他笑著聳聳肩，然後又說：「而且，如果他們是顳葉癲癇發作，即使他們確實有某種經歷，他們也無法告訴你。因為他們的海馬迴也受到影響，無法正常運作，所以他們不會留下任何記憶。」

我說：「我讀過一些報告說在刺激顳葉時，會有離開身體的感覺。懷爾德・潘菲爾德不是有兩名患者在他用電流刺激顳葉時，有這種情況嗎？」

「但是潘菲爾德的病人是醒著的，」內森說。「他使用的電流也非常弱。癲癇發作則完全不同。大多數人在癲癇發作的過程中會失去意識，在發作結束後對發作也不會有記憶。他們不可能有辦法告訴你什麼。」

我承認：「也許你是對的，但你願意讓我和你的一些門診病患聊一聊嗎？」

他猶豫了一下，然後問：「我該怎麼解釋為什麼要他們跟精神科醫師聊聊？」

「你只要說，不知道什麼時候癲癇會發作，生活壓力一定很大。你有一位同事正在研究人們在癲癇發作期間的感受，以及患者本人如何應對。」

我可以看得出來他正在考慮。「我想有些人會很開心能有機會和別人討論癲癇發作的感覺。」

我想他已經沒有那麼抗拒了，所以我繼續說服他。「我們一起看兩到三個病人，這樣你也可以親耳聽到他們說什麼，然後也會知道他們跟我聊天的感覺。」

「好。」他說。「你如果下個星期一下午來門診，我們可以一起問一些病人。我會要那天少排一點病人，這樣我們可以在每個人身上多花一點時間，詳細討論他們的癲癇發作。然後我們再看看如何安排。」

正如內森所預期的那樣，我們一開始的前兩例患者完全不記得自己癲癇發作。他們失去了意識，然後在一段時間後醒來，搞不清楚狀況或很疲憊。第三名患者叫做瑪麗，她是一位年輕的祕書。自從大學時得了腦膜炎，她的癲癇發作總是非常突然。她非常樂意和我談談。我問她癲癇發作前她通常記得的最後一件事是什麼。

她開始說：「嗯，我通常會聞到一股強烈的氣味，像是穿過的運動襪。這只會持續幾秒鐘，但我就會知道我癲癇要發作了。」

「當癲癇發作結束時，妳通常還記得什麼？」我問。

她說：「事後我會有點頭暈。我通常只是躺在那裡，在地板上或任何地方，努力要想起來我人在哪裡和在做什麼。我不知道癲癇持續了多久，但是我通常要一段時間才會醒來，然後會有一陣子都覺得很累。」

我問：「在這兩個時間點之間，也就是聞到運動襪的味道和昏昏沉沉醒來中間的這段時間，妳記得什麼嗎？」

「你是說在癲癇發作期間嗎？」她問。

我點了頭：「嗯。」

她搖了搖頭。「我通常沒有意識。一切都一片空白。」她不確定地看著我，然後看看內森，然後又看了我。「但有一次我覺得我好像記得什麼。」

「有一次？」我重複了她的話。

「對。」她猶豫了一下。「我好像看著自己的身體在地上抽搐。」她回頭看看自己的神經科醫師，然後繼續說。「當然，我知道那不可能，但是結束之後，我好像記得自己往下看著自己，手臂和腿部都在抽搐。」她停了下來，好像有點不好意思繼續說下去。

「那只發生過一次？」我問。

她點點頭。「是的，那是在幾年前，我還沒結婚。發生時，我一個人在家裡看雜誌。很奇怪，我覺得這一定是我的想像。」

我看著正在微笑的內森。他一直都這樣，對意料之外的事情覺得有趣而並非震驚。

「那次經歷對妳有什麼影響嗎？」我問瑪麗。

她聳了聳肩。「沒有怎樣耶，其實。我從來沒有忘記這件事，但是它完全沒有影響到我。」她停了下來，先看看內森，然後再看了我一眼，補充道：「從來沒有人問過我癲癇發作的感覺如何。我很高興能夠說出來。」

「關於那次經歷，妳還記得什麼嗎？還是妳有想告訴我們什麼？或問我們什麼的嗎？」

她說：「沒有了，就這樣。就只是一件我從來沒有忘記的怪事。」

我謝謝她，結束了訪談。我轉向內森。

他說：「哈哈，我們不需要再問其他人了。我們開始研究吧。」與大多數醫生一樣，只要親身見聞，就不用再花力氣說服他。

* * *

我和我的同事蘿莉・德爾（Lori Derr）採訪了一百名癲癇門診的患者，詢問他們在發作期間的經歷[9]。我們先問他們在癲癇發作之前和之後記得什麼，然後再問他們，對於癲癇發作期間還有沒有任何記憶。無論他們的回答是什麼，我們都繼續以瀕死經驗量表上的所有項目詢問他們，我們認為，或許他們其實有經歷過一些瀕死經驗的特點，但可能以為不重要。例如，我們會問：「在發作期間，你是否曾經感覺到時間的變化？」他們很多人在癲癇發作期間根本沒有任何記憶。但是大概有比一半多一點點的患者確實記得**一些**短暫的感覺，例如奇怪的氣味或聲音。就像內森指出的那樣，這些記憶可能是他們在癲癇正要發作**之前**的感覺。

一百名患者中，有七名說他們失去了時間感，有一名說他感覺到平靜，還有另外一名說他看到了明亮的光。在這一百名患者中，有七個人有一點點像是在癲癇發作時離開了身體。他們的癲癇病史大多都已超過十年，也只經歷過一次這樣的感覺，並且不記得確切的時間（「我想大概是十五或二十年前」），因此無法確定可能與之相關的具體醫學細節。此外，這些人裡面，幾乎所有人都說，他們知道這些經歷不是真的。

例如，三十三歲的瑪麗安說她在癲癇發作期間有「兩到三次出竅的經驗」：「我知道那不是真的。太牽強了。我實際上沒有看到我的身體或其他任何東西。可能是我在想像。」四十二歲的馬克告訴我：「我不記得其中任何細節。就像一場夢。我不認為這種事情有可能發生。」除了一名患者以外，其餘患者對於脫離身體的意識，通常只有最模糊的描述。沒有人提到自己從外面看到自己的身體。

與這些癲癇發作的患者相比，有瀕死經驗的人，幾乎總是堅持自己的經歷是真實的。

他們堅決否認自己的記憶可能是想像或作夢的結果。他們經常從高處往下看著失去意識的身體，並且清晰地記住了整個過程。

在我們訪談的一百名患者中，只有一名聲稱她在癲癇發作期間，經常離開自己的身體。但是，儘管她表示能夠從上方清楚看到自己的身體，但她對這些經歷的描述，與大多數人在瀕死經驗中描述的完全不同。克絲汀是一名二十八歲的心理學研究生。由於她頭頂附近的大腦先天發育不全，因此出生就患有癲癇。異常的地方出現在左右頂葉之間的中線，導致她每個月癲癇都會發作個幾次。在癲癇發作期間，她會失去意識一下，通常不到一分鐘。在其他人眼裡，她看起來就是放空，雙眼直視前方，對周圍發生的事情沒有反應。如果她剛好在走路，她會繼續直走，好像不知道要去哪裡。然而，對於克絲汀來說，她好像知道癲癇發作期間發生了什麼。我請她描述一下自己的感覺。

她說：「如果我正在讀書，書上的字母會變成胡扯的符號。如果我正在和朋友說話，那麼從我朋友嘴裡發出的聲音就不再是有意義的話。我能想到**我**想說的話，但我只能發出胡言亂語的聲音。」她聳聳肩，搖了搖頭。

「然後呢？」我問。

「然後我會從離身體幾公尺高的地方往下看。」

這讓我很訝異。那時，我已經訪談了數十名癲癇患者，還沒有聽到任何明確的出竅經驗。但克絲汀說得好像每次都會發生一樣。「可以說說狀況嗎？妳對此有什麼感覺呢？」

「很可怕！」她說。

「很可怕？」我重複了她的形容。這又再度讓我驚訝，因為大多數有瀕死經驗的人，出竅時常常說他們放鬆了或自由了。但是我後來才知道，克絲汀的反應並不罕見。其他研究人員觀察到，癲癇發作時，若患者有離開身體的感覺，通常會產生強烈的戰慄或恐懼[10]。

「沒錯，」她繼續說，「我很怕當我不在身體裡時，我的身體會發生什麼事。」

「像是什麼？」我問。

「我不知道。」她搖了搖頭。「我只是擔心，如果我不在那邊保護它，一定會有壞事發生。」

「有發生過什麼嗎？」我問。「妳離開身體時有受過傷嗎？」

「不是真的受傷，」她緩緩地說。「幾個星期前，我在超市購物時，癲癇發作，那時我正推著超市的推車。當我出竅時，我的身體把推車推到貨架上，撞倒了一個罐頭塔。」

「接下來發生什麼事？」

「那一撞讓我重新回到體內，然後我撿起罐子，重新堆好。人們盯著我看，最後有一個人過來幫我。」

「那麼，是什麼讓妳重新回到自己的體內？是撞到架子，還是罐頭倒下的聲音？」

「我一感覺到推車撞到架子，我就回到了自己的身體裡。那就是通常發生的情況。」

「所以那通常也讓妳從癲癇發作中恢復過來？」我問。

克絲汀點點頭。「任何觸碰或打到我身體的東西都可以讓我恢復。如果我正在和朋友聊天，突然句子講到一半停下來，這時她們會叫我，然後輕碰我的手臂，把我帶回來。」她又笑著說：「當然，我之前的男朋友沒有任何一個人曾注意到我癲癇發作過。」

她說，被觸摸後會被拉回體內，這確實有相呼應的前例。我想起因傷寒住院的蘇格蘭外科醫師亞歷山大・奧格斯頓爵士。在他的瀕死經驗中，他也多次被拉回體內：「我意識到我的神智不斷離開身體……直到某種東西產生了意識，讓那團冰冷躺在門邊的東西被攪動了起來，然後我才回想起那是我的身體。我迅速被拉回去裡面，縱使很討厭，還是重新被接了起來，變回了我。當我又再度離開身體時，我到處悠盪，直到又有什麼東西再次打擾了躺在那裡的身體，所以我又重新回到裡面。這樣來來回回，我愈來愈厭惡回到自己的身體裡[11]。」

「如果妳離開身體時，沒有人或沒有東西碰到妳的身體，會怎麼樣？」我問克絲汀。

「哦，我從來不會離開很久。我自己無法主動回去身體裡面，但是癲癇在幾秒鐘或一分鐘左右之後就會結束，然後我自然而然就回來了。」她停頓了一下，然後說：「之後我就沒事了，好像什麼都沒發生過。」

「在身體外面時，妳還經歷過其他任何事情嗎？」我問。

「像什麼？」她皺了眉頭。

「好比說，妳看過或聽到過什麼嗎？」

她搖了搖頭。「沒有，我只是全心全意關注自己的身體，以免它出什麼意外。」她對我微笑。「就像衝進罐頭塔。」

「當妳離開身體時，妳還會感覺到什麼嗎？妳說過感覺很可怕，但妳是否曾有過愉快的感覺，或者覺得自己要去別的地方嗎？」

「愉快的感覺？你在開玩笑嗎？」她睜大了眼睛。「這很嚇人。我一點都不喜歡。我從來不曾喜歡離開身體。我迫不及待想回到自己的體內，趕快恢復正常。」

克絲汀對她身體的保護態度，與大多數有瀕死經驗的人大不相同。大多數有瀕死經驗的人在感覺出竅時似乎不關心自己的身體。我回想起了吉兒・博爾特・泰勒在中風時對出竅的描述：「我覺得我好像是被從瓶中放出來的精靈一樣。我精神的能量似乎像一條大鯨魚一樣，在無聲的歡愉中滑行。這種無邊無際無上的幸福，比我們肉體能享受到的最美好的樂趣，還要更加美好[12]。」

我把注意力轉回到克絲汀身上。我點了點頭，慢慢地問她：「克絲汀，妳自己學心理學，很了解人類和大腦。妳怎麼看自己離開身體這件事呢？你怎麼看待整個經驗？」我一方面想問她如何理解，一方面也希望她能助我了解。

她只是聳聳肩，搖了搖頭。「這只是我癲癇發作時會發生的事情。我從來沒有試過要弄清楚這是**怎麼**發生的。我只希望可以**不要**發生。」

我稍微追問下去：「那癲癇發作時，離開妳身體的是什麼？」

「就是我！」她再次聳聳肩，顯然不想思考這個問題，有點不耐煩了。

我再試一次：「妳認為自己**真的**離開了身體，還是只是癲癇發作時腦袋變得不太一樣？我的意思是，如果妳現在癲癇發作，然後跑到我們上面，妳可以看到我後腦杓有個地方禿了嗎？」

「可以喲！」她笑了。「我們講完了嗎？我上課不想遲到。」

克絲汀對自己出竅這件事缺乏好奇心，讓我覺得有點奇怪。把身體丟下會是什麼感覺，這在我心中激起各式各樣的問題，但她似乎一點都不慌張。不過，克絲汀的童年與我大不相同。我從小就強烈認同自己的身體。當我的身體感覺到賽跑時的腎上腺素，或經過漫長的一天累壞了，或在兩餐之間覺得餓，或泡熱水澡時那種舒適的暖和，我**就是**我的身體。但是，出生以來，克絲汀就一再體驗離開身體。對她來說，這似乎是一種自然狀態。能夠離開身體對她來說一點都不奇怪，這只是她生活中的日常。這與我從有瀕死經驗的人那裡聽到的態度截然不同。有瀕死經驗的人，第一次通常會被自己能夠脫離身體嚇到。

博赫嘉的研究指出，有瀕死經驗的人，在回憶其經歷時，大腦有幾個部位會變得活躍，但沒有特定部位有任何直接關聯。我們的研究結果也類似：聽起來有一點像瀕死經驗或出竅的癲癇發作，並沒有特別與大腦的左半球或右半球有關。克絲汀是我們研究中，唯一有聽起來像是出竅經驗的患者。她的大腦中線有缺陷。儘管她聲稱自己確實離開了身體，並從另一個位置準確地看到了東西，但她沒有其他瀕死經驗的特點，她的經歷聽起來或感覺起來也不甚愉快或振奮人心。

儘管有些科學家認為，顳葉異常的放電（例如癲癇發作或電流刺激）可能會引發瀕死經驗或出竅，但我們發現這並非事實。其他研究人員指出，用電流刺激患者的顳葉會產生身體變形的感覺，甚至感覺離開身體[13]。但是，這些感覺和瀕死經驗中的出竅之間，有許多重大的區別[14]。也許最關鍵的是，大腦受到刺激的患者，將這些感覺描述為不真實的夢幻事件，而不是真正發生的事情。相對而言，瀕死經驗往往被視為不可否認的真實事件。這有點像是看一齣戰爭片或實際在戰場上打鬥，或許兩者可能有類似的描述或傳達相似的情緒，但實際在戰場上的感覺一定比看戰爭片真實得多，畢竟後者只是擬真，並非真實。

＊＊＊

所以，瀕死經驗可能不是跟大腦**某特定部位**有關。那會不會有可能和**整個**大腦的放電活動有關？在死亡的當下或臨終時，大腦會不會仍然有足夠的電流來產生生動複雜的瀕死經驗呢？醫學文獻並不支持這種想法。數十年的臨床經驗和研究證實，心臟停止活動後六到七秒內，大腦活動就會減退[15]。十到二十秒後，腦波圖（ＥＥＧ）曲線會變平，表示大腦皮層已經沒有活動。大腦皮層負責思考、感知、記憶和語言。維生系統被終止的患者，他們的腦波圖顯示，大腦實際上在心跳停止和血壓歸零**前**就已經停止放電[16]。而在心臟停止之後，就明顯沒有大腦活動。這似乎回答了我有關瀕死經驗是否與大腦活動有關的問題。

＊＊＊

我還想知道，瀕死經驗會不會是我們在鬼門關前，為了讓自己從痛苦和恐懼中分散注意力，所以創造出來的複雜幻想或夢境。神經科學家凱文・納爾遜（Kevin Nelson）從生理學的角度提出他的想法。他認為，與作夢相關的大腦活動（通常稱為快速動眼期〔REM〕）可能在瀕臨死亡的當下，影響我們的神智，讓我們明明在作夢，卻彷彿像思考或看到畫面一樣[17]。他進行了一項研究，來證明有瀕死經驗的人多半是受到快速動眼期的影響。然而，這項研究卻發現，這些人受快速動眼期影響的機率，和在一般沒有瀕死經驗的人中隨機抽取樣本的機率類似[18]。快速動眼期的解釋還有另一個問題：很多人的瀕死是在全身麻醉的情況下發生的，而全身麻醉抑制了他們快速動眼期的大腦活動[19]。此外，有瀕死經驗的人，他們在快速動眼期的大腦活動，實際上比其他人**還要低**[20]。最後，一個義大利研究小組發現，人在回憶自己的瀕死經驗時，呈現出來的腦波圖不像是想起幻想或夢境，而比較像是回憶真實事件[21]。因此，我們似乎可以說瀕死經驗絕對不像是作夢。

＊＊＊

大腦中的化學變化呢？他們可能和瀕死經驗有關嗎？

在大腦化學方面，我在思考，大腦中氧氣減少是否可能是導致瀕死經驗的原因[22]。人們都提到相似的經歷，無論他們瀕死的原因是什麼，因此我們應該要觀察在所有瀕臨死亡的狀況下所發生的生理變化。無論是什麼事件讓人瀕臨死亡，最後的結局總是心跳和呼吸停止，進而切斷了向大腦的氧氣輸送。醫學文獻已經證實，氧氣不足是非常令人痛苦的經歷，特別是對於那些認知扭曲和有幻覺的人[23]。氧氣不足的人通常會害怕、激動和變得有攻擊性，與通常安詳、正面的瀕死經驗完全不同[24]。但是對我來說，最明確的證據來自實際測量病危期間患者的氧氣含量。研究證實，有瀕死經驗的患者含氧量**並未減少**，或許和沒有瀕死經驗的人相似[25]，或許還**比較多**[26]。目前，還沒有研究顯示瀕死經驗期間含氧量會**降低**。

＊　＊　＊

我的下一個想法是，瀕死經驗可能與病危時給予的藥物有關。當然，大多數病危的患者被投以各種藥物。但是同樣地，醫學文獻並沒有任何證據支持此想法。實際上，研究顯示，和沒有接受藥物治療的患者相比，有接受藥物治療的患者**比較少**有瀕死經驗[27]。我認為這個研究結果有趣的點在於，瀕死經驗和使用精神藥物所產生的一些不尋常經歷相似。研究人員在瀕死經驗和服用迷幻劑的報告中，找到了一些共通的描述，特別是服用K他命[28]和DMT（二甲基色胺）[29]，後者是在自然界可以找到的一種化學物質，可以產生歡愉和幻覺。

我最近參與了一項跨國研究，該研究分析了六百二十五則瀕死經驗的文字和敘述架構，並把這些敘述與近一萬五千筆嗑藥後（總計一百六十五種不同的藥物）的不尋常經歷相比較[30]。我們發現，能產生和瀕死經驗最相似的藥物是K他命。但是，我們也指出，服用K他命後的其他常見狀態並未出現在瀕死經驗中。這顯示瀕死經驗不僅僅是藥物的作用。同樣，大力支持從K他命來了解瀕死經驗的神經科學家卡爾・詹森（Karl Jansen），在經過十二年的研究後也說，他認為K他命是獲得瀕死經驗的「一種途徑」，但無法實際造成瀕死經驗[31]。

* * *

如果瀕死經驗與藥物並不相關，那是否與病危時體內所產生的化學物質有關呢？我們知道大腦會產生或釋放多種化學物質，以幫助人體應對壓力。我認為最有可能與瀕死經驗相關的化學物質是腦內啡（endorphins）[32]。腦內啡是一種「讓人感覺良好的荷爾蒙」，可以讓馬拉松跑者跑到嗨，並且現在已知可以減輕疼痛和壓力。有些科學家則認為，瀕死經驗可能與血清素、腎上腺素、血管加壓素和麩胺酸有關[33]，所有這些都是在神經細胞之間傳遞信號的化學物質。但是，儘管如此，目前還沒有研究探討腦內化學物質與瀕死經驗的關係。而且，我也不覺得在不久的將來就可能有相關研究。這些化學物質在大腦中分泌的時間往往很短暫，位置也很侷限，因此要找到它們，我們必須在正確的時間點鎖定大腦中正確的位置，而正如我發現的那樣：我們根本不知道要注意大腦的哪一個地方。

這些大腦研究都無法針對瀕死經驗提出一個好的解釋。這讓我想起了約兩千五百年前佛教經典中一則關於盲人與象的古印度寓言[34]。在這個故事中，一群從未見過大象的盲人想要藉由直接碰觸大象來了解大象是什麼。第一個人摸了象鼻，說大象就像水管。第二個人抓住了象牙，說大象像長矛。第三個人摸了象腿，說大象就像一根柱子。最後一個人摸了象耳，他說大象像扇子。每個人都根據自己有限的主觀來感覺，對大象的形象提出了合理的比喻。但是，他們都不知道整隻大象是長什麼樣子。

某些層面上，我們對於瀕死經驗的片面了解，也是因為我們以主觀上的認知來推論，形成只有部分合理的比喻。例如，瀕死經驗中的幸福情緒有點像是腦內啡產生的良好感覺；瀕死經驗中的幻覺在某種程度上類似K他命產生的幻覺；瀕死經驗中的人生回顧，似乎可以與電流刺激顳葉時所產生的零碎記憶相比較。但是，儘管這些解釋都可以粗略模擬瀕死經驗的一些面向，它們都無法充分描述整個經歷。

儘管如此，做為一名醫師，我知道除非我洞悉瀕臨死亡的人大腦中發生的事情，否則我無法了解瀕死經驗的奧祕。但這很困難。大多數瀕死經驗發生在遠離任何醫療機構的地方，沒有任何可以以醫療監控的機會，更不用說有腦部顯影了。即使是在嚴密的醫療監測下發生的瀕死經驗，也通常發生在危急情況下，醫護人員想的只有讓患者的心臟再次開始跳動，而不會想到要掃描大腦。不過，每隔一段時間，好運總會降臨，讓我們瞥見了瀕死經驗中的大腦活動。

第十章

死亡時的大腦

有一位五十四歲的神經外科醫師在早晨四點三十分突然醒來，頭非常痛，背也很疼。在四個小時內，他失去了意識，他的家人無法喚醒他。妻子在他痙攣時叫了救護車，他馬上被送往當地醫院的急診室。他的神經系統檢查（包括腦部電腦斷層）顯示大腦皮層大範圍損傷。大腦皮層是與思維、感知、記憶和理解語言相關的部分。檢查還顯示他的腦幹受損：腦幹是調節呼吸、吞嚥、心跳、血壓以及人是否清醒或睡著的部位。急診室醫師判定他已瀕臨死亡，幾乎沒有活下來的機會。接下來的幾天，他深陷昏迷，以抗生素和其他藥物防止進一步發作，並接上人工呼吸器。住院第三天，再一次的腦部掃描顯示他的顱內充滿了膿液。無論對他說話、捏他或用針刺他，他都沒有反應。

後來，經過診斷，他的大腦受到罕見的急性細菌感染，致死率高達九成。在昏迷的第六天，他睜開了眼睛，讓所有人嚇了一跳。他醒了，但是搞不清楚狀況。他控制不了自己的手臂和雙腿，他不知道自己在哪裡，也不認識家人。他對昏迷之前的生活完全沒有記憶，也沒有辦法說話。但是，他卻有一段非常生動鮮明的回憶，關於一個完全不同的地方。

令醫師驚訝的是，他的記憶和說話能力開始恢復。幾天後，他已經能夠描述在昏迷時的經歷。他說，他在樂聲中，被一道旋轉、清晰的白光緩緩抬了起來，進入了一個比真實還要真實的地方，身邊是人們沒有看過的顏色和光線。他似乎是有意識的，但沒有身體。他提到了花朵、瀑布、歡樂地跳著舞的生物、天使般的歌唱、橫跨天空的金色球體，以及一位年輕女子，儘管她從未說話，但她似乎是擔任嚮導的角色。然後，他從那個境界又上升到一個「更高」的國度，一個無限漆黑的地方，但盈滿著一位慈愛神祇的治癒能力。「神」一字似乎太微不足道了。

他還說，他有看到一些不是家人的人在他的病床周圍祈禱，但加護病房並不允許這樣的事情。不過，他的家人和醫護人員證實，那天當他的昏迷指數顯示嚴重的腦部損傷，他提到的人確實在場。他還向家人詳細描述了那位引導著他的女子。四個月後，這名一出生就被人領養的患者，找到了他的親生父母。他們給他看了一張照片，那是他從未見過的姊姊，但十年前已經去世。他很驚訝地發現，在瀕死經驗中的嚮導，就是她。

＊　＊　＊

你們可能有些人已經認出這是神經外科醫師艾賓．亞歷山大的故事[1]。他的瀕死經驗廣為人知。在兒子的建議下，他花了兩年的時間，把自己能記得的內容寫了下來。在這期間，他沒有閱讀任何有關瀕死經驗的書，避免影響自己的記憶。

事件發生的兩年後，艾賓在兒子（當時是一名神經學的大學生）的陪同下，來到了維吉尼亞大學。在花了兩萬字寫下他的瀕死經驗後，艾賓現在想要開始探索瀕死經驗的意義。做為一名神經外科醫師和學者，他所知道的一切都告訴他，在昏迷期間，人不可能擁有或形成任何形式的記憶，更不用說是生動且「比真實還要真實」的記憶了。然而，他的確記得自己的經歷。

當他來找我時，艾賓並沒有像我預料的那樣，因為這個謎團而不開心，他反而活力十足，很想要弄清楚一切。他開了一個半小時的車來到維吉尼亞大學，想和我談談該怎麼開始探索瀕死經驗。我問他的兒子，身為神經學學生，他認為父親的經歷是怎麼回事。那個年輕人只是搖搖頭，停頓一下之後，他說：「我不知道，但這不是我熟悉的父親。」

有一些暢銷作家聲稱，艾賓並沒有真正瀕臨死亡，他的昏迷實際上只是藥物鎮定的結果。身為懷疑論者，我不願意就直接接受艾賓對他自己病情的描述，也不想直接否定批評者的猜測。因此，我從他的醫院拿到了他住院期間的病歷。我除了自己看之外，還請另外兩位醫生瑟比・卡納（Surbhi Khanna）和蘿倫・摩爾檢查了六百多頁的內容，以評估艾賓的病情。我們三個人先各自檢視病歷，然後召開一個小組會議，討論彼此結論中的任何歧異。當我們一起比較筆記時，我們發現沒有差異需要討論，因為病歷非常清楚，毫無灰色地帶。

艾賓的電腦斷層顯示他的大腦因化膿而腫脹。醫師認為沒有甦醒的可能；就算醒來，也不可能說話或自理。我們三個人得出的結論都是他的確瀕臨死亡[2]。他的大腦已經完全失去功能。在這樣的狀態下，他目睹了昏迷的人本來應該無法感知的事情。數據顯示，他的昏迷與他所服用的藥物無關。病歷也顯示，在到達醫院之前，他已經迅速陷入昏迷；那時，他還沒有接受任何藥物。六天後，他卻在停藥前甦醒了。

根據我們目前對大腦運作方式的認知，艾賓在重度昏迷期間根本不可能有任何體驗，更不用說是他一生中最生動、最難忘的經驗了。然而，他確實有瀕死經驗。而且，他也不是唯一一位在病危時有如此生動而深刻經驗的人。

＊　＊　＊

對於這些似乎與我們所知道的大腦功能相互矛盾的經歷，我們該如何理解呢？這時，我們應該先退一步，看清楚內心與大腦之間的差異。現在，你正在閱讀這一頁，也在思考你所讀到的內容；同時，你可能覺得腳底有點癢。這些感覺和想法就是我們的意識：意識到自己的存在和周圍的世界。自我的意識既是人類最複雜的難題，也是最簡單、最不言自明的事實。沒有什麼比意識的存在更明顯也更無法否認：你知道自己正在做什麼，你也知道周圍正在發生什麼事。

你的內心是你意識到的所有思緒、感覺、欲望、記憶、希望等等的總和。另一方面，你的大腦是頭顱裡面，由神經細胞（或神經元）以及輔助細胞（或神經膠細胞）所組成的器官，是顏色有點兒粉紅又有點兒灰的一團物質。我們知道我們的內心和大腦彼此相關，但是經過數千年來芸芸眾生的觀察和數百年來的科學研究，我們仍然不知道兩者到底是什麼樣的關係。

幾個世紀以來，人們對內心與大腦之間的關係提出了各種學說。用最簡單的方法來解釋，最常見的假設是內心是大腦的產物。另一種說法則是內心和大腦是兩個獨立的東西。這些說法都不能完全解釋內心與大腦之間的關係。一方面來說，如果是大腦產生了思維，我們不知道大腦為什麼能夠這樣做。另一方面，如果內心不是大腦產生的，那又是從哪裡來的呢？我們又如何解釋內心與大腦之間的緊密關係？幾個世紀以來，哲學家和科學家一直在爭論這個問題。我們之所以還沒有定論，就是因為還沒有答案可以完全說得通——至少，沒有一個答案可以一直都說得通。

我們大多數人都認為，大腦的運作可以用來解釋內心的運作。也就是說，「內心是大腦的產物」。換句話說，我們的意識、知覺、思維、記憶、情感和意圖是由大腦中的電流和化學變化所產生的。對於這一個觀點，我們有很多證據。

首先，在日常生活中，可以看到大腦活動與心理經驗的關聯性。例如，喝醉酒或頭部受到重擊時，會頭暈腦脹，沒辦法清楚思考。中風、癲癇和腦震盪等腦部疾病也會影響我們思考、感知和記憶的能力。科學實驗也顯示，特定的心理功能與大腦特定部位的活動有關。例如，視覺與枕葉活動有關，枕葉位於大腦的後方，接收來自眼睛的信號。同時，我們了解到，如果摘除大腦某個部位，會讓某些心理經驗無法順利進行。所以如果以手術切除枕葉，即使眼睛功能仍然正常，也無法看到東西。我們還發現，用電流刺激大腦的某些部位會導致某些心理經歷。因此，如果以電流刺激枕葉，可能會讓你的視覺產生變化。將所有這些證據湊在一起，可以合理地認為內心或意識是由大腦產生的。

但這不是理解大腦與內心關係的唯一方式。我們必須小心，有關和因果關係不可以混為一談。我左腳襪子的顏色通常與右腳襪子的顏色相同，如果你知道其中一邊的顏色，通常可以猜對另一邊是什麼顏色，但是，我左腳襪子的顏色**並不影響**我右腳襪子的顏色，如果我碰巧左腳穿了一隻藍色的襪子，右腳穿了一隻棕色的襪子，那麼這隻襪子不能讓另一隻襪子變成跟它一樣的顏色。

同樣，大腦活動與心理功能之間的連結，並不一定代表大腦放電活動引起了思緒或感覺。也許是倒過來，由思緒和感覺引起了大腦的放電活動。例如，當你閱讀這一頁的文字時，眼睛中的神經細胞會向大腦枕葉的視覺中心和顳葉的語言中心發送電流信號，但這並不一定代表是神經細胞中的電流活動讓你閱讀本頁的文字。也許是你讀了這些文字之後，才引起了神經細胞的電流活動。

懷爾德・潘菲爾德投入數十年的時間，利用電流刺激大腦的各個部位然後繪製出各部位的功能。但是，當潘菲爾德藉由刺激大腦某處而引發患者的手臂和腿部運動時，這些人不認為是他們自己在移動四肢。反而，他們說，他們覺得好像是**潘菲爾德**在違背他們意志的狀況下，強迫其活動肢體。潘菲爾德在他職業生涯的最後總結了這一點：「當我在患者有意識的狀況下，將電極放在他們某一邊腦半球的運動皮層上，促使他們移動雙手時，我經常問他們有什麼感覺。患者的回答總是：『我沒有那樣做。是你做的。』當我讓他們發出聲音時，他們會說：『我沒有發出聲音。是你讓聲音從我身上發出來的[3]。』在大腦皮層中，沒有任何地方在受到電流刺激後，會使患者相信某事或做出決定。」

很顯然地，潘菲爾德的患者可以分辨是自己想要活動四肢，還是因為潘菲爾德施加的電流，所以大腦讓四肢活動。他們確信自己的大腦和內心是兩個截然不同的東西。

說「大腦產生內心」與說「胃會消化」，意思不太一樣。我們知道胃如何消化食物：胃內壁的肌肉會攪動，將食物搗碎成小塊，胃酸和其他胃裡的化學物質會將食物分解成可利用的營養。

但是，涉及大腦時，我們知道的東西少得多。例如，我們可以說，協調身體的動作是大腦功能的一部分。我們知道大腦藉由運動神經細胞傳導電流，通過脊髓，向我們的肌肉發送訊號，來刺激肌肉細胞收縮，藉此移動我們的四肢。但是，關於有形的大腦如何產生思想、感覺和記憶，意識到我們周圍的世界，我們一無所知。哲學教授阿爾瓦・諾埃（Alva Noë）說：「關於大腦如何讓我們產生意識，如何產生感覺、情緒、個人觀點，神經學、心理學和哲學為此共同努力了數十年，但最終的共識是：我們不知道[4]。」

物理學家尼克・赫伯特（Nick Herbert）這樣詮釋：「科學最大的謎團是意識的本質。這並不是說我們對人類意識有錯誤或不完善的理論，而是我們根本沒有理論。關於意識，我們所知道的就是意識和頭比較有關，而不是腳[5]。」

我們不了解在大腦受損或完全停止的時候，心理怎麼還會有活動，像是思緒、情感和記憶。艾爾・蘇利文看到他的外科醫師搖晃手臂；比爾・赫倫德看到他的同事把他的身體拖走。但是，對於大腦日常的運作，我們也不知道如何解釋一般的思緒、感覺和記憶。神經科學說不出口的祕密，就是我們其實不知道體內的電流或神經細胞中的化學變化如何產生意識。

說「大腦產生內心」，就像是說「樂器會發出樂音」。樂器**確實**會產生樂音，但音樂不是就這樣憑空響起。需要樂器外部的某些東西（音樂家）來決定發出什麼樣的聲音，並使該樂器產生該聲音。我們可以再次引用阿爾瓦・諾埃的話：「樂器不會產生音樂或發出聲音；是人們能夠創作音樂或發出樂音。……如果只是把意識想成是大腦的現象，就像消化是胃的現象一樣，那就只是把人體想成自動演奏的樂器而已[6]。」

＊＊＊

另一種詮釋是，內心不是由大腦**產生**的，內心通常是與大腦**合作**的。美國心理學之父威廉・詹姆斯一百多年前寫道：「內心是大腦的功能之一。」這句話有兩種截然不同的詮釋方式[7]。一方面，這可以指大腦會**產生**思想，就像熱水壺會產生蒸汽或瀑布會產生能量。如果大腦和思想是這樣，那麼當大腦死亡時，它就不再能產生思想，所有思想都將停止。但詹姆斯認為，另一方面來說，內心和大腦之間的關係，也有可能像管風琴鍵如何發出音樂一樣，藉由打開各種風管，讓空氣以各種方式逸出。管風琴不會產生風或音樂，而是會消除阻礙風的障礙。

內心與大腦有關是事實。但是，「大腦創造人類心智」這句話則非科學事實。這只是為了解釋兩者有關而提出的理論。在日常生活中，這或許堪用：我們的大腦似乎**確實**創造了我們的內心狀態。但是，其他科學發現告訴我們，事情沒有那麼簡單。事實上，在特殊情況下，像瀕臨死亡的時候，內心與大腦之間的連結會破裂。

人在心臟停止跳動時，呼吸也會停止，攜帶氧氣和能量的血液不再流向大腦，在十到二十秒內，大腦裡就檢測不到電流活動了，然後，此人在臨床上就會被視為死亡。從這種病危狀態倖存下來的人，通常在他們心臟停止的時期內，沒有任何清晰的思緒和感知。他們重新活過來之後，對失去意識的那段時間沒有任何記憶。然而，仍有百分之十到二十的人，記得自己心臟停下來時發生了生動詳細的瀕死經驗，而且有一些當事人能準確描述這段時間發生的事件。

如果內心真的是由大腦中的電流和化學變化所產生的，那麼在大腦停止運作期間，應該不可能有瀕死經驗。如果內心完全始於大腦，你怎麼可能會有瀕死經驗？當心臟停止，大腦活動大多已消失時，你怎麼可能會有生動，甚至更強烈的情緒、思緒和記憶呢？在心臟病發作和全身麻醉期間所產生的瀕死經驗，讓我想找到另一種詮釋，來取代「大腦產生內心」這種說法[8]。再一次，我的世界開始崩塌。如果大腦不是我們所有思緒和感覺的來源，那麼我們該**如何**解釋瀕死經驗呢？

第十一章
人的內心不是大腦

我們目前對大腦與內心的認知，在瀕死經驗面前，顯得完全不夠用，當然我們本來的詮釋就不甚通透。可是，從瀕死經驗裡，我們或許能找到一些線索，來了解大腦與內心之間的互動。

史蒂夫．路易汀在八歲時溺水而有了瀕死經驗。那是一個晴朗美好的日子，他在家裡附近的湖裡游泳。休息時，他在湖邊曬太陽，沒有意識到自己已經嚴重曬傷。然後，他決定游到湖中央的跳板，他的朋友正在那裡玩「水上砲彈」：把自己縮成一團，然後從跳板跳進湖中，濺起大水花。史蒂夫也想玩一下，這是他第一次玩。那時候，他不知道曬傷已經讓皮膚變得非常敏感。他把自己縮成一團，往下跳，但因為感到害怕，所以反而伸直了身子，結果身體嚴重曬傷的那面直接打在水面上。驚嚇和如灼燒般的刺痛瞬間讓他失去知覺，他沉入水底，無法動彈。他告訴我他那時候的感覺，完全超越八歲的心智可以覺察的極限：

「我一直往下沉，過程中我試著想要移動，但卻做不到。我很慌張。漸漸地，水愈來愈冷，我來到靠近湖底的地方，疼痛也減輕了些。我開始吸進一些水，以為這樣可以從水裡得到一點空氣。然後，當我意識到自己快要死了的時候，我開始一遍又一遍在心中對自己大喊：快行動阿，做點什麼都好！

然後，突然發生了一個微妙的轉變。我似乎換了位置，好像我來到房間的另一個位置。前一秒鐘，我還超級害怕；下一秒鐘，我變成了一個冷靜的人，『看著』那個正在害怕的人。我同時是這兩個人，又不是這兩個人。『真實的』我是那個冷靜的人，但是在這之前我一直認為自己是另一個人。

我好像一瞬間拓展成——甚至超越了——成人的心智。我覺得不再受到兒童大腦的限制後，我終於可以顯現出真實的自我。這讓我覺得，我們對大腦的理解反了。**大腦過濾掉很多東西，大腦不是幫助我們思考，反而是阻礙我們思考，它叫我們慢一點，要人集中注**

意力。或許，因為大腦非常擅長過濾和集中，所以我們不記得我們以前的存在或未來的事件。」

史蒂夫說，他的大腦是在「過濾」和「集中」他的思考，而他的內心可以掙脫大腦的限制，無限「拓展」。而史蒂夫並不是唯一一個這樣詮釋內心和大腦的瀕死經驗者。米雪兒・布朗・拉米雷茲在十七歲時，因為一場跳水意外，頭撞到跳板，所以有了瀕死經驗。她一直是他們高中跳水隊的忠實觀眾，覺得成員們都好優雅，終於，她也進入了校隊，高難度的「向內跳水」是她的絕招：背對游泳池，腳趾放在跳板邊緣，然後跳起來，一個折身，然後朝板子的方向跳入游泳池。三年級時，她有一次往下跳，結果撞到後腦。當她入水時，她聽到游泳池邊所有人都在驚恐大叫。她不知道自己在水底下待了多久，但感覺很長一段時間就是了。最後，她聽到教練問某人：「你覺得我應該要跳進去把她拉上來嗎？」她跟史蒂夫一樣，為我描述了不受大腦限制後的感覺：

「那時候，我的思考模式變得截然不同。我記得，雖然很想呼吸，但我沒有辦法。我眼冒金星，漸漸覺得時間同時變快也變慢，直到最後時間消失了。我感覺到一股奇怪的拉力，把我從身體裡拉出來，然後明白了自己即將死去。

那股拉力非常強。我覺得自己被眾人環繞，他們認識我也認識彼此，特別是我的兩個祖母。在那一段沒有時間的過程中，我感到自由平和。那真是一種奇妙的感覺，我覺得自己可以『飛向』神偉大的聖光，前往一個我會被愛憐的未來，凡事都意義深遠。那會是一個充滿愛、和平、平靜與接納的國度，沒有空間，卻又只有空間。那個地方好友善，給我無限的支持，和這個世界上的人一點都不同。

當我的頭撞到跳板，沉入水中後，思緒完全亂成一團，就像是當機的彈珠台一樣，但我腦中的某些部分覺得好像擺脫了平時思維的束縛。**我的大腦不再控制我了！**我的『思考』非常自由、簡單和清晰。我以前過度使用我的大腦，也亂用過，有時候也根本沒在用，現在竟然還能夠有這麼清晰的思緒，這真是太了不起了。突然間的這股拉力，讓我好像不再被這世界所束縛、不再被這世界的限制框限住了。」

這兩則瀕死經驗和其他很多例子，都證明我們的**內心**（我們產生意識的那一部分）和我們的**大腦**（頭骨裡面那團有點灰、有點粉紅的物質）不同。這些有瀕死經驗的人說，在瀕死經驗時，他們的內心掙脫了大腦在正常運作時通常會有的意識極限。

安妮塔・摩加尼患有淋巴癌，身體失去知覺時產生了瀕死經驗。她用以下的比喻來解釋大腦如何限制我們對周遭世界的認識：

「想像一下，你住在一個巨大的黑暗倉庫，只有一支手電筒幫助你看東西。你對這個巨大空間的了解，都是透過這支小手電筒的光而來的。你想要找的東西，你可能找得到也可能找不到，但不代表這東西不存在。這東西或許在，只是你還沒有照到它，可是有時就算你照到了，也可能難以辨認自己看到了什麼。你可能很清楚知道它是什麼，但是很多時候你只是感到納悶。你只能看到燈光照到的東西，也只能認出自己已經知道的東西。

這就是人生在有形世界中的樣貌。我們只知道在任何一個時間點上我們專注的東西，也只能了解已經熟悉的事物。

然後，想像有一天，有人打開了這座倉庫的燈。你第一次看到整個倉庫，繽紛的聲光讓人目眩神馳，這一切完全超乎你的想像。……你看到自己不認識的顏色，以前從來沒有看過。……

周圍是如此寬闊、深廣、複雜，讓人幾乎昏厥。你看不到空間的盡頭，而且你知道，除了這席捲而來、觸動你感覺和情緒的一切之外，還有更多更多。但是你同時也明確地感覺到，自己屬於這個超乎眼耳鼻舌的繽紛世界。

你了解到自己曾經以為的現實，實際上只是廣袤世界中的一粒沙子。你察覺到每個部分都相互關聯，相互影響，相互配合。倉庫中，有好多沒有見過的東西，你從來不知道會有這麼炫爛奪目的色彩。……但是它們的確存在，和你已經知道的一切一起存在著。甚至，你過去就知道的一切也有了新的框架，所以全部看起來都非常新奇，也莫名真實。

即使燈被關掉，也沒有什麼可以奪去這經歷帶來的理解和清晰思緒，它的奇妙和美麗，以及那無與倫比的生動。任何事情都無法抹去你對倉庫的了解。和小手電筒相比，你現在比以前更清楚知道那裡有什麼，怎麼找到這些東西，什麼叫做可能。在那令人眼花撩亂的時刻，你對所經歷的一切感到敬畏。人生有了不同的意義，新的知覺開啟了你接下來的人生經驗[1]。」

我們的內心獨立於大腦之外嗎？這樣的想法似乎和我們的日常體驗格格不入。大腦不是負責思考嗎？也就是說，內心不就是「大腦產生的」嗎？然而，史蒂夫、米雪兒和安妮塔等人的瀕死經驗，讓我認真覺得，我們的日常經歷並非全部。有時，我們的內心可以獨立於大腦之外行事。面對諸如此顛覆知識的證據，我需要探討一下，有沒有其他方法可以解釋大腦和內心的關係。

實際上，愈來愈多科學家正在研究這個議題。十多年前，我參加了在聯合國舉辦的一場座談會，主題即是探討用其他方法來解釋大腦和內心的關係[2]。自那之後，有一項研究調查了來自八個不同領域（百分之八十六為自然科學）的兩百五十位蘇格蘭大學生，其中三分之二認為內心和大腦是兩回事[3]。有一項類似的研究，發現將近兩千名比利時醫護人員中，大多數的人認為內心和大腦是兩個獨立的東西[4]。最近，有一項調查發現，在六百多名巴西的精神科醫師中，大多數認為內心是獨立於大腦之外的。全世界有愈來愈多科學家認為，「內心完全仰賴大腦的作用」這樣的想法並不恰當。

＊　＊　＊

「大腦產生內心」這概念用在日常生活還算說得通。當大腦因為遭受重擊、感染病毒，或酒精中毒而受損時，我們就無法正常思考。但是，從一些極端例子中，我們看到這種了解大腦和內心的方式並不管用，尤其當大腦停止運作，但意識仍然存在的時候。

美國國家老化研究中心（National Institute on Aging）醫學監督官巴索·艾爾達達（Basil

Eldadah）最近寫道：「廣為世人所接受的理論常在無意間阻礙了創新。……儘管這些理論可以解釋大部分的狀況，但在特殊情形下常常不適用。如果理論不能充分解釋極端情形，那麼要不就是極端案例是憑空捏造，不然就是理論需要被重新審視[5]。」

或許，我們要把各式各樣的觀念想成應付世界的眾多工具。對於不同任務，我們需要不同的工具。錘子可以用來把釘子釘到木頭裡，但要拴螺絲時就不管用了。我的確知道錘子在釘釘子時很好用，可是我不會堅持到哪裡都要用錘子。同樣地，因為我們大腦的作用，所以我們可以思考和感覺，這種想法可以了解日常生活。但是，要了解瀕死經驗，當大腦明明沒有了氧氣和燃料，我們的思緒和感官卻比以往更加生動，這時就要換個工具。

但是，什麼才是比較好的了解方式呢？要怎麼樣才能連結「腦內化學和電流的作用」與「思考和感覺」之間的關係？有一個答案是，大腦讓內心能更有效地操縱身體，讓我們的精神集中在周遭的世界。法國哲學家亨利・柏格森（Henri Bergson）曾說：「大腦讓我們的意識固定在我們所生活的世界裡，是一個讓我們專心過生活的器官[6]。」也就是說，大腦可以接收來自我們內心的思緒，從中挑出對生存至關重要的訊息，並將其轉換為身體可以理解的電流和化學信號。

你的內心有許多想法與存活在這有形世界無關。你想想看，人們描述的瀕死經驗中，有著各式各樣不尋常的事情，像是遇到嚮導和死去的親人，或是一訪仙境。諸如此類的想法和感覺，並無法幫助我們在現實世界中生存，實際上還有可能會妨礙我們快速處理訊息的能力。因此，大腦就像過濾器一樣，過濾掉人體不需要的東西，只從內心裡的思想和記憶中選出身體需要的訊息。

這很像收音機：在各種廣播中，我們只會聽到我們選擇收聽的信號，並過濾掉所有其他的電台。如果不這樣做，我們的耳朵就會同時聽到數百個廣播節目，也就無法清楚聽到任何內容。但是，當大腦受損時，例如頭部受創、麻醉、中毒時，大腦的過濾功能就會瞬間消失，就像在轉換電台的時候你會聽到各種雜音。

這就是為什麼有一些有瀕死經驗的人說，一旦回到身體裡，他們的內心就再次與大腦連結在一起，也就不能像之前一樣，擺脫大腦的束縛，看透一切。琳恩在二十一歲時，騎腳踏車時被一名酒駕的駕駛迎面撞上。她告訴我，她回到身體醒來後，再也無法了解在瀕死經驗中顯而易見的事情：

「我開完會，騎車回家，與一名闖紅燈的女駕駛正面對撞。碰巧有一位護理師開在我後面，她在會議上見過我，從我戴的安全帽認出我是誰。事故發生後，她就從後面趕上前來，救了我的命。救護車後來來了，但是在這之前，這個護理師就已經開始對我進行心肺復甦術。我不記得任何有關事故的細節，甚至是之前或之後的事。所以我覺得很奇怪，為什麼我會記得我在那個地方做過的事。

我記得一開始一片漆黑。我記得看到一束光，然後，雖然前方有一大段路，但我卻很快就接近這道光，比我穿過這片漆黑的速度還快。我想那是時間的終點，因為我真的很想趕快抵達，愈快愈好，而距離就是時間。漆黑很龐大，光則是——我不知道這道光是否有終點。我記得我那時候想到，在地球上沒有人可以了解這一點。

在黑暗中移動並不可怕，我只是觀看著，然後前方遠端出現這道光。它不僅是光，不是透明的那種，而是強烈的愛。當你走進其中時，不是像跳進泳池被水包覆那樣，它像是穿過玻璃的陽光，完全穿透你身體上的每個毛細孔、每個細胞，溫暖舒適。感覺非常溫暖，很舒服，安詳的寂靜，到處都是愛，都有愛。

這個地方沒有圍牆也沒有界線，沒有固體的東西，只有光和生靈。那道光也像磁鐵，怎樣都無法與之分離；除了光，你什麼東西都不要。每個人都深深愛著彼此，因為我們的本質，而不是因為我們是誰。我們受到限制，但這些生靈並不受限。我不知道該如何解釋我們之間的對談。我們沒有像我們在這裡那樣說話。我們就是知道一切。根本沒有時間，沒有這一秒、下一個事件這種事。我不確定該如何解釋。就像你是一個完整的存在，沒有對過去的回憶，也沒有未來。我沒有身體，就只是看見。在那之後，我快速往後飛過那片漆黑。最後我記得了，彷彿我擁有的是聲音，沒有大腦。

我記得的下一件事就是躺在那裡。我可以聽到心臟監測器的嗶嗶聲。我的妹妹在我耳邊尖叫：『琳恩，我是卡洛琳！妳出車禍了！』我無法回應或動彈。事故發生後大約一個半星期，我仍然不知道我是誰，也無法睜開眼睛。後來，即使我睜開眼睛，我仍然不知道誰是誰，或者我是誰。

最後，我記得大約一個月後，我的大腦開始稍微運作了。我記得，自己睜開眼睛時所能想到的就是：『啥！我只有人類的大腦。』我也這麼說出口，也抱怨怎麼又變回人類。我知道我媽媽和妹妹都以為我瘋了。

我也記得，當我回來時，我知道**只要我還活在這世上，就永遠無法了解，因為我只有人的腦袋**。在這裡，我們一次只能想一件事，可是在那裡，你知道——真的能知道——所有一切。我沒辦法把這比喻成這世上的任何東西，想用說的或用畫的都只是讓它消失得更快。這就像想和嬰兒聊基因或者太空中的某種醫療技術一樣。嬰兒甚至還不會說話，也一定聽不懂任何想法。我們就是這樣，只能用自己的程度來了解。我們就像嬰兒一樣。很多人以為自己知道很多，其實我們一無所知。在這裡的我，將永遠無法感覺到在那裡時的感覺，因為我又回到了這副身體。那裡更大，更好，遠遠超過了人腦所能理解。但我覺得這就像是一場派對：必須被邀請才能參加。我覺得自己就像螞蟻窩中的一隻螞蟻。」

＊　＊　＊

大腦處理或過濾而不是創造我們的思想，這種觀點並不新奇。數世紀以來，人們用了各種比喻描述過[7]。希臘醫師希波克拉底（Hippocrates）在兩千多年前，就曾說過：「大腦是人體最強大的器官，健康的大腦解釋周遭的現象，帶給人體智慧。……對意識來說，大腦就是使者。……因此，我認為大腦是意識的詮釋者[8]。」

英國哲學家阿道思．赫胥黎（Aldous Huxley）用了上個世紀的科技來比喻大腦的作用：「大腦和神經系統保護我們不被大量毫無用處和毫不相關的知識所淹沒或迷惑。它們把我們本來應該感知或記住的大部分東西關在外面，只保留實際上可能有用的很小一部分。……身為動物，我們需要不惜一切代價，讓自己存活在這個世界上。為了存活下來，內心需要透過大腦和神經系統的篩選，篩選後的結果是意識洪流中的涓滴，幫助我們存活在這一顆星球上[9]。」

如果我打手機給你，你會聽到我的聲音從手機中傳出，但你不會認為手機本身**創造了**我的聲音。你會知道我的聲音來自於我，無線電波將我的聲音傳送到你的電話，然後電話重新創造了我的聲音，讓你聽到。如果你的手機壞掉或沒電，你就聽不到我的聲音了。我仍然可以說話，但你就沒辦法用手機聽到我的聲音。大腦的功能可能就像手機。它接收思想和感覺，並將其轉換為身體可以理解和使用的電流和化學信號。

經過大腦過濾，我們只接收對存活具有重要性的訊息，這其實不足為奇。我們所有的感官都會過濾掉不重要的輸入。我們的眼睛不僅將光傳輸給我們，而且還濾除了紫外線和紅外線，因此我們只看得到那一小部分落在我們可見範圍內的光。還記得因為對麻醉反應不良而有了瀕死經驗的珍．史密斯嗎？她說：「很多花的顏色都是我從來沒有見過的。我記得好清楚，我一面看著一面想：『有些顏色我從來沒有看過！』」同樣地，我們的耳朵接受音頻振動，但會濾除對貓狗來說很重要，但對我們來說沒有用的聲音頻率。因此，這與我們在神經生物學上的了解一致：如果我們的思想和感覺來自體外，那麼大腦有過濾的功能，過濾掉那些對我們的生存不重要的東西，就像神經系統的其他部分會過濾掉不必要的外來訊息。

內心可以獨立於大腦之外活動，這樣的想法似乎違反直覺，但這並不超乎科學的範疇。目前，神經科學家正在研究大腦可能是用哪種生理機制來過濾訊息，主要集中在控制選擇性注意力的前額葉皮層，以及在大腦不同部位同步的電流活動[10]。

我想知道，除了瀕死經驗研究之外，還有沒有其他證據同樣顯示大腦有過濾功能，而我發現，證據其實不少。「迴光返照」是一種同樣無法解釋的現象[11]。嚴重腦部疾病的患者，像是阿茲海默症，無法說話也認不得家人，在臨終時卻突然變得神智清晰。迴光返照的人在不明原因下，突然又能重新認得家人，可以進行有意義的對話，並表達適當的情緒。

這種令人驚訝且無法解釋的恢復，通常發生在患者死亡之前的幾個小時。這代表不斷惡化的大腦已經失去了過濾心智的能力，讓患者在死亡之前，可以短暫地表達自我。迴光返照極為罕見，但是案例確實存在，對神經科學家來說，這是一道難題。幾年前，我參加了美國國家老化研究中心的一場工作坊[12]，會內我們討論了對迴光返照的了解，並指出有哪些領域值得進一步的研究。那次工作坊後，研究中心便針對晚期阿茲海默症患者這種突然、無法解釋的清晰神智，提供了兩項研究補助。

另外，最近的神經影像學研究顯示，服用迷幻藥物的人，在出現複雜神祕體驗的同時，大腦活動是**降低**的[13]。這與我們預期的正好相反。傳統的腦神經科學認為，像興奮劑或迷幻蘑菇等迷幻藥會加強大腦活動，觸發幻覺。但是，它們其實似乎降低了大腦的活動，特別是大腦前額葉皮質層的活動，並且急劇減少了複雜思考時通常會出現的大腦同步放電活動。大腦活動的降低，可能也削減了大腦的過濾能力，讓人經歷了神祕體驗。這和世界各地的靈性傳統一致。這些傳統利用窒息、閉氣、飢餓和長期的感官剝奪來引發神祕的體驗。

這些研究顯示，深刻的經驗可能與大腦活動減少，以及大腦各區域之間的連結度下降有關。瀕死經驗可能是最極端的例子，大腦活動不只是降低，而是停止。所有這些證據都和大腦的過濾作用相符。隨著大腦過濾功能變差，我們思考和感覺的範圍也會擴大。勞瑞．杜西（Larry Dossey）醫師說，「我們並非因為大腦才有意識；而是**儘管**我們有大腦，但仍然有意識[14]。」

如果我們的內心能不受大腦控制，獨立運作，這是否能讓我們了解瀕死經驗中令人困惑的幾個特點呢？例如：幫助我們了解艾爾怎麼「看到」他的醫生搖晃手臂、比爾如何「看到」他的同事把他的身體拖走，還是，湯姆怎麼能夠詳細地回顧自己的一生。

所以，就算大腦關機，我們的內心仍然可以運轉，那麼在大腦永久停止之後（也就是死後），內心有可能繼續運作嗎？這個問題似乎超出了傳統科學領域，但是最近幾十年來，全世界的科學家愈來愈願意放大思考的範圍。死後意識的可能，也顛覆了我個人的世界觀。我的背景或學思歷程沒有教我怎麼認真面對這種可能性。但是，我發現到，可以以科學的原理和方法，來探討我們的意識是否能夠超越死亡。

第十二章
意識會持續下去嗎？

幾乎每位曾經有瀕死經驗的人，都相信某部分的自己在死亡後繼續存在。無論他們認為死後會發生什麼事，他們都不認為肉體的死亡是自己的結局。儘管他們對死後可能發生的確切情況，看法因人而異，但他們對死後世界的描述，卻包含某些重複出現的主題。例如，在我的研究中，有四分之三的人說，死後世界是一種平和安寧的幸福狀態，沒有痛苦或磨難。他們還把死後世界形容成在**時間之外**，認為我們平常對時間的概念在那個國度已經沒有意義了。有三分之二的人說，我們繼續以某種形式存在，有自己的想法、感覺和人格特質；我們去世後，在精神上仍然繼續學習並成長。

有一半以上的人說，在瀕死經驗中，我們會重新審視自己的人生，評判自己，而且必須以某種形式面對我們在人生中所作所為的後果。他們也說，死後會是什麼樣的天地，至少有一部分取決於我們死前的表現，我們將因一生的善舉而獲益。

幾乎有一半的人說，在死後世界，我們仍然可以看到還活著的親人，而且可能與他們交流和互動。他們也說，在死後世界，我們仍然有類似視覺和聽覺的感覺，也仍然有情感。

有三分之二的人說，在死後世界，我們可以遇到已經過世的親人。事實上，他們確實在瀕死經驗中看到或感覺到這些已逝的親友。因為自己的經歷，瀕死經驗的人相信死亡並非終點，但是有足夠的證據來說服我們其他人嗎？有辦法驗證這些遇到已逝親人的說詞嗎？還是這只是反映了他們瀕臨死亡時心裡期待發生的事情，不過是一廂情願的想法而已？當然，在這些案例中，至少有一些是當事人的想像，希望在死後與親人團聚。但是有一些瀕死經驗無法用一廂情願來解釋。有時，有瀕死經驗的人遇到的是最近剛往生的人，而他們自己也還不知道對方已經死去[1]。

傑克．比比，南非人，在二十六歲時因嚴重的肺炎住院。他告訴我他在瀕死經驗中遇到了一名護理師：

「我病得很重。因為癲癇重積狀態，我在高壓氧氣病房中待了三、四個禮拜，然後我又感染了肺炎和這個那個。在住院期間，我和一名從西開普省農村來的護理師還滿要好的（可以說是打情罵俏）。她告訴我，那個週末是她二十一歲生日，她的爸媽要從鄉下來幫她慶祝。她跟往常一樣，幫我把枕頭弄鬆。我握住她的手祝她生日快樂，然後她就走了。

在我的瀕死經驗中，我在另一個世界遇到了這名護理師。我問她：『安妮塔，妳在這裡做什麼？』『傑克，我當然是來幫你拍鬆枕頭的阿，順便看看你好不好。但是，傑克，你必須回去。快回去，幫我跟我的父母說對不起，我撞壞了我的紅色跑車。告訴他們我愛他們。』

然後安妮塔就走了，她走過了一個非常翠綠的山谷，穿過了一道圍籬。她告訴我：『那邊有座花園。但是你看不到。因為你必須回去，而我則要繼續走出大門。』

當我醒過來時，我告訴一名護理師安妮塔和我說了什麼。這名護理師突然淚流滿面地逃離病房。後來，我才知道安妮塔和這位護理師是好朋友。安妮塔的父母為了幫女兒慶生，給她一份驚喜，送了她一輛紅色跑車。安妮塔跳上了車，興奮地沿著桌山的山坡飆到高速公路上去，在一個常常發生事故的轉角撞上一根電線桿。

但是，當所有這些事情發生時，我是『死了』的狀態。我怎麼可能知道這些事情呢？

我解釋說，我之所以會知道，是因為安妮塔告訴了我。」

傑克在十五年前告訴我這則故事。他說，當他發現自己在瀕死經驗中遇到的人已經過世時，他非常驚訝。當時，我立刻意識到，在他的故事中，有一個重點我之前從來沒有注意到過。我聽過許多當事人在瀕死經驗中遇到已逝的親人：像是三十幾年前，亨利告訴我，他在自殺未遂時見到了自己的父母。當然，亨利知道自己的父母已經去世了，而且，他渴望再次見到他們，這讓當時還是年輕精神科醫師的我以為，那是他的幻覺。但是，傑克無從得知他的護理師已經去世的消息，也沒有強烈希望在那個週末可以見到她和她的父母。這場和死者的相遇，不該被當作是一廂情願。在我聽過的瀕死經驗中，傑克的故事不是唯一一個這樣的例子。

＊　＊　＊

同一年，百歲人瑞羅絲跟我說了她的瀕死經驗。在第一次世界大戰期間，她因肺炎住院：

「戰爭期間，我病重住院。有一天早上，護理師進來時發現我已經沒了生命跡象。她呼叫醫師和護理師長來看我，在他們眼中，我已經死了。後來他們告訴我，我那樣的狀態至少持續了二十分鐘。

與此同時，我則是發現自己身在一處有著嫩綠緩坡的美麗鄉間。到處都是美麗的大樹，樹葉似乎散發著柔和的光芒。然後，我看到一名年輕軍官和幾名士兵走近。這位年輕軍官是我最喜歡的表弟奧爾本。我不知道他『去世』了，我也從未看過他穿軍服的樣子。但是，我幾年後看到一張他的照片，證實我那時候見到的就是他。

我們愉快地聊了幾分鐘，然後他和伙伴就離開了。接著，我旁邊有一個聲音向我解釋說，這些士兵招呼並幫助那些在戰場上死去的人。

我接下來最清晰的記憶是從天花板往下看，看到床上躺著一個非常孱弱的身體，一旁圍繞著穿著白袍的醫師和護理師。過了一會兒，我變成抬頭看他們，我很失望自己從如此美好而讓人滿足的事物中回來了。」

✶ ✶ ✶

幾年後，芭芭拉·蘭格告訴我，她在二十三歲時的一場車禍中，經歷了類似的瀕死經驗[2]：

「我那時候得了肝炎，正在一對我剛認識沒多久的年輕夫婦（大衛和克莉絲汀）家中靜養。我和克莉絲汀很快就成了好友，她很照顧我。我在他們的客房暫住了好幾個星期，後來事故發生了。

那是一個陽光明媚的星期二下午。我和克莉絲汀帶著他們家生病的白貓去市區看醫生。克莉絲汀開的是大衛的福斯小巴，一路上，我們聊著即將到來的演唱會。我把貓（牠的名字叫討厭鬼）抱在我的腿上，突然，討厭鬼從我懷中掙脫，跳到克莉絲汀的手臂上，準備爬上她的脖子。克莉絲汀試圖甩開貓，我也伸手要把牠拉下來。那是我記得的最後一件事了。後來我才知道，我們撞到了一輛校車的車尾，我們兩個人都飛出車外。我昏迷了將近一個星期。

我感覺自己以驚人的速度穿越黑暗和廣闊的宇宙。我覺得渺小、平靜、疏離，但覺得這趟旅行很有趣。與此同時，我非常清楚自己行進的速度。移動似乎持續了很長一段時間。

我發現自己開心地獨自一人來到一片綠色的草地，在一個被綠色山丘環繞的山谷中。這裡有花，有小溪。我記得每一種顏色都好漂亮，好鮮明，整個氣氛好飄然。這種全然和平與愛的感覺讓人心情非常暢快。

然後，我發現自己在另一個高貴但瞬逝的地方，走在一條小路上。克莉絲汀在我旁邊，穿著她那天穿的那條藍色牛仔褲。我們並肩走著。她看起來很平靜，但散發著讓人屏息的美。我不知道我看起來如何，但我知道我們兩個人都被愛包圍著。

我們走的小路是一條狹窄的土路。不久，前方就出現了叉路，分別朝著兩個不同的方向。我們都知道，我們必須分開，走上自己的路。我們很平靜，縱使沒有對話也彼此心意相通。克莉絲汀在心中請我一定要告訴大衛，她會永遠愛他。然後她走向右邊的路，我轉向左邊。我們那時候並不知道這些路會把我們帶到哪裡去。這不是我們自己做的決定，但是我們都知道自己應該走哪條路。我們分開時知道我們現在雖然分開，但總有一天會再相聚。但是，現在我們各自都必須在沒有對方陪伴的情況下，完成面前的艱難旅程。

我走的那條路讓我立即回到自己的身體。我恢復了意識，發現自己在醫院裡。我的手裡還留有一些汽車玻璃的殘屑，額頭上有一道割傷。別人拿給我鏡子，但我沒有認出自己來。朋友跟我說，我只是稍微做了一下『中臉拉皮手術』。醫生說因為三重腦震盪所以我出現了複視，不過我隱形眼鏡還在，而我的肝炎好了。

家人和朋友都來看我。一位朋友給我看了一篇關於那場事故的報導，那時候，我才知道克莉絲汀去世的消息。據報，克莉絲汀在車禍現場就死了，我則被送往附近的一家醫院，沒有人認為我救得活。

將各種經歷拼湊在一塊，我意識到我只是死了一回又回到人間。我的朋友過世了，但是她在一個更好的地方。我希望我能和她在一起，因為那時候我的人生中沒有什麼讓我想要真正投入的事情。」

＊　＊　＊

聽傑克、羅絲和芭芭拉分享，我發現他們的瀕死經驗非常值得調查。在瀕死經驗中遇到死去的親人並不罕見。我研究的案例中，幾乎有一半的人說他們遇到了某個已逝的人。我雖然不再自動下結論說這只是幻覺，但是我也認為大部分的陳述並沒有科學根據，因為當事人的經驗極有可能受到他們希望見到親人的影響。不過，如果見到的人是當事人還不知道已經過世的人，像傑克、羅絲和芭芭拉的經歷，就不是一句「想要團聚」就能打發。

於是，我不斷尋找其他可能的解釋。

有沒有可能是，這些見到誰誰誰的故事，是在事件後才編造的呢？也就是說，有瀕死經驗的人，可能在瀕死經驗的過程中遇到了某個人。醒來後，得知誰誰誰已經過世，所以用回溯的方式解釋了之前的經歷，為遇到的人賦予身分？或許有些瀕死經驗的確是如此，但是在其他情況下（例如傑克），當事人是在得知某人死亡之前，就先告訴其他人自己的經歷和遇見，並說出遇見了誰。

那有沒有可能是幸運猜到的呢？也就是說，有沒有可能，當事人說他們在瀕死經驗中遇見了誰，是因為他們雖然知道那個人還在世，但很有可能已經過世？但是，如果是這種解釋方式，那麼是否也會有一些瀕死經驗，當事人「猜錯了」，說自己遇見了誰，可是其實那個人還活著？事實證明，的確在一些瀕死經驗中，當事人說他們見到還活著的人。在我們上千個瀕死經驗案例中，有百分之七的人說他們看到仍然活著的人[3]，但每一個案例中，當事人都明確指出那個人尚在世，而且在大多數情況下，都懇求著當事人趕快回到人世間來。我們收集的瀕死經驗中，並沒有人錯把活著的人指認為已逝。

＊　＊　＊

在瀕死經驗中，（驚訝地）見到他們以為還在世的親人，這並不常見，但確實發生過。而且，這並不是新聞，以前也有過類似的紀錄。

西元一世紀時，羅馬歷史學家和博物學家普林尼（Pliny the Elder）描述了一名叫做科菲迪烏斯的貴族[4]。有一天，科菲迪烏斯停止了呼吸，被醫師宣告死亡。在他的遺囑中，他任命弟弟為遺囑執行人和繼承人，所以弟弟就雇用殯葬業者安排葬禮，可是，從屍體台上，科菲迪烏斯突然坐起身子拍手（這是他一直以來叫喚僕人的手勢），把殯葬業者嚇壞了。科菲迪烏斯說，他剛從弟弟的家回來。弟弟告訴他，之前為科菲迪烏斯安排的葬禮，現在要換成給自己用了。科菲迪烏斯說，弟弟要他幫忙照顧女兒，還告訴他在院子一角埋有黃金。當科菲迪烏斯正在告訴殯葬業者這些事情時，弟弟的僕人匆匆忙忙地跑了進來，說他主人突然去世了。之後，大家也確實在科菲迪烏斯所說的地方發現了埋藏的黃金。

十九世紀有一些非常詳細且有據可查的案例。物理學家艾莉諾．西區威克（Eleanor Sidgwick）寫道，有一位英國女士想為來訪的侄女找聲樂老師，所以聘請來當地商人的女兒茱莉亞，她曾接受過專業聲樂家的訓練。後來，侄女走了之後，茱莉亞告訴父親，這是她人生中最快樂的一個星期。此後不久，茱莉亞結婚，搬去其他地方住。幾年後，僱用茱莉亞的那位女士病重，正在交待一些事情時，突然停下來問：「你們有聽到有人在唱歌嗎？」房間裡其他人都沒有聽到。她又繼續說，這一定是天使歡迎她進入天堂的歌聲，又說：「可是，很奇怪，我確定其中有個聲音是我認識的聲音，可是我想不起來是誰。」突然，她抬起頭：「阿，她就在角落那裡阿。是茱莉亞。」可是沒有人看到角落有任何東西。這位女士隔天去世了，那是一八七四年二月十三日。二月十四日，倫敦的《泰晤士報》報導了茱莉亞的死訊。她的父親後來接受訪問，他說：「茱莉亞去世的那一天，一早就開始唱歌，一直唱到她嚥了氣[5]。」

最近一點的例子是戴爾醫師收治的小病人，叫做艾迪[6]。艾迪的父母和醫護人員擔心了將近三十六個小時，好不容易等到艾迪退了燒。艾迪在凌晨三點左右睜開眼睛後，立刻告訴父母他去過天堂，在那裡見到了已故的祖父、羅莎姨媽和洛倫佐叔叔。他的父親很尷尬，因為一旁的醫師也聽到了艾迪口中的故事。父親把艾迪說的話當作發燒產生的妄想。但是，艾迪補充說，他還看到了十九歲的姊姊特雷莎。姊姊告訴他，他必須回去。聽到這裡，父親有些不安，所以請戴爾醫生先讓艾迪靜下來。他們兩天前才和特雷莎通過電話，她在將近一千公里外的另一個州上大學。後來，那天早上，他們打電話給這所大學時，才得知特雷莎在半夜因為一場車禍喪生，而學校一直打家裡電話想聯絡上他們。

＊　＊　＊

這些相遇只是幻想嗎，還是我們真的可以在瀕死經驗中遇到死去的親人？對於死後的世界，我沒有宗教信仰可以依靠，所以我覺得這樣的描述很難解釋（或者根本無法解釋），尤其是在瀕死經驗中，聲稱見到了自己還不知道其實已經過世的人。有瀕死經驗的人說，這些人不僅在他們面前出現，而且還與他們互動，為他們提供了資訊。到底是誰或者是什麼向當事人提供了這些資訊？在每個案例中，當事人的解釋都是，這些已逝的人仍然具有某種意識，能夠與他人互動。但這樣一來，前提就是意識（包括思考和感覺的能力）在肉體死亡後，要能繼續存在。我很難理解這是怎麼回事。如果我們的意識在身體死後尚未終結，那麼它跑去哪裡了呢？

第十三章

天堂還是地獄？

像是「身體死亡後意識會去哪裡」這樣的問題，似乎把科學研究推向了極限。有瀕死經驗的人告訴我們，他們在離開身體後去了哪裡，許多人詳細描述了他們所處的狀態。對於他們大多數人而言，瀕死經驗帶他們去了一個幸福的世界。

在我的研究中，將近百分之九十的人描述了安詳感。有將近四分之三的人感到幸福快樂。有三分之二的人描述了天堂般和宇宙相容的感覺，一種與萬物合而為一的經驗。四分之三的受訪者表示遇到了一個充滿光與愛的個體。打從我開始研究瀕死經驗，我就驚訝地發現，這些人在面對死亡時，大部分並**沒有**感到恐懼或驚慌。實際上的情況恰恰相反。有瀕死經驗的大多數人都形容他們的經驗是正面的，像是令人難以置信的平靜、喜悅，甚至狂喜。

這是不是人們一直以來稱之為「天堂」的地方？在描述瀕死經驗時，當事人常常把事情發生的地點說成是和日常有形世界完全不一樣的所在，而且認為我們所擁有的詞彙不足以描述該處的細節。另外，由於他們覺得很難（或者幾乎不可能）準確地描述那個地方或那裡的生物，因此他們經常轉向自己的文化或想得出來的比喻，來辨識似乎不符合日常熟悉標籤的事物。其中，最常見的形容就是「天堂」。

許多有瀕死經驗的人，直接將幸福的另一個世界看作是「天堂」。茱迪・弗瑞爾從小在長老會家庭長大，固定上教堂。二十四歲時她一度病危，那時她覺得自己好像從病床上站了起來。她跟我訴說了自己的經歷：

「我飄浮到天堂。我知道這裡是天堂，因為聖經說過天堂長什麼樣子，教會的主日學也有教過。我喜歡天堂。我和其他每個人都很平靜、快樂、沒有痛苦。我遇到了一位天使，他叫我進去看看天堂是什麼樣子。我看到人們在工作。他們唱著歌，歡笑著。年輕人和老人在一起。即使是那些不會唱歌的人，樂音也都優美和諧。我認出了其中一些人，他們就跟我在地球上看到他們的樣子一樣，年齡、穿著都是。然而，與此同時，所有人看起來都很相似，穿著我見過最純潔的白色長袍，比白色還要白。我看到街道，看到房屋，每一個東西都金光閃閃。

我發現自己排在一條好長的隊伍中。不一會兒，我意識到這是通往上帝寶座的隊伍。我等一下要講述自己的人生。寶座周圍都是明亮的白光。」

* * *

多蒂・布希在二十五歲時，因生產大出血而有了瀕死經驗。她也聲稱自己去的地方是天堂[1]：

「我很震驚。我記得的最後一件事是麻醉師大叫醫生快一點，我的血壓正向下掉。然後我發現自己在一個美麗的地方。我知道那是天堂：如此和平，如此美麗，如此美妙的音樂和鮮花。它們是**如此的**美麗，看起來比我們在地球上看到的花都漂亮得多。聽著音樂，又被愛與和平包圍，我不想要回來。

然後有人開始和我說話。我沒有看到祂的臉，但我感覺祂就是耶穌。祂說：『多蒂，我要把妳留在人間。』然後，祂開始讓我知道**一切**。祂告訴我為什麼祂會死在十字架上，但我只記得祂說的和教會教的**有些不同**。

當耶穌對我說話時，我在想：『為什麼祂要選擇向我揭示一切？』然後我想，既然祂選擇了我，讓我有了這個很有說服力的經歷，那麼我就可以幫助他人了解。當祂與我結束交談時，我感到自己從那個美麗的地方飄回到這個骯髒又醜陋的地方，天堂和人間的反差是如此之大。我不想回來，儘管祂說我一定要回來。

然後我感覺自己回到了手術台上，進到身體裡。我的醫生指示道，因為缺氧和呼吸停止，所以現在得進行心肺復甦術。」

＊　＊　＊

茱迪和多蒂都認為自己去了天堂。但是，大多數有瀕死經驗的人，無法確定他們去過的地方是哪裡，只是發現自己身處另一個世界，但沒有直接指認那是哪裡。在我的研究中，有四分之三的人描述自己進入了陌生的領域或維度。儘管大多數人表示，他們無法用語言來描述那些地方，但是在我們請他們試著描述看看時，他們使用了各種比喻，包括宗教用語，例如天堂或地獄，或大自然，例如山谷或草地或「外太空」。即使我們請他們再多說一點，幾乎有一半的人仍然堅持認為沒有合適的形容。辛西亞．普洛斯基小時候是基督徒，但後來認為自己純粹崇尚靈性，沒有任何宗教信仰。她在七十二歲時心臟病發作。她用自然界的詞彙描述了一個幸福的境界：

「我不知道自己的心跳是哪一刻停止的，突然間我就站立在這座美麗樹林的邊緣，沒有任何死亡的感覺。那裡沒有人，只有柔和的金色光芒，周圍是嫩綠的樹葉。在我頭頂上，微風輕拂著葉子。這就像是一個奇異的景象，但非常真實生動，**絕對真實**。我覺得我站在那裡，可是我不知道我的身體是什麼樣子，不過絕不是輕飄飄地浮在空中。我感覺很實在、很正常。我還有認知的能力，因為我知道我在哪裡，我在『另一個世界』，而且我知道，我並不想待在那裡。

在我眼前是一塊類似空地或小路的地方，通往森林深處，盡頭更是光亮，似乎很吸引人，但我認為，如果我不離開那裡，我就沒有辦法回到這個世界。所以我想，『我最好趕快離開！』一這麼想，我就回到了急診室。」

＊＊＊

同樣，哈瑞特在七十四歲時心臟病發作，她描述了在瀕死經驗中一段幸福的經歷：

「我似乎飄浮在一個應該是有限的空間裡，但是沒有我們所知道的圍牆。我一下子鑽進去一團渾圓柔軟、像是天鵝絨般的深紫色物質裡，一下子又竄了出來。很漂亮，很舒服，舒爽極了，就像是掉進一大堆綢緞和羽絨裡面。我被這團物質完全包覆，緩慢平穩地飄浮著。

每次我快要到底時，我都看到在稍微靠近右邊的地方，在這個空間的盡頭有著非常明亮的光，很溫暖柔和，像是在招呼著我往前。我往那邊飄過去幾次，但是即使距離很近，我也沒有特別想要努力去到那裡。我似乎沒有身體，也沒有想法。我似乎不是人了，甚至不是一個東西。我感到平和、快樂、滿足。我似乎不再關心任何事情。這不是用言語可以表達的感覺：我沒有心思，沒有身體，沒有界限，只有滿足，有點像是誤入海洋的變形蟲。」

與茱迪和多蒂不同，辛西亞和哈瑞特並沒有特別指明他們去過的世界的名稱，只是把那個地方描述成「美麗樹林」和「渾圓柔軟、像是天鵝絨般的深紫色物質」。

＊＊＊

但是，並非所有瀕死經驗都帶來幸福愉悅的感覺。當我在一九七〇年代晚期開始研究瀕死經驗時，我聽到的敘述多半是非常平和，甚至是幸福的。但是，在隨後的幾年中，我發現，儘管大多數人說他們的瀕死經驗令人感到愉悅，但有些人卻不是。到了一九九〇年代初期，我和南西・艾文斯・布希（Nancy Evans Bush）收集了夠多類似的例子，在醫學期刊上第一次發表了有關負面瀕死經驗的論文[2]。

在我們目前的樣本中，有百分之八十六的人表示，自己的瀕死經驗總體來說是愉快的，有百分之八的人表示不愉快，有百分之六的人表示沒有愉快也沒有不愉快。儘管只有極少數的人描述了令人恐懼或痛苦的經歷，但是，有可能其實有很多人擁有不愉快的瀕死經驗，可是不願意談論。因此，我認為可怕的瀕死經驗可能比數據呈現的還要頻繁一些。

從我收集的瀕死經驗，或是其他瀕死研究人員的調查，都沒有明顯的原因顯示為什麼有些人的瀕死經驗是幸福的，而有些人卻經歷了恐懼。比如說，並不是過得靈性的人就會有愉快的經歷，而敗德淪喪之人就會面臨可怕的經歷。歷史上，我們看到受人尊敬的聖人，像十六世紀亞維拉的聖女大德蘭[3]和聖十字若望[4]，以及二十世紀加爾各答的德蕾莎修女[5]，都把他們「靈魂的黑暗之夜」視為通往與神結合的第一步。

另一方面，我聽過職業罪犯（像是被判處無期徒刑的殺人犯）描述他們幸福的瀕死經驗。現在，我們只收集到少許恐懼或痛苦的瀕死經驗，唯一可以確定的是它們發生的條件和情況，和幸福的瀕死經驗發生的條件和情況沒有什麼不同。我們不知道為什麼有些人是得到痛苦的瀕死經驗，其他人卻是經歷了幸福的瀕死經驗。我注意到，逃避可怕的瀕死經驗可能導致長期的情感創傷，而痛苦的瀕死經驗通常被當事人詮釋成需要改變人生的訊息[6]。

有一些人的描述聽起來像是我們一般理解的地獄。布蘭達在二十六歲時，服用安眠藥自殺未遂，有了以下經歷：

「醫師身體向前傾，跟我說我快要死了。我身體的肌肉開始抽搐、失去控制。我不再能說話，但我知道發生了什麼事。儘管我的身體慢了下來，但周圍的事物和發生在我身上的一切仍然進展得相當快速。

然後我感覺到身體往下滑，不是筆直往下，而是斜斜的，像是在溜滑梯。我很冷，周圍一片漆黑，有點潮濕。當我滑到底時，好像來到一個山洞的入口，上面看起來好像掛了很多網子。洞穴裡面是棕灰色的。

我聽到哭泣、哀號、呻吟和咬牙切齒的聲音。我看到類似人類的生物，有頭有身體，但非常醜陋可怕。我記得看到了紅色、綠色和紫色等顏色，但不確定是不是就是這些生物的顏色。他們很可怕，聽起來像是被痛苦折磨著。沒有人跟我說話。

我沒有走進去洞穴裡面，只是站在入口。我記得我對自己說：『我不想待在這裡。』我試著讓自己振作起來，試著把自己的靈魂從這個洞中拉出來。那是我記得的最後一件事。」

布蘭達從服藥過量中恢復過來，並開始治療把她推向自殺的憂鬱症。她加入了戒酒無名會。儘管她經歷了地獄般的瀕死經驗，但她有了新的信念，認為死亡並非終結，這讓她擁有改變人生的希望和動力。最後，她成為幫助其他憂鬱症患者的社工，也幫忙輔導藥物濫用人士。

＊　＊　＊

凱特・鄧克爾描述了自己在二十六歲時，因車禍而大量失血後見到的地獄場景[7]：

「事故重創了我的背部，包覆內臟的筋膜像是氣球一樣爆炸，造成大量內出血。大量的失血讓外科醫師幾乎無法救我。我已經死了，臨床醫學上認定的死亡。麻醉師關閉了設備，站起來準備離開，但是年輕的外科醫師並沒有放棄，還想讓我活過來。這些事情都發生在寒冷的無菌手術室中；而我卻經歷了一趟永遠改變人生的旅程。

我在手術台上看起來就是已經死了。我感覺到自己嚥下最後一口氣，然後被拖下一條隧道。突然間，地面沒有了底，我掉進完全的黑暗中，身體像是被燃燒一樣，非常痛苦。我聽到其他人在尖叫，我知道自己在地獄裡。我知道沒有逃脫的機會，我會掉下去，然後燒起來，永遠朝著黑暗尖叫。我向神求救，但我知道祂沒有聽見我的聲音，甚至沒有人知道我在那裡。然後事情就這麼停了下來。

一瞬間，我突然往下跌，然後墜入黑暗之中，墜入一個非常可怕無止盡的黑色空間。很像是在電梯裡，突然間地板不見了，那種瞬間跌落的可怕。我被周圍的黑暗嚇壞了，但我非常清楚地意識到身體感到的灼熱，完全難以形容的痛苦，一直持續著。我聽到其他人的慘叫聲，但除了黑暗，我什麼也看不見。沒有火，但我全身上下都燒得好痛，我知道這就是地獄。

我非常絕望，我永遠都要待在這裡了！永遠沒有辦法逃脫這場惡夢！我不會醒來，沒有辦法跌到底部然後摔死，沒有人會來救我。我會一直一直往下墜落，全身灼熱，在這個毛骨悚然的地方，和所有其他迷失的靈魂一同在黑暗中大聲哭喊，在地獄的深淵中，我們完全無助，就連神也不會來到這個地方，折磨將永遠持續下去。我沒有辦法描述我的害怕，我知道這是因為我選擇不信神，所以才會墜入地獄。是我自己選的，是我不信神。

我被丟棄在這裡了，好像我從未存在過。沒有什麼情況是比和神分離更加孤獨的。我沒有看到火焰，只有完全的黑暗和燃燒的痛楚。我聽到很多人在尖叫，但沒有看到人。那是一個黑暗、荒涼、可怕的地方，沒有逃離的可能。我非常絕望，永遠背離了神，迷失在痛苦之中。」

但是凱特的經驗並沒有就此結束。像許多可怕的瀕死經驗一樣，她的經歷最終也有了改變，回復平靜。雖然凱特已經當了二十六年的無神論者，她還是大聲呼求神的幫助：

「當我在這個可怕的地方，一面墜落，一面感到灼熱的痛楚時，我向神求救，求祂原諒我。我懇求祂將我從這個地方釋放。然後，痛苦就停止了，就這麼停了！我原本聽到的淒慘尖叫聲，身體原本感受到的撕裂灼痛，全都停止了。那一瞬間，我想都沒想就知道：『有神。』我充滿了神賜予的和平，永遠無法形容的和平，超越一切理解的和平。我沒有任何恐懼、痛苦、焦慮或其他情緒。對神的崇敬和對神的真正了解讓我克服了一切。因此，我從完全不信神的人，變成了虔誠不疑的信徒。」

＊　＊　＊

布蘭達和凱特清楚地將他們去到的地方視為地獄，就像茱迪和多蒂把他們前往的所在看做是天堂一樣。但是，大多數經歷可怕瀕死經驗的人，就像有著幸福經歷的人一樣，沒有特別指稱他們去過的地方，只是描述自己到了另一個世界。多芮絲在二十七歲生產時，因為子宮頸和子宮撕裂，有了一場驚悚的瀕死經驗：

「突然，我覺得很奇怪的事情發生了，好像我把自己拉出了體外。我發現自己從天花板的角落，看著醫師和護理師在我身上動手術。我覺得就這樣懸在上面好嚇人，我好想知道現在情況是怎樣，但是除了無助地在一旁看著，我什麼也做不了。

然後，我發現自己不在房間裡了，而是穿過一條隧道，一開始時還慢慢走，然後愈來愈快。當我進入隧道時，我聽到引擎的聲音，就像重型機械發動的聲音。當我緩慢移動時，我可以聽到頭頂兩側有聲音，都是我以前認識的人，因為聽起來很熟悉。可是大概在同一時間，我變得害怕，所以我不再把心思放在聽到的任何聲音上。

隨著速度加快，我愈來愈害怕，我意識到自己正在走向隧道盡頭的亮光。我想，這可能就是死了。在那一瞬間，我決定不想再走下去。我試圖後退、停下來、轉身，但都無能為力，我什麼也控制不了，而那一點光亮變得愈來愈大。

我那時候的感覺和《死後的世界》裡面那些人的經驗完全不同。我非常害怕，我不想待在那裡，天啊，我非常想要離開。」

就像凱特地獄般的經歷一樣，多芮絲的旅程並沒有就此結束，而是變得安寧：

「我周圍有東西，他們知道我的存在。這些東西似乎覺得我很好玩，好像在笑我一樣。似乎有一個人（如果它真的是人的話）負責帶頭。這個人開始對我說話，像是強硬但充滿慈愛的父親，他要我專心聽著。慢慢地，我不再那麼緊張慌亂，冷靜了下來。他跟我說，這個地方沒什麼好害怕的。當我的哭啜完全停下來時，他們跟我說，在這個地方待一下子是沒有關係的，只是暫時的，時間到了我就可以回到產房。所以，我就讓事情順其自然發展下去，我還開始和他們對話，問他們問題。

我雖然問問題，但他們的回答不是解釋，而是直接給我看答案。經歷那件事後的二十二年，我只記得兩件事。一個是死亡的過程可能會很不舒服，但是死亡本身不需要害怕。」

＊　＊　＊

與布蘭達和凱特不同，多芮絲沒有想要為她曾經到過的地方貼上標籤。史都華的作法類似。在一個下雪的夜晚，他的車子失控，從路面滑落到一條小溪時，他經歷了一段痛苦的瀕死經驗。他的頭撞到擋風玻璃，失去了知覺。他描述自己離開了身體，看著冰冷的溪水開始灌滿車子：

「我看到救護車來了，也看到人們努力幫我，要把我從車子裡拉出來，抬到救護車上。那時我已經不在體內了。我離開了我的身體。我大概在三十公尺高的地方。那些要幫助我的人都好溫暖，真好心。我感覺到了所有善念的源頭，非常非常強大，我很害怕，所以我不想接受。我只是說『不』。我非常不確定，也不太舒服，因此我拒絕了。

那一刻，我離開了地球。我可以感覺到、看到自己離開，飛向空中，然後越過太陽系，越過銀河系，越過任何實體的東西。時間一分一秒過去，我完全沒有感覺，沒有痛苦，沒有冷熱，沒有光，沒有味道，沒有氣味，什麼感覺也沒有。我知道我要離開地球以及所有一切，告別物質世界。那一瞬間，一切突然變得難以忍受，讓人害怕。時間過去，可是我毫無感覺，沒有知覺，感覺不到明暗。我開始驚慌失措，我奮力掙扎，開始祈禱，用盡一切辦法想要回來。我嘗試和我已經過世的姊姊說話，請她幫我。就在那一刻，我重新回到體內。那時，我已經被搬到救護車上了。」

＊　＊　＊

大多數有瀕死經驗的人都說，無法用言語來描述這個超凡的境界，即使別人要他們盡力刻畫那個地方，有一半的人仍然找不到能捕捉其形象的形容。我們的案例中，大多數的人都專注在瀕死經驗中的**事件**（例如進入光明和與其他生物互動），以及他們自己的感受和想法。很多人說自己沒有注意到周遭環境的樣子，不然就是說，這個「世界」沒有任何可以被描述出來的實體樣貌。

羅馨・菲茨派崔克在三十五歲生日的隔天，無預警地腦部出血，因為情況危急而被送進加護病房[8]。她告訴我在那裡經歷的瀕死經驗：

「我變成一股單純的能量。我意識到『我』仍然存在，但已經不是一個個體，也不在我的身體裡。取而代之的是，我融入一個更大的、充滿光明的意識中。

那裡沒有開始也沒有結束，沒有生死，沒有外面或裡面。我在不在自己的身體裡根本沒有差別，甚至毫無關係，因為我已經融入了這個非常強大、充滿能量的場域。

在無聲寂靜中，乳白色和晶瑩的光波包覆著我。同時，有一種愛和幸福的感覺延伸到無垠。從這個地方，一切都變得可能，因為只有愛、喜悅、和平與創造力才是真實的。我所知道的『真實』完全被顛覆，我現在知道，我們最深沉的意識只是愛與光明的能量，而這能量只是暫時居住在實體的身體中。」

瑪歌・格雷（Margot Gray）在五十一歲時去印度旅行，不明原因發了高燒。她描述了一個幸福的境地[9]：

「在狂喜的背後，我好像非常接近生命和愛的『源頭』。我找不到文字可以形容被這種幸福懷抱著的感覺。如果真的要用人類的語言，我會說最接近的是戀愛的感覺；或是當第一個小孩出生時，被送到你懷裡的那種感覺；或是在一場古典音樂會，偶爾感覺到的精神上的昇華；或是高山、林木、湖泊的壯美和恬靜，或其它讓人泫然欲泣的自然美景。把所有這些全部放在一起，乘以一千，就能瞥見當人脫離和世間的連結時，可以身處的狀態。」

＊　＊　＊

羅馨和瑪歌都著重在瀕死經驗中經歷的感受和事件，但是都沒有對他們的所在環境詳加描述。我的研究中，有一半的人無法描述他們在瀕死經驗中去到的「地方」。另一半的人，雖然確實描述了環境，但我並沒有從他們的敘述中發現任何一致性。所以，他們描繪的畫面，並不能當作是瀕死經驗的共同特質。

所以死後人的內心去了哪裡呢？是去到天堂還是地獄，還是其他地方？科學可以告訴我們，有瀕死經驗的人在死亡之後發生的事情，以及在個人和各文化間，他們敘事中的一些共同特點。但是，現在的科學通常無法判定他們所說的究竟準確與否。

我之所以說「通常」，是因為有些時候，我們其實**還是可以**調查看看，當事人對死後世界的描述是否和我們在**現實**世界可以觀察到的事情有關。有些人可能真的準確描述了真實發生的事情，有些人則可能只是想像的，也有案例是誤解了實際發生的事情。傑夫在賽車時出了車禍，整個人被壓在摩托車底下。當他被困在地上時，汽油漏進他的安全帽中，所以在人被拖出來之前，他已經吸入了不少有毒氣體。他被送進急診室治療骨折、擦傷和煙霧中毒。他很害怕、意識混亂，而且有攻擊行為。

第二天，當我採訪他時，他很平靜，雖然還是有點昏昏欲睡。他告訴我，他在事故後就失去了意識，然後在一個充滿惡臭的地方醒來，身旁盡是一堆有眼睛但沒有其他臉部特徵的生物正在折磨他。有些壓住他，把他綁在桌子上，其他則是把針插進他的身體裡。這是一段如地獄般的瀕死經驗嗎？他的記憶有些模糊，沒有典型瀕死經驗記憶那樣的清明。而且，儘管他唯一能理解自己模糊記憶的方式，就是想像自己受到了惡魔或外星人的折磨，但他並沒有這麼說。他和大部分說**知道**自己發生了什麼事的當事人不同。難道，這是因為汽油煙霧而產生的幻覺嗎？

我和前一天治療他的急診人員談了一下，發現傑夫經歷的既不是瀕死經驗也不是幻覺，而傑夫對真實發生的事情的錯誤解讀。汽油的煙霧讓他在急診室變得不受控，醫護人員無法檢查、抽血或幫他接點滴。每位醫護人員都戴著醫療口罩，遮住眼睛下方的臉部。最後，他們讓他聞了一種難聞的氣體，他才安定下來。然後，當他一停止打鬧，他們就立刻把他的手腕和腳踝綁起來，才好抽血。傑夫沒有瀕死經驗，也沒有幻覺。他看到、聽到也感覺到了醫師和護理師實際對他做了什麼，但是在意識混亂的狀態下，他無法理解。

又隔了一天，傑夫的頭腦終於恢復正常，我才向他解釋我知道的事情，來幫助他釐清他的恐懼。當他知道自己既沒有被拖入地獄也沒有發瘋，一切都只是吸入有毒氣體造成的，他鬆了一口氣。我很高興因為自己認真看待他的故事，追求真相，才能幫他解開謎團，釐清事情的經過。

因此，我們不能直接相信任何有關死後世界的描述，但我們確實需要認真對待那些在不同文化信仰和個人期望間，不斷出現的共通點。願意說出自己瀕死經歷的人，需要有人聆聽。他們需要時間和空間來處理自己精神和身體上的創傷。

我們會去到「另一個世界」嗎？可是，畢竟「另一個世界」就意謂著某個「地方」，所以這個問題本身可能也有問題。證據顯示，在死後，有一些人發現自己仍然有意識，並至少維持了一段時間。由於他們去到的「另一個世界」，通常看起來不像我們認識的有形環境，所以當事人常常說那個地方是一個不同的「世界」，例如「天堂」或「靈性世界」。但是，這樣的形容不一定表示那是別的地點。有時候，像我們說「體育界」或「娛樂圈」或「政壇」，指的並不是物理上不同的位置，而只是世界中我們關注的不同層面。經歷瀕死經驗的人所說的「靈性世界」，有沒有可能實際上不是一個別的地方，而只是在我們熟悉的世界中，大家通常不會看到的另一個面向呢？

第十四章

那神呢？

在我研究的個案中，有三分之二以上的人說，他們在瀕死經驗中遇到至少一個人。其中三分之二的人說，他們遇見了一名已經**過世**的人（這是可以驗證的資訊）。但是幾乎有百分之九十的人說，他們遇到了某種神聖或神靈般的存在。這對我來說是個問題，因為我想不出要怎麼測試這些敘述準確與否。但我還是覺得，無論如何我都必須研究一下，因為許多人把這種和神的相遇視為他們瀕死經驗中最有意義的片段。於是，我開始在他們的故事中尋找一些相似的地方。

有一些人把瀕死經驗中遇見的神祇當作是神（God），或者用他們信仰的宗教來解釋。茱莉亞的家庭是浸信會成員（雖然很少上教堂）。她在五十三歲時心臟病發作，遇到了耶穌和天父：

「我首先見到耶穌。祂有藍色的眼睛，微笑著，向我伸出了手。但是，好玩的是，祂沒有說話，我卻知道祂在說什麼。祂告訴我天父想見我。我們穿越了我所見過最美麗的地方，非常平靜。我們去到一個很大的白色雲狀物體那邊。一個留著長長的白鬍子和長長的白頭髮的男人，坐在一塊很大的白色東西上。他告訴我，我不能留在這邊。我必須回去。那邊還需要我，但很快我就可以和祂在一起。」

茱莉亞認為這些人就是耶穌和天主，而她的詮釋與自己的宗教信仰有關。大約三分之一的人也是如此，以自己的宗教背景來理解在瀕死經驗中遇到的神靈。

* * *

其他人認為自己遇到了神靈，但不一定是自己的宗教傳統裡信仰的神。蘇珊·英格朗自認是一位不太虔誠的天主教徒。她在二十二歲時出了車禍，被送進急診室。她告訴我她遇到了一位「造物主」，但並不一定是天主教裡面所說的天主：

「我記得我遇見了我的造物主。你怎麼稱呼這位造物主都可以：可以是天主、佛祖、克里希那、阿拉。名字並不重要。為了簡單起見，我叫祂神，但並非是指任何特定宗教的神。

神對我說話，說了一陣子。然後神跟我說，我可以待下去，我的人生已經完滿。這裡是個不錯的地方，但我將必須重返地球，再度過另一生，以完成我這一生中迄今尚未完成的工作。要不然，我也可以現在就回到地球，繼續我現在的人生，我將在地球上完成我的任務，之後再穿過一扇門，前往無境之地。神稍微打開了門，讓我看到從門外射進來的光。在那一刻，我選擇了回到地球，繼續我的人生。這樣，就沒有什麼可以阻止我在死後前往我應該前往的地方，而且我知道我將不必再回到人世間，再熬上一輩子。我記得我決心實現自己的目標。對我來說，是要成就什麼，我其實並不清楚。

我決定回來。我記得神和我都在微笑。神非常高興我做的決定。決定回到人世間，是我又向終極目標邁進了一步。」

蘇珊認為她遇到的那個人是神靈，但與茱莉亞不同的是，她沒有把那個人當作是基督信仰裡的神。她使用「神」這個字只是為了方便。

＊　＊　＊

在基督教家庭成長的瑞秋・華特・史提凡尼尼後來成為一名「什麼都信的異教徒」，會在家裡自己舉辦儀式來敬拜自然。四十五歲時，因為出血性子宮頸癌，她大量失血，然後失去了意識。在她的瀕死經驗裡，她遇到了兩位分屬不同精神傳統的神：一位是佛教的神明，一位是凱爾特文化的神靈：

「我發現如母親般慈愛的觀音把我抱在膝上。我好愛祂，覺得在人生中從來沒有這麼平和安詳過。祂緊緊抱著我，撫摸著我的頭髮，輕聲安撫我。我仍然沒有辦法告訴你祂說了什麼。在我的腦海中，我仍然可以看到她的嘴巴在動，但我聽不見她說的話。我知道的是，她在照顧我的時候，我感到很平靜，完全沒有恐懼，只有深遠恆久的平和。觀音在我的右側，而在我的左邊則坐著凱爾特文化中，古老睿智的角神科爾努諾斯（Cernunnos）。我很高興見到祂，因為祂是如此古老。但因為我並沒有呼喚祂，所以看到祂我有點震驚。

科爾努諾斯很安靜，閉著眼睛坐著，彷彿正在沉思。我記得我看著祂頭頂的大角，想著祂一定非常強壯，才能靜靜坐在那裡，承受角的重量。

我不知道我在這兩位神旁邊躺了多久。我記得我的手臂和手可以感覺到觀音衣服的柔順絲滑。

我從手術中醒來後，腦海中浮現的第一個念頭是：『孩子，妳一切平安。』我知道那是觀音的聲音。我知道自己沒事了。」

不同文化傳統的兩個神同時出現很讓人驚訝。瑞秋自己曾向我解釋：「要知道，這兩個神不應該在一起。異教長老和教義都非常清楚說過，人類永遠不可以混搭來自不同系統和背景的神靈。我告訴過其他異教徒我的經驗，他們也都很吃驚。他們除了告訴我『這兩位神一定剛好都是妳需要的』之外，無法給出更多的解釋。」

像這樣結合來自不同文化傳統的神靈（還有，「這兩位神一定剛好都是我需要的」這種解釋方式），這顯示，在某種程度上，觀音與科爾努諾斯的形象可能是瑞秋自己為了詮釋這段經歷，而用豐富的想像力創造出來的。實際上，瑞秋也認為，她遇到的神可能是腦海中本來就有的畫面，所以自己很熟悉。她說：「我不是基督徒，所以我的瀕死經驗也是以我覺得比較能接受的方式來呈現。」

＊　＊　＊

約翰・塞德爾在六十歲時，因為一場摩托車的嚴重事故，摔斷了鎖骨和七根肋骨。在加護病房中醒來時，他幾乎沒辦法呼吸，X光片顯示他的整個胸腔積血，兩個肺都已經塌陷。在進行抽出血液的急診手術過程中，他經歷了一段瀕死經驗：

「我記得的下一件事，是被人領著，走在一個白色的世界中。我被帶到一個沒有天花板、沒有牆壁、沒有角落的房間，但應該還是個有邊界的地方。走在我前面的是一個穿著白色長袍的人，長長的袖子。他留著長髮，有濃密、半黑半灰的鬍鬚。他舉起右手，指向我的左肩。我對自己的處境和現實感到非常溫暖，安寧自在。我可以很清楚看到他長袍的皺褶和他的鬍鬚。我醒來後，告訴太太甘道夫是帶路的人。我覺得我看到的人看起來像《魔戒》裡面的甘道夫。」

約翰小時候四處搬家，父親在哪裡找到工作，他們就在那裡上教堂。他一生中參加過許多不同信仰的宗教儀式，但瀕死經驗發生那時候，他已經很多年沒上教堂了，也沒有朝拜過或祈禱過。當他在瀕死經驗中遇到一位身著白袍、善良的長者時，他想到的名字不是神靈，而是托爾金（J. R. R. Tolkien）奇幻大作中的虛構人物。在我研究中，在瀕死經驗中遇到神靈或神一般人物時，有三分之一的人會指認為自己宗教信仰中的神，有三分之二的人則表示無法認出是哪位神明。

＊　＊　＊

儘管許多人用「神」或其他他們熟悉的神明，來指認自己在瀕死經驗中遇到的神靈，但有些人認為任何稱呼都不適合。艾賓・亞歷山大描述了一位普世大愛的神靈，「神這個稱謂似乎太狹隘了。」金・克拉克・夏普十七歲時，在人行道上昏倒，然後就突然沒了脈搏[1]。她說：「『神』這個字不足以描述這個存在的宏大。」許多人只是簡單地描述了一種存在，沒有試圖去辨認那是誰。

翠西是一位二十七歲的不可知論者。她因為路面結冰所以撞上拖車。她告訴我她在瀕死經驗裡和一位神靈合而為一：

「我覺得自己被一種難以置信的溫暖和充滿著愛、到處都在的光所包覆。從中散發的寧靜和無條件的愛，穿透了我，我無法用言語描述。心念直接傳來，沒有阻礙，就像是我共享了全知，洗滌了身上每一個細胞。它就是我，它也不是我。我當時是它，而我也不是它。我在它**裡面**，我是它的**一部分**，但同時我還是獨立的個體。我知道，這種光與聲音的存在把我當成無價之寶，就像我是它的原子一樣。一滴海水有海洋的本質，儘管不是海洋本身。海洋需要每一滴海水，否則並不完整。我沉浸在光和聲音中，這就是我們之間的關係。

我不是看見這個光與聲音的存在，而是全然地知道它、愛它，它在我裡面、在我周遭，就像它知道我和愛著我一樣。沒有空間，沒有時間，沒有分離，沒有對立，我的每個細胞完全知曉一切；這一切都有神聖的意義，一切都在神聖的秩序中。彼此相愛就是愛自己和愛著神，我們每個人都是一顆原子。

就像手是人體的一部分。……雖然它不是身體，但如果沒有手，身體也不完整。……在那一刻，我發覺我一直以來都知道，我是這個奇妙存在中一顆獨特的原子。我愈來愈了解，每個人都是「起源」的一部分。言語描述不來那段經驗。就像今天早上金黃中透著粉紅的日出，要怎麼說給沒有看過的人聽呢？」

＊　＊　＊

魯迪二十六歲時翻車，造成腦部嚴重受創和身上多處骨折。他也經歷了與神聖結合的瀕死經驗：

「我發現自己身處在軟綿柔順、純淨無垠的黑暗中。我非常清楚感覺到那無限巨大的黑暗，比我知道我在跟你說這件事還要鮮明。我感到某種圓滿，覺得同在、變得完整，但是我不知道那是怎麼一回事。

然後它出現了：一小點閃爍的白光。我們相知，彼此相愛，合而為一。自從我意識到那片黑暗以後，這整段經驗裡沒有時間感。從此時開始，經驗變得更加深刻，卻也更難以跟其他人分享：要了解這種無條件的愛，唯一的方法就是實際體驗它。

這光一出現，我就立刻覺得自己融合其中，與之交流，我相信這是愛的聖光。好像我朝著這道光移動，受這道光吸引和驅動。我知道我以不可思議的速度穿越了永恆，但仍然同時存在。當我靠近光，它變得更亮，變得純白。愛的光是所有美好事物的集合，我在這段經歷中學到了這些美好事物，而且愈來愈深刻。平靜、安寧、和諧、一體、幸福、無條件的愛與接受，這一切都是神。光是我的全部，它的明亮和光輝不能用既有的概念和比喻去理解，我只能等到下次再有類似經驗時，才有可能了解。我現在光是用想的，就已經可以感覺到那讓人屏息的美麗。我進入了光；我與光合而為一。」

＊＊＊

許多人說，他們在瀕死經驗中，意識到我們每個人都是神聖的。安妮塔．摩加尼飽受淋巴癌所苦。她告訴我，在她的瀕死經驗中，她認為我們都是神的一部分：

「在我的經驗中，我**成了**萬物的源頭，世上一切都清晰了然。我的感覺是我們每個人都屬於一體（One）。我們從一體，分成各個個體，然後又回到完整。我覺得，我在瀕死經驗中，就是瞥見那個一體。我可以把它叫做**神**、**萬物的源頭**、**婆羅門**或**所有存在**。但我想每個人會有不同的看法。我不認為我自己或其他人和神是分開的。對我來說，這是一種存在的狀態，我們不是一個單獨的存在……

一旦給了這種能量一個名字，例如萬物的源頭、上帝、克里希那、佛祖，還是其他稱呼，有一些人就很難甩脫名字背後的涵義。這些名字對不同的人代表不同的事物，並且似乎把無限給框限住了。這些稱呼通常帶有某些期望，讓我們用二分法來看事情，覺得自己是自己，而這種能量則是不同的存在。但是全在的能量，就像我們的純淨意識狀態一樣，需要保持無限和無形，才能與我們合而為一。」

和大多數有瀕死經驗的人不同，安妮塔的文化背景十分多元。她在新加坡長大，父母是印度教徒，新加坡的主要宗教則是佛教、伊斯蘭教和印度教。她後來搬到香港，那裡的主要宗教是佛教、道教和儒家思想。但她讀的學校是天主教學校。所以，她曾接觸過各種宗教詮釋神聖的不同角度。有些有瀕死經驗的人和她截然不同，在成長過程中完全沒有接觸過任何宗教。有些人甚至是無神論者，而瀕死經驗則挑戰了他們的信念。

例如，珍妮絲．布勞斯在二十八歲時，因多處胃潰瘍而大量吐血，心臟停止。她告訴我：「我一直自稱是無神論者，但在瀕死經驗後，我知道有神。祂在隧道盡頭等著。不知道為什麼我就是知道。我感到從未有過的平靜安寧。我現在很放心，因為我知道我們的精神會比我們的身體活得更久，而臨終會是一段非常愉快的經歷。」

＊＊＊

瑪莎在三十九歲時，因敗血症住院兩個星期。醫師說她的病情不樂觀。瑪莎後來告訴我，她在沒有身體的情況下悠遊其他國度：

「我發現自己在明亮的光線中悠遊。儘管我可以深刻地思考，但我感覺自己並不像人。我完全平靜，非常放鬆，斜斜地往上移動。當時我沒想到，但是現在我覺得可以把自己形容成是一個熱氣球，在空中無聲飛過。

我可以看到耶穌基督厚實的白袍隨風飄動。我知道那是我的目的地。我並不信耶穌基督，所以我記得當時我很困惑。我認為是我的困惑讓我沒有繼續前進，也終止了那個完全平靜的感覺。一切仍然很平靜，我並不想放棄那種感覺，但我回來了，因為一切太讓人困惑了。

我在養病期間回想起自己的這段經歷，身心感到完全的平靜。小時候，我的父親是天主教徒，媽媽是基督教衛理教派，我接受過兩邊的教誨。我很小就決定決定不信基督或三位一體，有過那次瀕死經驗後，我曾去過一次衛理公會的教堂，但做禮拜的整個過程都在哭。我不明白為什麼我會被領向基督，我仍然不敢置信。我不知道為什麼我會有這樣的經歷，不過，我仍然記得那非常深刻的平靜，所以我很高興事情發生了。」

＊＊＊

無論他們信奉特定的宗教，還是覺得自己的精神和宇宙之間有某種連結，大多數的人都說，在他們的瀕死經驗之後，他們意識到生命中存在著某種神聖的事物。在我的研究中，五分之四以上的人說，他們更加相信天上有神，內在心靈也有神聖的存在。

坦尼亞在四十一歲時接受了子宮切除手術，術後大出血而停止呼吸。她向我描述了這種持續的神聖感：

「這段瀕死經驗從未離開過我，它讓我完全意識到死後世界、精神世界以及我相信每個人真正在尋找的東西，也就是『真的有神嗎』這個問題。我在鬼門關走了一遭，讓我得到了答案。我現在知道有一個神，祂親自引領我們每個人。如果走這麼一遭是讓我得到信仰所必須經歷的過程，我要感謝祂。我以前曾經的樣子，再也回不去了。」

＊　＊　＊

薇若妮卡在四十八歲時，手術傷口嚴重感染。她告訴我一段類似的瀕死經驗：

「這段經歷改變了我的人生，讓我更加意識到有一個神的存在。另外，既然我獲得救贖，我的人生現在有了特殊的意義。我不再認為事情是理所當然。神也成了我最好的朋友。我依靠祂，事事尋求祂的意見。我不斷祈禱，感謝神賜福給我。現在，每小時、每分、每秒都如此寶貴。我盡力幫助所有人。我知道我從死裡復活，為此我永遠感激不已。」

＊　＊　＊

達西在二十八歲時因B型肝炎住院。她說，自從瀕死經驗之後，她仍持續與神交流：

「在醫院昏迷時，我經歷了一段自由自在的旅程，完全不費力氣。我認為自己不是飄浮著的，因為我感覺身體是直立的。我被一道強烈的光所吸引。我聽到音樂，感到無比的平靜安寧。在我看來，我被無比的接納和愛給征服了，腦中不存在任何與世俗相關的念頭。我明明有丈夫，有兩個孩子，但好像無論我身在何處，他們都不存在。

我看到兩個影像；我認為一個可能是神，另一個可能是耶穌。和祂們在一起，我感到如此被愛，無比滿足。他們彼此交談，決定我應該循著前路回去，因為我還有事情要做。所以我面對著他們，倒退著離開了那裡。

我的人生產生了戲劇性的變化。我們家不信教，但自從瀕死經驗之後，我一直與靈性世界有親密的接觸。想法和話語從我的嘴裡發出，我無法控制，就像別人通過我在說話一樣。我已經不止一次聽到神大聲對我說話。如果不是上帝或耶穌，那麼就是我在瀕死經驗中聽到的那兩個人。通常我會得到建議或指示。」

像瑪莎一樣，達西在瀕死經驗中與神靈相遇。她認為自己見到了神和耶穌，儘管當時她還不是基督徒。甚至在今天，她還是相信自己親炙了神聖，認為那個神靈「如果不是神或耶穌，那麼就是我在瀕死經驗中聽到的那兩個人。」

＊　＊　＊

我是科學家，知道該怎麼處理現實世界裡的證據，但是宗教教義就不是我擅長的事物了。我在一個不太信神的科學家庭中長大，所以這一大堆提到神的瀕死經驗讓我相當惶恐，不僅是因為我沒什麼宗教背景，也因為這些東西在科學上似乎無法驗證。但是，身為科學家，我們無法選擇哪些證據值得追求，哪些證據可以被忽略。如果我們聲稱自己是懷疑論者，那麼我們就不能在沒有研究數據的情況下，拒絕接受與我們世界觀矛盾的見解，只擁抱與我們觀點一致的論述。佛洛伊德曾經說過：「如果有人將自己視為懷疑論者，那麼偶爾懷疑一下自己的懷疑論是不錯的事情[2]。」

遇到有瀕死經驗的人描述死後的世界，科學可以整理出這些瀕死經驗中，關於神的描述有什麼特點，然後這些人的敘述中有什麼共通點。但是現在，科學仍無法確定他們的敘述是否準確。遇到有瀕死經驗的人描述死後，我很難知道這些關於神的描述是否是文化的投射。我根深蒂固的懷疑態度，讓我沒有辦法直接接受這些描述。我並不是說這些看似神聖的存在是假的。但是，當事人在論及瀕死經驗中的神靈時，用了各種稱呼，包括上帝、佛祖、婆羅門、克里希那、阿拉、起源、萬物、觀音、科爾努諾斯等等。許多人自己（例如蘇珊、瑞秋、安妮塔）也都承認，不應該直接按字面意思去解釋這些稱呼，那只是代表他們的大腦試圖用現有的知識來理解難以描繪的經歷。

有一些人（像茱莉亞）認識自己遇到的神，所以對自己的遭遇並不訝異。其他人雖然認識，但很驚訝自己會遇到，例如瑞秋、珍妮絲和瑪莎。還有其他人像蘇珊和安妮塔一樣，認為不需要去辨認或刻意給他們遇到的神一個標籤。重要的似乎不是這些人指認那個神靈是誰，而是他們在祂面前的**感受**。無論稱呼是什麼，不管驚奇與否，他們始終提到平和、沉靜、安寧、舒適、感恩和——最重要的是——被愛的感覺。

幾乎所有這些瀕死經驗，另一個共通點是當事人通常把所遇到的神，看得比自己偉大，即使有些人提到合而為一的感覺。也就是說，儘管他們現在可能也認為自己是神聖的，但他們認為自己只是更偉大的神聖之物的一小部分。很多人用海浪來比喻這種情況[3]。波浪是廣闊海洋的一小部分，與海洋的其餘部分由相同的水所組成，但至少在一段時間內，每一道海浪都是獨一無二、完整的波浪。就像撞到拖車的翠西說的：「一滴海水有海洋的本質，儘管不是海洋本身。海洋需要每一滴海水，否則並不完整。」

在這一點上，我不得不承認，關於瀕死經驗中所遇到的神靈，它們的性質和特性，科學沒有辦法回答。但是，無論人們在瀕死經驗中遇到哪位神，無論他們如何解釋，這似乎都是瀕死經驗中最深刻的部分。當事人遇見神的反應，還有事後對當事人的人生產生的持續影響，讓我有了一個更大的問題，一個科學**可以**研究的問題：在瀕死經驗後，這些人做了什麼？有瀕死經驗會讓一個人的人生產生什麼不同嗎？對精神科醫師而言，這些變成最重要的問題。

第十五章
一切都改變了

那時是七月，學校放暑假，約翰．米格里亞喬有一天在紐澤西州的海邊潛水。那天風很大，海象不好，能見度很差，水下能見度不到十公尺。大約半小時後，他開始呼吸困難，這代表他的氧氣筒快要空了，但他離海岸還有快一百公尺。因為波浪很大，所以他吞進了很多鹽水。他的喉嚨開始灼痛，而且由於過度換氣，他也開始頭暈。

那一刻，約翰的意識變得模糊。他記得，他擔心自己已經精疲力盡，沒辦法繼續游下去了，然後突然間他在高於海面之處，低頭看著水中一具黯淡的身體：

「我感覺到絕對的平靜與安詳。沒什麼好擔心的，會有人照料一切。我記得當時感覺就像一切都結束了。我非常平靜，覺得自己可以休息，不需要繼續游了。就像在游泳池一樣，只是在池中漂浮著。我意識到自己開始隨著波浪向外漂去，然後就不記得任何事情了。最後一個感覺就是隨著海浪漂浮出去，然後我就不記得任何知覺了。我只記得很平靜，就像我臣服了。這是一種解脫，就像我放手了一樣。

那時，沙灘上有另外兩個來潛水的人。他們把我從水裡拖出來，但是我已經沒了呼吸。他們解開我的潛水衣，但感覺不到我的心跳。其中一個人開始對我進行口對口人工呼吸，另一個人跪在地上對我進行心肺復甦。

在那一刻之前，我從未想過死亡。我只有十七歲。我又知道什麼呢？但是事情就這麼發生了，如果這就是瀕死的感覺，如果這就是我的瀕死經驗，那也沒什麼好害怕的。因為還不錯，很不錯。非常平靜。我覺得我不需要做任何事，不需要擔心任何事情，就可以順勢前進。我只是感覺到黑暗。很舒服，非常寧靜。我的人生沒有閃過我的眼前。我沒有去到天堂，也沒有下地獄；我沒有陷在渾沌中。我哪裡都沒去。我應該就是在休息吧。就像一朵花非常緩慢地沿著小溪流過草地。這是我能解釋的唯一方法。天氣晴朗，明亮，安靜，有鳥叫聲。我說：『這還不錯，如果是那樣的話。真的還不錯。』

這段經歷直接造成了兩個影響。首先，我知道自己為什麼還活著。第二，我不再害怕死亡。我的祖父最近過世了，但我沒有像其他家人一樣悲傷，我認為死後我的意識仍將持續存在。」

＊　＊　＊

我基於數十年的研究，用瀕死經驗來闡述內心與大腦之間的關係，並且了解死後的世界，但這只是我個人的看法。儘管我認為我有很好的證據支持我的看法，但我知道有些人可能會有不同的詮釋，也或許會有新的證據顯示我錯了。但是有一件事情我完全肯定，也有壓倒性的證據，那就是：瀕死經驗影響了人們的態度、信念和價值觀。如果你從本書只學到一件事，請你看看這些經驗如何改變了當事人的人生。

如果問有瀕死經驗的人，他們的經歷造成了什麼影響，幾乎每個人的第一個答案都和約翰一樣：瀕死經驗改變了他們對於死亡的態度。我和其他人的研究發現，像約翰這樣有瀕死經驗的人，他們對於死亡的憂慮，明顯比曾經接近死亡但沒有瀕死經驗的人來得少[1]。有瀕死經驗的人，往往對死亡和臨終較不害怕，也不會故意避談死亡。相反的是，他們經常說，死亡是往另一段人生的通道。在我的研究中，有百分之八十六的人表示，在瀕死經驗之後，他們對死亡不再那麼害怕。甚至像約翰這樣，在瀕死經驗中沒有去到天堂也沒有看到神的人，也相信沒有道理擔心死亡。

＊　＊　＊

莎拉在二十三歲生產時大出血，在瀕死經驗中得到了安慰：

「我的經驗將永遠伴隨著我。我不是**差一點**就死掉，我是**已經死了**，臨床上已經死了，有醫學證據可以證明。從那時起，瀕死反而帶來了慰藉。我學會改變自己的生活方式，接受自己的慢性病。即使在身體狀況最差的時候，我也從來沒有害怕過死亡。因為不害怕死亡，所以『活著』讓我非常非常的享受。

我後來被診斷出癌症。手術期間和手術之後，我從未忘記死亡的感覺。我的死亡並沒有傷害到我，反而大大地增添了我的人生。我知道死亡是美好的，我會受到歡迎，受到保護，完全平靜，因此我沒有恐懼。隧道中那些懷抱的溫暖、牽拉和熱情一直伴隨著我。

對我來說，過渡並不存在。我沒有看到自己離開身體並向上飄浮。我就這麼出現在那裡，在隧道裡，在隧道的盡頭。臨終是一段美麗、優雅又平靜的經驗。我已經死過。我知道真相。我不害怕。」

＊　＊　＊

喬治在四十九歲時曾心跳停止。現在他用自己的瀕死經驗，來安慰即將死亡的人：

「我的經驗沒有帶給我恐懼，而是讓我非常平靜。如果這就是死亡，那麼我不得不說，為什麼要害怕呢？我和其他人不一樣，我在『另一個世界』沒有遇到聖者，也沒有碰到向我伸出援手的親人。但是我不想回來。雖然我沒有信仰，也不相信天堂或地獄，不過我現在認為，我們會以某種方式過渡到另一個所在。無論過渡的狀態是怎樣，都是一次令人愉悅的經驗，我甚至希望能再經歷一回。無論如何，死亡對我來說不再讓人畏懼。

我的經驗從多方面改變了我的人生。我身為醫院社工部門的主管，瀕死經驗讓我能應對瀕死患者的恐懼。就目前而言，我樂於享受人生，人生也充滿樂趣。雖然，我仍常常在想：那道光的背後到底是什麼呢？」

＊　＊　＊

我和心理學家瑪莉耶塔．佩里凡諾娃（Marieta Pehlivanova）想找出瀕死經驗中哪些特點與死亡態度的改變有關[2]。在四百多個瀕死經驗案例中，曾遇到某種神靈或某位神的人，對死亡的接受度會增加，對死亡的恐懼減少，對死亡的焦慮也降低。與死去的親人會面，看到燦爛的光芒，以及瀕死經驗的愉悅感也與接受死亡有關。與宇宙合一的感覺，也降低了人對死亡的焦慮。令我驚訝的是，離開身體的感覺與對死亡的態度沒有顯著關聯。我曾經以為擺脫身體會減少人們對於死亡的恐懼[3]，其他研究人員也這麼猜測，但事實並非如此。

＊　＊　＊

因為瀕死經驗而得到慰藉，讓身為精神科醫師的我，很想知道那些自殺未遂的人是怎麼想的。在我看來，失去對死亡的恐懼後，可能會讓想自殺的人更容易有自殺的念頭。但這並沒有發生在喬爾身上。喬爾自殺未遂的隔天，我去他的病房找他。之前，喬爾身體不好，極度想擺脫痛苦的人生，但他擔心如果自殺的話會下地獄。不過他最後因為實在痛苦得無法忍受，所以他還是吞藥自殺了。令他驚訝的是，他經歷了一段平靜的瀕死經驗。當他第二天告訴我這件事時，我問他感覺如何。

「現在我對死亡的想法完全改變了。」他躺在醫院病床上一面搖頭一面說。「死亡非常幸福，無法描述，我只能說，我現在非常期待死亡。」

「可以多說一些嗎？」我說。

他說：「我曾經很害怕死亡。如果自殺，我是不是會萬劫不復。」他停頓了一下，然後繼續說：「但是我還是自殺了，後來發生的事和我想像的完全不同。有人告訴我，我犯了錯，但是無論如何，我還是被愛著的。我沒有下地獄。我去了某個地方……我不知道，或許是天堂吧？」

我幫他整理了一下：「所以，你現在期待死亡，不害怕了？」

「沒錯。」他點頭說。「我無法告訴你發生的一切，但是我可以跟你說：我等不及要回去了。」

「那麼你現在對自殺的想法是？」我問。

「喔，天啊，不是這樣！」他強調。「我不是那個意思。我再也不會想要自殺了。我吞藥是錯的，但我被送回來了……為了徹底改造吧。」

「所以你是說，」我字字斟酌，「你回到了身體裡。對於你身體上的疼痛，醫師似乎無法緩解，所以之前你才會想死。那現在，為什麼你不再想要了結一切了呢？」

他說：「我的確不再害怕死亡，但我也不再害怕人生。是的，我仍然很痛苦，目前還沒有解脫之道。但我也知道，我的痛苦和磨難是有原因的。我現在了解，一切都有意義，我們所有的問題也都有其目的。」

他停下來，拿起床邊的杯子，喝了一口。「一定是因為某種原因，所以我才被送了回來。我有工作要做。痛苦是我需要學習應對的課題，而不是我需要逃離的東西。」他頓了一下，似乎在看我的反應，想著要不要繼續說下去。他接著說：「我現在了解，我不是由分子構成的個人而已。我與宇宙中的一切都有著深刻的連結。我這副皮囊並不重要。我回到身體中繼續存在，是有意義和目的的。」

喬爾抬起頭看著我。「你不相信我，對吧？」他問。

我聳了聳肩。「我是精神科醫師。自殺不是一件玩笑事。」我說。「你昨天晚上試圖自殺，但好運活了下來。對於經歷過的事情和發現自己沒有死，你應該還在震驚中。」我頓了一下，然後繼續說：「你現在告訴我的話令人安心，但你仍然處於非常脆弱的狀態。

讓我們繼續聊聊，看看事情會如何發展。」

接下來幾天，我們確實又聊了幾次，然後他出院了。我同事繼續對他進行心理治療。他身體上的疼痛並沒有消失，但是再也沒有試圖自殺了。

＊　＊　＊

喬爾不是唯一一個改變了自殺念頭的人。我們之前看到，亨利因為無法忍受悲傷而舉槍自盡，結果在瀕死經驗中見到了他的母親，母親似乎歡迎著他進入天堂。這段經驗似乎減輕了他的悲傷。令我驚訝的是，對亨利來說，自殺再也沒有太大的吸引力。他說：「我現在完全不會那樣想。我仍然很想念媽媽，但現在我很高興知道她在那裡。」

我對自殺未遂患者的研究中，其中約有四分之一的人在自殺後經歷了瀕死經驗[4]。那些有瀕死經驗的人，比沒有瀕死經驗的自殺未遂者，再度自殺的可能性較低[5]。這似乎有些矛盾，因為瀕死經驗通常導致人們對死亡採取較為正面的態度，不再害怕。這十幾年來，我在精神科急診處理病患的自殺念頭，這樣的發現讓我相當震驚。但每一個關於自殺與瀕死的研究，無論是我自己的研究或其他人的成果，都得出相同的結論：瀕死經驗反而減少了人的自殺念頭。

我意識到這樣的矛盾之後，就到處詢問自殺未遂並產生瀕死經驗的人。不是只問他們對死亡的看法是否發生了改變或如何改變，而是為什麼改變。他們給了我各式各樣的解釋[6]，但我確實從他們的答案中找到了一些共通的主題。他們最常說，因為瀕死經驗，他們感覺到自己是廣袤世界和宇宙的一部分。從這個角度來看，他們個人的失去和問題，似乎就變得不那麼重要了。他們現在看重自己是誰，而不是自己的處境。他們現在覺得人生比自殺前更有意義、更珍貴，也更有趣。他們也覺得更有存在的感覺。許多人認為，之所以個人價值提高，人生更有意義，是因為他們覺得死亡不是終點，也覺得自己和他人相互連結。

* * *

結果顯示，不僅對於自殺未遂的人如此，對於大多數有瀕死經驗的人來說，不再害怕死亡，代表不再害怕人生，不再需要始終掌控一切，所以他們變得願意冒險，享受人生的樂趣。多年來，我一次又一次聽到，因為不再畏懼死亡，所以儘管或許有外在的限制，人們還是能找到活著的樂趣。

格倫在三十六歲時遇到一場觸電意外，當時他站在四公尺高的金屬梯子上，結果手上拿的鑽孔機短路跳電。他的瀕死經驗改變了他如何看待死亡：

「事情發生在一九七三年，但至今仍然非常清晰，就像今天早上剛發生的事情一樣。我不懼怕死亡，我只怕我沒有改掉人生中的壞習慣。對我來說，死亡等於自由和新生命，我等著它的到來。

相較於死後，此生只是如影子一般。我的人生現在變得更加豐富有趣。即使大多數人在最痛苦的情況下會悲傷或哭泣，我仍能保有幽默感，或者有想笑的念頭。我知道，我們必須受傷受挫才能贏得自由。當我們了解得夠多，就能離開這個世界。

在我的經驗裡，我記憶最深刻同時也最重要的是，我身體感覺到的平靜與自由。身體就像拖了很久的重物，一旦移開，靈性層面就有了希望。當我真正死去時，沒有人會來幫助我。但沒有關係，我不再害怕死亡，只害怕痛苦，害怕老去，害怕身體各處漸漸衰頹。」

＊＊＊

凱蒂在三十歲時差點溺水身亡。當時她的雙槳輕艇陷入渦流而翻覆，她受困其中因而經歷了瀕死經驗。在那之後，她不僅不再害怕死亡，也發覺活著的樂趣：

「似乎在我吞下那堆水之後，我的肌肉、筋骨和思考就完全放鬆了。這一切感覺真好。**如此**放鬆，但**意識**卻非常清明。這很奇怪，但我完全接受這種狀態。我想我一定是要死了。

我相信這段經歷改變了我的人生。在我看來，這是一次美好的學習經驗。我覺得人不必害怕死亡，死亡實際上可以是美好的經歷。現在，我想要享受周遭所有的小事，活到極致。每天花時間停下來，凝視，傾聽。花時間好好觀察，第一次真正看到身邊的事物。

我或許會說：『哦，今年春天的第一朵鬱金香開了。』但是我也會直接走出門，看看那朵花，感受一下，享受一下。光是觀察四周，享受萬物，驚嘆人生的美好和繽紛，我就會很開心。一切都變得開闊了起來。」

＊＊＊

佩姬在四十五歲時接受子宮切除手術，卻在手術期間心跳停止。有了瀕死經驗後，她不再害怕死亡，決定每天要充實過活：

「子宮切除手術進行過程中，我的心跳開始變慢，然後就停了，也失去了脈搏。麻醉師聽到心電圖的嗶聲警示，一開始還以為只是機器故障，檢查後，他發現我沒有了心跳，也沒有脈搏。他要婦產科醫師趕快停下手術，展開急救。

我的心臟一停止跳動，我眼睛就睜開了，發現自己置身一團白光之中。我的心中完全沒有害怕。我一生中從未經歷過如此平靜、喜悅、滿足、無條件的愛和完全的接納！世界上沒有什麼能比得上我感受到的愛。亮光似乎灑下充滿愛的金粉。待在那裡，我感覺非常美好、平靜、安穩。我的內心充滿了喜悅，滿到快要爆掉。我永遠不想離開那個地方。那裡沒有時間，兩秒鐘可能其實是兩天。我只是不希望結束。

我很想待在那裡，但是有些事情讓我開始猶豫：我的家人，也或許只是我還有未完成的事情。我不知道。後來，他們告訴我整個事件持續不到一分鐘。在那段時間裡，我瞥見了另一個世界，瞥見了死亡之後的樣貌。愛是任何人都能給予或接受的最美麗的禮物。我們所有人都需要好好呵護我們的人際關係，向我們關心的人表達內心的愛。我知道人生是多麼脆弱和短暫，所以我現在試著每天過得無比充實。我期待著死亡，也沒有任何畏懼，那就是我『回家』的時候。我知道上帝一直與我同在。現在，我的內心有著從前沒有的平靜與愉悅，我對人生充滿了新的熱情。」

＊　＊　＊

瀕死經驗廣泛且持久的影響，讓人驚訝，但卻是幾乎每位受訪者都會提到的部分。多年來，我遇到了許多有瀕死經驗的人，他們並沒有讓我覺得與眾不同，但他們都堅稱自己的態度和信念經歷了重大轉變。我是精神科醫師，我很清楚要患者做出些許改變有多困難，這通常需要數個星期、數個月、甚至數年的密集諮詢。然而，有瀕死經驗的人卻聲稱，瀕死經驗在幾秒鐘之內徹底改變了他們的人生。我剛開始研究瀕死經驗時，很懷疑這樣的主張，所以花了很多年時間記錄瀕死經驗的各種日後影響。

結果很明顯：當人們在自己的瀕死經驗中看到不同的現實（或用不同的角度來看現

實），他們就永遠改變了。他們很肯定地說，瀕死經驗的世界比我們的日常有形世界更加真實；他們既不能也不想拋棄自己的這段經歷，也不想重回他們在瀕死經驗之前的態度、價值觀和行為。在我的研究中，有百分之九十的人表示，他們的態度和信念因為瀕死經驗而改變。有超過一半的人說，瀕死經驗產生的影響隨著時間過去而持續增強。有三分之二的人說，因為瀕死經驗，他們對自己的感覺變好了，心情也有所改善。有四分之三的人說，與瀕死經驗之前相比，他們較為冷靜，更樂於幫助他人。

因為瀕死經驗，有些人有了新的世界觀，並把這樣的轉變比喻成自己走在下雨的夜裡，原本伸手不見五指，突然一道閃電照亮了天空，於是他們看到了道路、樹木和周遭的一切。一剎那間，所有東西又回到黑暗之中。但是，即使他們再也看不到周圍的事物，他們仍記得電光揭示的一切，他們無法否認路和樹仍舊存在。

有幾位研究人員發現，有些人對自我、對他人、對人生都有了全新的看法[7]。在瀕死經驗後，當事人認為或更加相信死後的存在，感覺被某種力量珍視疼惜，自尊心提高，並有了新的目標和使命感。這種新的人生目標或使命感，通常是因為他們在瀕死經驗中，意識到自己需要完成某些工作而被送回人間，或者自行選擇返回此生。他們回到這個世界上，明白我們所有人全都是某種更偉大的事物的一部分。

他們對其他人變得更有同情心、更關心他人，感覺到自己與他人之間的連結，並渴望服務，為別人奉獻。有瀕死經驗的人常把自己看作是充滿善意的宇宙中的一部分，個人利益（尤其是要犧牲別人才能產生的利益）已不再重要。他們也聲稱自己更能理解、接受和包容其他人。

接近死亡但沒有瀕死經驗的人，不會產生這麼大的個人變化[8]。儘管許多瀕死的人的確更加珍惜人生，但是沒有瀕死經驗的人，通常變得比較焦慮和憂鬱，遠離社交活動，並有可能出現創傷後壓力症候群[9]。因為曾經到過鬼門關，他們通常變得謹慎，不愛冒險。另一方面，有瀕死經驗的人卻會擁抱人生、擁抱自然和友情，享受當下，不擔心在別人眼中的自己。

＊　＊　＊

我和一些幼時有瀕死經驗，現在已經九十好幾的人聊過。他們都說，瀕死經驗產生的影響力，過了數十年仍一樣強大。心理學家肯尼斯·林恩為了檢測瀕死經驗如何改變人生，制定了第一個客觀測量指標，他稱之為「人生變化盤點表」（Life Changes

Inventory）[10]。我從一九八〇年代初開始使用這個表來檢測有瀕死經驗的人。二十年後，我決定追蹤同一批人，請他們再次填表，來了解他們在一九八〇年代體會到的改變，是否仍然顯著。結果相當驚人。

瀕死經驗之後，態度上最正向的變化是，對死亡、對靈性和對人生的態度變得比較正面，覺得找到意義和目標。對他人和對自己的態度雖然沒有那麼大幅的變化，但仍顯著改善。對宗教和社會問題的態度出現小幅度的改善，對世俗事物的態度反而比瀕死經驗前更為消極。二十年後，所有這些變化幾乎完全相同，沒有任何一項出現變動。

因為瀕死經驗而人格大幅轉變，這樣的案例並不新奇。一八六五年，維多利亞女王的資深外科醫師兼皇家學會主席班傑明．布羅迪爵士（Sir Benjamin Brodie）就曾寫到，一名水手溺水後獲救的故事：「一名水手掉入海中後被救了起來。他躺在甲板上好一段時間，毫無意識。當他醒來後，他說自己去了天堂，還說返回人世間很痛苦。這個人之前被認為是一個沒有用的傢伙。但是事故之後，他整個人都變了，後來成為船上表現最好的水手之一[11]。」

* * *

我聽過數百則在瀕死經驗後態度、價值觀和信念丕變的案例，有的人用幾句話簡單帶過，有的人則提及很多細節。但有一封信最讓我感動。那時，我上了格雷格．傑克遜（Greg Jackson）在底特律的一個深夜談話節目《最後的話》（The Last Word）。節目之後，我收到一封讓我印象深刻的信。寄信的人是一位沒有受過多少教育的老婦人，她因為大受感動所以非常想跟我分享瀕死經驗帶給她的影響：

親愛的葛瑞森醫師：

我真的很喜歡你在《最後的話》上說的話。我有call in，但電話全部忙線中。我在一九七三年受到上帝賜福。那一天，早上六點鐘左右，上帝進來，把我帶到天堂，展示給我看。慈愛的上帝啊，那是最平靜的地方，我不想回來，我看到我的身體躺在那裡等我。我一直要祂讓我留下，祂說不行，我必須回去。醫師您知道，地球上的東西我什麼都不想要，那真的是一次經驗。我好震驚。我希望祂能讓我留下來。哦，真是美好的一天。不用害怕會死。我認為沒有人會願意回來。但是，醫師，我告訴我的牧師和我的丈夫，他們都覺得我瘋了，但他們怎麼想都可以。但是我知道我去過那裡，我知道我以後會去哪裡。醫師，我是有福氣的人，主保佑我，讓我看過。我每天為此讚美祂。祂為我準備好以後的生活。天堂在那裡，我知道。我的嘴巴帶著喜悅而開，一個全新的人，它讓你行得正、說得對、好好對待每一個人。一旦去過那裡，就全部不一樣了。你對人生會有不同的看法。物質不重要。每個人看起來都很善良。每個人犯錯你都看得出原因。祂讓你更靠近祂。葛瑞森醫師，我一定要寫信給你，告訴你這是真的，我沒有說假話。我不會忘記，這不是我會忘記的東西。我不知道你怎麼想，但是上帝知道我確實在祂的手中。

凱瑟琳

凱瑟琳的來信證明，許多人的瀕死經驗帶來態度上的變化，但這只是冰山一角。在表面之下，是對人生的意義和目的有了更深刻、更親密的認識，與更大更廣的世界產生了連結。我發現這些後續的效果非常有意思，但是我難以理解其中深意。

第十六章
這一切到底是什麼意思呢？

克莉絲汀是一位成功的生意人。三十七歲時，她心臟病發作心跳停止了十分鐘，因而有了瀕死經驗。她在一個基督教家庭中長大，小時候偶爾上教堂。她當了媽媽後，生活中並沒有太多宗教的東西，有空的時候才會上教堂。她是一個工作狂，常常擔心東擔心西。她說自己滿衝的，因為長期工作繁忙和操心所以有高血壓。她描述了瀕死經歷如何改變了這一切：

「一開始是胸痛。不到一個小時，我人就在醫院了。醫生告訴我的丈夫我心臟病發作。當天晚上，我的心臟停了七次。最後一次停了至少十分鐘。我們語言中所有的描述都不足以說清楚那種感覺。當我嘗試描述發生的事情時，我感覺我找不到也抓不到可以用的字。

好像有數百萬道最美麗、燦爛、閃耀的光線吸引我向前。這並不恐怖，一切都很自然。我的人生從童年開始，在我眼前快轉，好像快速翻書一樣。我似乎知道並了解所有事情的原因、時間、地點。然後，我看到非常大的亮光，就像一盞聚光燈，裡面有某種存在，好像這個存在就是光本身。這個存在對我來說就是上帝，在祂面前我很愉快、舒服、平靜、美好，好像我到達了屬於自己的地方：一種難以形容的完整和幸福。我想和祂在一起，我這一生中從來沒有這麼渴望過。一切都非常滿足。我伸出了我的手，祂伸出了祂的手。就在祂握住我的手之前，祂說：『妳的孩子需要妳。』當祂一這麼說，我就立刻想要完成祂要我做的事情，看來祂想要我回來，所以我沒有握住祂的手，只因為祂不要我那麼做。

這段經歷改變了我的人生。對每個人，我都深刻地感覺到無條件的愛和理解。曾經讓我不開心或生氣的事情不再影響我。我什麼都不擔心：我仍然在乎，但不擔心。我現在一生中最重要的事情，不再是做人們認為我應該做的事，而是做我認為上帝要我做的事。我要照顧家人，也要讓人們知道有死後世界。

在瀕死經驗之前，我個性非常衝，想要得到人生中所有的物質享受。我很驕傲，脾氣暴躁，帶著成見看事情，渴望掌控全局。我永遠不想聽到『不』。如果有人拒絕我，我會像看到紅旗子的牛，直衝而上。我也是一個完美主義者，所以大家不喜歡在我底下工作。

從前，社會工作對我來說彷彿不存在。我真的不喜歡被人打擾。我沒有時間陪別人。回顧過去，我認為賺錢和做自己想做的事才最重要。社會地位對我來說也很重要。我喝酒喝得很兇，狂抽菸，享受一切。至少我以為自己很喜歡那樣的生活。

經歷了瀕死經驗之後，我最大的改變就是，現在我對全人類有著無條件的愛和慈悲。對於那些處境貧困、生病、飢餓、無家可歸、老人和有需要的人，我心如刀割；看到那些非常不開心的人，我會非常想要能夠幫助他們。我把我至少十分之一的收入捐給慈善團體。我再也不是工作的奴隸，錢也不是我的主人。現在，我只要能夠滿足日常所需，剩下的我都拿來幫助別人。我收斂了脾氣和傲慢。沒有什麼事情會讓我不開心。我仍然有一些個人問題，但我就像一艘乘著浪的小舟，隨波上下。我很平靜、愉悅、滿足，同時也期待著我死後的人生。每一天都嶄新無比。」

許多人都像克莉絲汀一樣，在瀕死經驗之後，覺得自己最有意義的改變是靈性上的昇華。他們所說的「靈性」，是指一般繁雜俗事以外的一切，涵蓋個人對於啟發、意義和目的的追尋[1]，以及追求與某種比自身更偉大的事物的連結[2]。對於許多有瀕死經驗的人來說，對眾生的愛與關懷變成最重要的信念。

我成長的背景沒有強烈的宗教信仰，所以很難理解克莉絲汀和其他人的描述。他們所說的「天上的神力」和「神要我做的事情」指的是什麼？但是，我們很渺小、我們要關心別人、要愛彼此，這些聽起來就像是小時候家裡灌輸給我的觀念。那些因為瀕死經驗而靈性昇華的人，他們是用不同的描述來表達與我相同的觀念和動力嗎？還是說，他們談論的完全是別的東西？我發現他們的個人故事很吸引人，但我想要有可以客觀衡量並理解他們靈性層面的方法。

我想要比較有瀕死經驗的人和瀕臨死亡但**沒有**瀕死經驗的人，因為瀕臨死亡也是一個可能改變人生的重大事件。我用了一些很普遍的標準化問卷，來衡量靈性的各個層面，例如對人生的滿意度、與更大事物的連結、人生方向和目標。我發現，那些有瀕死經驗的人，對人生的滿意度大大提高[3]，較能接受人生新方向，人際關係有了正面的轉變，也覺得自己比較有力量，更擁抱人生，認為自己因為瀕死經驗而獲得了大幅的靈性成長[4]。此外，許多人說，在瀕死經驗之後，他們覺得要更積極地追求進一步的靈性成長。

伊莉莎白在二十八歲時因子宮外孕造成輸卵管破裂。一場瀕死經驗之後，她展開了對靈性知識的追求：

「高中畢業後，我就沒繼續上學了。我對宗教、哲學或科學問題都不感興趣。但是，因為瀕死經驗，我接下來的人生都在探索這些領域。那時候，還沒有關於這個主題的書，所以我並沒有受到其他人影響。

瀕死經驗之後，我對科學、哲學、神學非常著迷，還有所謂的形而上學，幾乎完全佔據了我的人生。我經歷過幾次我認為是『輕度』的覺醒。過去三十五年來，我也透過夢境、導師的協助、冥想，來一探靈性世界。我也很強烈地認為，宇宙中的所有事物都互相連結。

我覺得最重要的事是追尋知識和分享知識，還有接受和回報愛。我覺得靈性層面的東西才是重要的，宗教的教條和教義不過是人造的東西，所以有缺陷，而且（歷史也告訴我們）沒有用。我不完全聽從教會的教義，而是遵循內在心靈的指引。

我渴望知識，每天花很多時間研究各式各樣不同的主題。學問和知識是過渡到彼端的時候能帶走的東西。祕訣在於『尋』，而『尋』這回事，無窮無盡。每個人都要為自己的行為和信念負責，力求精神上的悟道，這是我的人生哲學。」

＊＊＊

我和精神科醫師瑟比．卡納發現，有瀕死經驗的人因為對靈性的新態度和投入而感覺更幸福，更能應對人生挑戰[5]。和瀕臨死亡但沒有瀕死經驗的人相比，他們每天有更多精神層面的體驗，例如敬畏、感激、憐憫、慈悲和內心的平靜[6]。我們的研究和其他人的研究都發現，有瀕死經驗的人有較明確的人生目標，較多慈悲心，意識到人際之間的連結，認為所有宗教都有共通的核心價值[7]。儘管瀕死經驗可能讓人相信天上神力的指引與連結，但有趣的是，瀕死經驗反而會降低當事人對單一宗教的依賴與信仰。

靈性可以是宗教上的，但是許多人把靈性描述成一種內在感覺，不屬於任何宗教或信仰。他們經常說，自己與神有很強的連結，宗教儀式似乎是多餘的[8]。在瀕死經驗之後，許多人都說自己的靈性世界是沒有宗派的，所有宗教都有其價值，但沒有任何一種宗教特別重要。凱薩琳．格倫在二十七歲的時候，手術後呼吸道感染而有了瀕死經驗。她告訴我，她在經歷中了解到所有宗教的核心本質上是相同的：

「這是一起重大事件，為我的人生帶來巨大的影響，打開了我從前不知道存在的門窗。我看到宗教就像排在架子上的一罐罐果凍。全部都是果凍，全部都很甜。只是人們在上面貼了不同的標籤。

有許多道路可以通往在山頂的神，走哪條路都沒關係，因為到達山頂時，每個人都得到一樣的愛、光明、平靜、和諧、感恩、智慧、真理和勝利。天堂裡沒有宗教，只有『果凍』。」

＊＊＊

我發現，這種靈性上的成長，在那些瀕死經驗前是唯物主義的人身上最為明顯。道格是一位無神論者，他總是嘲笑靈性相關的東西。在他七十一歲的時候，一條流往胃部的動脈破裂造成內出血。他不太情願地承認靈性體驗確實發生了：

「凌晨兩點左右，我因為胃痛醒來。我吐不出來也拉不出來，最後就暈了過去。我的妻子聽到我的呻吟，趕快叫救護車。急診室醫師找來一名外科醫師，反覆檢查之後，他們認為我可能是脾臟破裂，所以立刻送進手術房。那時候，我已經大量失血。醫師發現有一條流往胃部的動脈破裂，情況非常危急。

在手術過程中，我有了瀕死經驗。我倚靠著一堵沐浴在陽光下的牆。在牆的另一邊，什麼都沒有，完全黑暗。

我可以選擇。我不知道是誰給了我選擇的權利，雖然我對靈性的一切都抱持懷疑態度，但我確實相信當時我有選擇的權利。我現在仍然這麼相信。我可以選擇『快速登出』，毫無痛苦地死去，也可以選擇活下來，雖然未來有可能有更多苦難，常跑醫院，最後也是死掉。在牆的另一邊，什麼都沒有，只有黑暗。

我沒有選擇快速登出，因為那是在牆的另一邊，如果要去的是那邊，我什麼也看不到，只有黑暗。我也在想，接下來是不是真的只有痛苦和死亡。如果是這樣，那下一次我就可以選擇死亡就好。所以是死亡左右了我的決定。我之前以為一個人死了就死了，和狗或貓沒有什麼不同。

我現在想，我相信這段經歷從靈性的角度來看，那時自己確實是有選擇權的，沒有人可以為我做決定。我不是一個靈性或有宗教信仰的人。我大學畢業，在天主教的家庭長大，但在五六十年前就放棄信仰了，也沒有信仰其他宗教。

我學到了什麼呢?首先，感謝我有選擇的權利。第二，我要盡我所能過每一天。我真的相信當時我可以選擇。這就是靈性吧?我不相信這樣的事情。是的，我確實對瀕死經驗的靈性部分感到好奇。我不相信靈性的東西，但我似乎經歷了一回。」

＊　＊　＊

同樣地，娜歐米是一位一直認為自己是無神論者的小兒科醫生。三十四歲時，她胃潰瘍出血。在瀕死經驗後，她變得更有慈悲心，而不再那麼在意輸贏：

「我清楚記得事件後的那個春天，所有事物看起來都非常神奇，好像我是第一次看到一樣。樹木和盛開的花朵是我從未好好欣賞過的樣貌。我覺得自己好像嗑藥了。現在，我再也不會把活著看做是理所當然。我也知道，下次再面對死亡時，我將無所畏懼，因為這顯然不是什麼負面的經驗。我用自身的經驗來幫助有殘疾和得了絕症的兒童的家庭，效果還不錯。我也強烈相信靈性的世界。現在我堅信天上的神力。我以前本質上是個無神論者。

到目前為止，沒有其他經歷對我的人生帶來如此深遠的影響。我在工作上不再那麼拚命。我也覺得，雖然物質和財富很好，但並不能定義一個人的靈性或本質。我的生活比以往任何時候都平衡得多。我也比較能接受冥想和其他『替代』醫療方式。對於我自己現在的健康問題，我嘗試改變生活方式，而不是靠藥物控制。我覺得我對病人更有同理心，成為了一個更好的醫生。我仍在消化這段經歷的許多層面。我發現，時不時回想一下，可以讓我重新調整自己關注的東西，打破侷限，綜覽全貌。我想，這段經驗將永遠是我成長的泉源。」

* * *

因為瀕死經驗所以經歷靈性上的成長，這類故事非常常見。各式各樣的描述都著重在與某種更偉大的事物產生連結，並強調散播愛和關懷的重要。多項研究顯示，和瀕死經驗之前相比，當事人變得更富有慈悲心，並願意竭盡所能幫助他人[9]。

基本上，這就是各家宗教宣揚的善與恕：「以希望他人對待你的方式來對待他人。」世界上主要宗教的教義中，都有類似的教誨[10]，像是在西元前五百年的古埃及莎草紙上、在希臘哲學家塞克斯圖斯（Sextus）和伊索克拉底（Isocrates）的著作中、在《舊約》的〈利未記〉中、在《新約》的〈馬太福音〉和〈加拉太書〉中、在巴比倫的《塔木德》裡、在穆斯林的《古蘭經》、在印度教《摩訶婆羅多》（*Mahabharata*）和《往世書》（*Padma Purana*）中、在佛教的《自說品》（*Udanavarga*）中、在耆那教的聖典中。在儒家的《論語》和道家的《太上感應篇》也都找得到。

一神信仰將這樣的教誨化為上天的命令，其他宗教和思想則把善念與恕道當作是讓人生圓滿的指南。作家丁蒂．摩爾（Dinty Moore）說：「如果有神，我人生的原則是善良、慈悲和覺知。如果沒有神，我人生的原則仍是善良、慈悲和覺知。一切都再簡單也不過了。[11]」

神經科學的最新研究顯示，人類普遍求善重恕，是無意識大腦機制數千年來的演化結果，目的是幫助我們在群體中生存。如此普世性也同樣反映在瀕死經驗中[12]。對於有瀕死經驗的人來說，這不是我們應該遵循的一種道德規範，而是世界運行的方式，像是地心引力一樣的自然法則[13]。他們常說，在回顧人生時，看到自己的行為如何影響了別人，也親身經歷了這樣的自然法則。儘管他們並沒有覺得因為自己犯的錯而遭受懲罰或審判，但他們確實在自己的人生回顧中，感受到自己曾經對別人做過的一切，一分也不少。

修理卡車時被車子壓傷的湯姆·索耶，在回顧人生時，他從受害者的角度經歷了自己的所有惡行。他跟我提起他曾經揍過人：

「我看到，十九歲的自己開著小卡車經過克林頓大道時，有一個男人從一輛貨車後衝了出來，差點撞上我的車。那時候是夏天，我車窗開著。我開靠近他，諷刺地說：『下次你真的要走人行道阿。』他朝著我罵了聲髒話，手伸過窗戶，打了我一巴掌。

我立刻熄火，拔下鑰匙，下車把那個人痛毆了一頓，揍了很多拳。他整個人向後倒，頭撞到地上。我差點殺了那個人，但我那時完全沒有想到他的狀況，我只是很生氣。對面加油站有幾個男人跑了過來。我說：『你們都有看到，是他先動手的。』然後，我慢慢回到車上，開車離開。

現在，人生回顧時，我可以感覺到腎上腺素在我的體內激增，感覺到拳頭揍人後的刺痛，我知道我的臉氣到通紅，我可以體會到自己多麼生氣，因為這個傢伙攪亂了我的平靜。無論在我們發生爭執之前或之後，我都不認識這個人。但是，在回顧人生時，我得知：他是喝醉了，而且正陷在妻子過世的悲痛中。回顧人生時，我看到那個男人剛剛喝酒的酒吧裡的椅子；看到他沿著這條街走了半個街區，然後從那輛貨車後面竄了出來，跑到我的車道。

我也看到湯姆的拳頭直接朝著我的臉飛來。我覺得丟臉、憤怒、尷尬、沮喪，也感受到身體上的疼痛。我可以感覺到牙齒穿過了下唇。換句話說，我在那個男人的身體裡，透過那個男人的眼睛目睹一切。我重溫了那天自己和那個男人之間的互動。我真的用那個男人的眼睛看事情。我第一次看到也感受到憤怒的湯姆是什麼模樣。被擊倒時，我經歷了身體上的痛、侮辱、尷尬，羞愧和無助。

下車後，我打了那個男人三十二拳，打斷了他的鼻子，打爛了他的臉。他向後倒去，一頭撞上人行道。沒錯，是他先打我的，但在回顧人生時，我經歷了一切，直到最後那個男人失去意識。我的人生回顧包括從局外人的角度，以第三者的眼睛觀看整件事情。同時，我也透過我的眼睛和他的眼睛重溫，全部觀點一起襲來。在這次人生回顧中，我無條件地觀看了一切，毫無批判，也沒有辯駁。我只是觀察，不帶情感或正義感，也沒有要論斷是非。

我希望我可以告訴你真正的感覺是怎樣，人生回顧究竟是怎麼一回事，但我永遠無法說得精確。你會因為把別人的人生搞得一團糟所以痛徹心扉嗎？還是會因為和他人分享了愛與喜悅所以得到啟發、感到振奮？好吧，你猜怎樣？兩邊幾乎打平。自己要為自己負責，用最全面的方式，判斷和重溫你對周遭、對別人所做的一切。」

＊＊＊

有些人認為這些瀕死經驗的靈性啟發只是陳腔濫調，只是宗教的老生常談[14]。嗯，是沒錯。之所以瀕死經驗的啟迪聽起來既平庸又俗套，是因為我們之前都聽過了。一次又一次，那些人告訴我，他們的瀕死經驗並沒有透露什麼他們之前不知道的東西，而是讓他們想起曾經知道，但很久之前就遺忘或棄之一旁的東西。

金．克拉克．夏普十七歲時在人行道上昏倒，產生瀕死經驗。有一位護理師剛好站在附近，怎麼摸也摸不到金的脈搏，所以她叫旁邊的人打電話叫救護車。急救人員到了之後，因為金已停止呼吸，所以他們幫金戴上氧氣罩，接著，他們開始用力壓她的胸部。金告訴我她昏倒後的經歷：

「突然之間，我的身體底下綻放出巨大的光芒，一路延伸到我視線的盡頭。我沒有聽到任何聲音，但光告訴我很多事情。和語言這種不太靈光的媒介相比，這種交談方式更加清晰且容易。我得到了人生的答案，那些關於人生、被我們嗤之以鼻的老問題。我感覺自己像是再次記起曾經知道但某種程度上忘記了的事情。我覺得不可思議的是，我竟然到那一刻才看清一切。」

＊　＊　＊

當然，靈性層面的成長不是嘴巴說說而已，也不是心理感受，而是是否能實際融入日常生活。教育家法蘭克・克萊恩（Frank Crane）說：「除非你意識到自己的言行舉止，否則人世間的金科玉律對你毫無用處[15]。」法蘭・舍伍德在四十七歲的時候接受了緊急腹部手術[16]。她說，重點不在於體驗本身，而是你能不能應用所學：

「所有這些都深遠地影響了我的生活，現在影響仍在持續當中，我與過去截然不同。但是，我仍然是我，也許有比以前更自在些。我的所有價值觀已經改變，並且仍在改變當中，變得更加清晰。我常常渴望能與其他人更深刻地來往，也一直在尋求與神更緊密地接觸。在日常生活中，我盡一切可能隨時隨地改善自己的一切，傳播愛的訊息。

這段經歷是真的，我也發現和別人分享會帶來喜悅和敬畏感。但是，當經驗不再是重點的時候，才是一切的開端。瀕死經驗僅僅是一個開始（或者可以說是新生），從那一刻起，你開始成長。這次，成長是一個新的現實，它要你與他人互動。自我開始逐漸消失，儘管你可能會緊抱著親愛的自我，但一定要放手。如果不這樣做，就等於是否定了現在的目標。這次的成長是為了最終的美好幸福。

除了討論、共享之外，還必須採取行動，不是說不可以描述或分享，但是一定要行動，不然為什麼我們會被送回人間？我們每個人可能以不同的方式理解，但訊息都相同。我們都知道重要的是什麼，儘管有千萬種表達方式，但一個字就可以說明一切：愛。我們要做的就是：『就像我愛你一樣，你們也必須彼此相愛。』這是一個不可撼動的真理。」

實際上，我發現最令人印象深刻的不只是態度上的改變。瀕死經驗後，最常發生的是生活方式的巨大變化。

第十七章
嶄新的人生

史蒂夫．普萊斯提槍射擊時，砲彈的碎片湊巧穿過他防彈背心的袖孔，刺穿了他的肺[1]。醫務人員好不容易來到這名二十四歲海軍陸戰隊員的身邊，把他從越南的叢林空運到菲律賓的一家軍事醫院進行手術。在手術過程中，史蒂夫出了竅，經歷了充滿亮光、溫暖與平靜的幸福。當他跟我訴說自己的瀕死經驗時，這位滿是紋身，自稱是校園惡霸的巨漢眼淚直流：

「突然之間，我意識到自己在天花板附近，低頭看著我的身體。燦爛的白光環繞著我。這讓我深深著迷。我非常溫暖平靜，沉浸在最祥和、最歡愉的感覺中。我發現自己在很像伊甸園的地方。我很久沒有說『神』了。但是，現在我可以說亮光就是神。祂就像慈愛的母親抱著嬰兒一樣，但還要更加慈愛。那裡有一條小溪流過花園，在另一邊，是我已逝的祖父。我朝著他走去，但是這時就結束了。」

康復之後，他試圖重返戰場，但他發現非常困難：

「我負責帶隊，所有的任務我也都照做，但是我就是無法開槍。以前我一心一意想當海軍陸戰隊員，可是，我意識到自己再也無法繼續這項工作了。瀕死經驗對我的人生產生了不可思議的影響。無論我多麼努力，我都無法開槍。最後我離開了海軍陸戰隊，現在我是一個實驗室技術員。我加入了國民警衛隊，因為警衛隊是幫助人，而不是殺人。我現在不太發脾氣。我總是想很多，與我之前那樣橫衝直撞、充滿男子氣概的形象有很大的不同。我變得非常敏感，看到別人受傷，我會跟著覺得痛。我跟別人討論形而上的事情。從前的我會嘲笑那種人。」

✶　✶　✶

很多人像史蒂夫一樣，在瀕死經驗後，無法適應從前的生活方式，或再也無法從中獲得滿足。有些人像史蒂夫一樣換了工作。在我研究的個案中，有三分之一的人因瀕死經驗而轉換了職業；有四分之三的人說，他們生活方式或日常活動出現了顯著的變化。工作中需要動用武力的人，例如執法單位和軍隊，他們在瀕死經驗後的變化往往非常戲劇化。喬·格拉西是一位三十六歲的警察，他在手術後失血過多。他在瀕死經驗過後的轉變和史蒂夫類似：

「我過去是一個直來直往、絕不寬待的警察，但瀕死經驗改變了一切。我出院後變成一個完全不同的人。我曾經很習慣流血的現場，但現在我無法看電視，因為每一個節目都充滿了暴力。在一次巡邏中，我因為開不了槍而讓自己和夥伴陷入危險。在那之後，我就離開警隊，轉而投入教育界。雖然我覺得在高中教書很充實，不過我經常因為涉入學生的私生活太深而受到責備。」

＊　＊　＊

米奇在一九七〇年代為黑手黨搜刮錢財，他的性格也因為瀕死經驗而完全反轉[2]。過去，他沉溺在物慾橫流、充斥暴力的奢華世界中。瀕死經驗前，他在一間黑道經營的度假旅館擔任侍從領班，主要負責為前來旅館表演的名流提供性愛和其他非法娛樂活動。他的旗下有許多他經常粗暴對待的高級妓女。有一天，他心臟病發作。在瀕死經驗中，他經歷了幸福的感覺，看到亮光，和神說話，也遇見了多年前去世的要好兄弟。

瀕死經驗帶給他類似發生在史蒂夫和喬身上的變化。現在，米奇認為合作和愛是最重要的，競爭和物質上的財富變得無關緊要。這樣態度上的轉變，並不見容於米奇的黑手黨朋友們；不過，他們還是讓他金盆洗手。當他換了工作，開始幫助走上歧路的兒童和家暴受虐者，他的女友變得很不高興。在他出院的隔天，他們到外頭吃午餐，女朋友突然哭了起來，對他說：「你已經不再是同一個人了！」米奇問她到底在說些什麼，她說：「你為什麼不關心真正有價值的東西？」也就是金錢、珠寶和快車。他們的關係很快就結束了。米奇生動地比較了他瀕死經驗前後的態度和行為：

「在瀕死經驗之前，我覺得每個人都只能靠自己。你知道，如果自己不努力，那就隨便他們好了。我對人很憤世嫉俗。在瀕死經驗之前，我無法想像自己能為別人提供任何幫助。但是在那之後，我會開導別人，會傾聽，他們說：『你真的有在聽我說話，你真的很了解我內心的感受。』**之前**，我只會說：『聽著，老兄，我沒有時間。神只會幫那些自立自強的人。所以行動吧，自己加油。外面的世界不好混，自己不救自己，誰來救你！』

之前，我會想：『我要自己來，要靠自己活下去。』每當我開始為某人感到難過的時候，我都會對自己說：『該死，我不是我兄弟的保母！』但是在瀕死經驗之後，我的整體看法都變了。當人們痛苦時，我能感覺到他們的痛苦。以前，有時候我不得不讓別人痛苦；心臟病發作後，我再也下不了手。之前，我要保護老大。我只要投入一項工作、賭一把，或任何其他事情，我就是做到底。那就是規則。

瀕死經驗讓我意識到他人的痛苦，也變得敏感。我看到痛苦的人會淚流滿面。認識我的人覺得我很奇怪。有時我會坐下來環顧四周，自問：『我到底在這裡做什麼？我可以賺十倍以上。』但我不想再回到從前那樣的生活。我現在的需求很簡單。我很滿足。我只需要一個房間就夠了。我曾經有一輛凱迪拉克，有一間豪華公寓。那時候，我需要那些東西，我需要那些東西來襯托我的身分。現在，說實話，我一天賺十美元還是一萬美元都無所謂，一點都不重要，錢的多寡沒有任何意義。我們生活在地球上，那些東西並不重要。

現在，有時候各種帳單幾乎把我淹沒，但那並沒有真的讓我心煩。錢再也驅使不了我。過去用來大賺一筆的工作，我現在做不到，我就是做不到。並不是說我覺得神會懲罰我，這只是祂和我之間的約定。」

＊　＊　＊

這樣態度上的大轉變，也常發生在那些過去工作需要高度競爭的人身上。愛蜜麗在墨西哥灣游泳時溺水，那年她四十九歲。她說，在那次事件後，她失去了競爭的好勝心和價值觀：

「過去十七年來，我是非常成功的房地產經紀人。這次經驗後，我把業務交給了其中一個兒子。我加入了路德教會，上教堂，幫老人賣房子。老實說，我每天都過得很充實，永遠不再害怕死亡，畢竟死亡就是一次美好的旅程！

我的經歷使我充滿慈悲心，我現在認真覺得，憤怒和仇恨是錯誤、是在浪費情緒。活著很快樂，我再也不像以前那樣好戰好鬥。我突然不會談生意了！賺大錢再也不是最重要的事。我現在發自內心地幫助受傷的人。我現在前所未有地珍惜與兒子在一起的時光。

我曾經為了談成一筆生意而缺席家庭聚會，但我再也不會這樣做了。物質的東西根本不值得我們搶破頭。我永遠不會忘記告訴我所愛的人我有多愛他們。畢竟，我可能再也沒有機會。」

＊　＊　＊

戈登．艾倫是一位企業家。從前，他遊走金融圈，手段狠辣。四十五歲時，他因充血性心力衰竭而性命垂危[3]。瀕死經驗之後，他切斷生意上的所有聯繫，遠離了金錢世界。他考取輔導員的執照，利用自己的經驗來幫助他人改變人生：

「一瞬間，我接收到了一個訊息。我非常非常幸運擁有的所有技能、才華和一切，都應該被用來服務更宏大的事物。我曾經只以賺錢為目標，但這不是我應該努力的方向。我應該要把我的才能用在另一個地方，會有人告訴我該用在哪裡。那一刻，我的人生改變了。

當我回到人間時，我的心臟幾乎要爆開來，彷彿著火一般。心臟好像在燃燒，愛在裡面熊熊燃燒著。我在出竅時體會到的愛還保留在那裡。我在那裡；愛在我的身體裡。它沒有消失，沒有改變。

我想要知道心中滿溢的愛該往何處去，但我已經決定不想要留下過去在金融界、生意場上，或任何行業裡所擁有的一切。有很多人對我的決定非常憤慨。我不願待在現實世界中，繼續擔任金融專家，然後他們再也無法從我身上賺更多錢。我一一打電話給這些人。『嗨，比爾（或傑克，或其他誰誰誰），我是戈登。你還記得嗎……？』『哦，戈登。』你可以感覺到他們把話筒拉遠，好像在等著我說出什麼關於資金的重大新聞。我說：『嘿，你知道嗎，我們上一次談話好像不是很開心，我要承認，我對你很糟糕，很不友善。我只是想打電話給你，請你原諒我對你所做的一切。』

電話說到一半就說不下去是什麼感覺，就是像這樣，聽筒另一邊全然沉默，然後你只聽到對方有點含糊地說，『嗯，好，這樣嗎？喔好。』然後對話就結束了。」

＊　＊　＊

有趣的是，這些有瀕死經驗的人聲稱他們不再沉迷於世俗的事物，但不代表他們就會拋棄自己的財產。事實上，他們之中有許多人說，由於他們不再覺得需要累積財富，所以反而感覺更自由，可以更充分地享受物質上的樂趣。他們並沒有放棄世俗的擁有，但他們對財富的依戀卻愈來愈少。他們不再用自己的財富來定義自己。

有一天，被卡車壓傷的湯姆．索耶開著他的凱迪拉克敞篷車來找我，他開了五個小時，一見面就咧嘴大笑。沒錯，那只是一輛二手車，但擁有如此名車似乎與他藍領工人的形象不符，而且他也說過，他現在對物質不感興趣。他自己並不覺得矛盾。他說，他喜歡這台敞篷車豪華的座椅和操控性，比他開過的任何一輛車都還要完美。他之所以會買這輛二手的凱迪拉克，是因為他要享受人生，享受車子皮椅的香氣和平穩的車程；他不是為了擁有才買。可以確定的是，如果幾年後，他付不起分期付款，車子需要轉手給他人時，他也不會猶豫。**擁有**凱迪拉克從來就不是重點。駕駛時的快感才是他想要的。

＊　＊　＊

有些人的瀕死經驗不僅改變了人生的重點，還讓他們洗心革面。丹．威廉斯在三十七歲時因為戒斷症狀導致心跳停止。他在瀕死經驗後徹底改變了：

「因為用藥和吸毒成癮，我失去了一切。因為吸毒和酗酒，我至少去了九次戒毒中心，被判刑十幾次。我已經放棄任何戒斷或保持清醒的希望。我幾乎放棄了人生。一個人要怎麼從一個無可救藥、無家可歸、破產、到處偷藥吃的癮君子，變成一個懂得和老年人相處、經常坐下來安慰臨終者的人呢？我仍然無法理解瀕死經驗是怎麼改變了我，它的效力仍然讓我和妻子驚訝。這真是天上掉下來的禮物。我曾經事事懷疑，想用邏輯和科學解決生活上的問題。我對靈性層面一無所知，非常迷惘。

二〇〇三年十月，我再次被捕，醫師和諮商師告訴我，因為我過去十五年來每天濫用藥物，現在引起的戒斷症狀可能致命。所以我已經有心理準備會死在監獄裡。入獄第七天時，我癲癇大發作，心跳停了。我被救了回來，送往醫院。

我記得，我似乎從身體裡飄了出來，然後又回去，好像我可以選擇離開，但我沒有地方可去。我感覺自己好像飄在或懸浮在一個混濁漆黑的地方。我開始感覺到好像被什麼東西吸了過去。這種感覺不屬於這個世界，我所有的痛苦都消失了。我第一個念頭是：『地球上沒有任何一種毒品能讓你有這種感覺。』我無法用言語表達這種感覺：或許是涅槃、最純粹的愛等等。我只知道我再也不一樣了。我覺得自己正在混濁中移動，被這個東西吸引，朝著它前進。

這時候，我可以感覺到有人在我的旁邊。我想可以稱它為嚮導或天使，但我沒有真正看到人。周圍只有光，但不傷眼。光非常非常亮。那個人指引著我，似乎在我旁邊或後面。我相信它。我感覺好像認識它。非常平靜，沒有恐懼，就像完美。我真的無法形容。

突然有那麼一瞬間，我看清了自己的毒癮，想要面對，甚至抵抗。它呈現我最糟糕的樣子。我很生氣，也很慚愧自己竟然墮落至此。這是我一生中第一次感到憤怒，也是第一次覺得自己可以戰勝毒癮。在瀕死經驗中，我抵抗，並且獲勝，戒毒成功。這十六年來，我再也沒有碰過毒品。瀕死經驗還帶給我很多其他體驗，但這是影響最大的事情。我不再討要別人的幫助，而是主動服務大眾。現在，我知道我是誰，我要去何方。我不再迷惘。」

* * *

當然，擁有瀕死經驗的人仍然就像是你我他，有複雜的情緒和想法，有好有壞，會開心也會難過，可能慷慨也可能自私。湯姆・索耶就是一個很好的例子。湯姆的妻子伊蓮告訴我，瀕死經驗帶來的改變有喜有憂。她的黑眼睛發亮，描述了湯姆在瀕死經驗之前的樣子：「他曾經很暴力，會朝我扔鞋子和丟東西，大喊自己是一家之主，我們必須按照他說的去做。」然後，她笑了笑，又說：「但是，在瀕死經驗之後，他變得很有同情心，既溫柔又體貼。自從瀕死經驗以來，他再也沒有對我或對孩子動過粗。」另一方面，她抱怨說湯姆現在用同樣的慈悲憐憫來對待**每個人**，有時她覺得自己被忽略，因為他去幫別人了。她搖搖頭，嘆了口氣：「他一點也不在乎我們家的沙發已經破到沒辦法坐了，我們需要一張新的沙發。我們已經存夠錢，但是他不覺得我們需要買。」

瀕死經驗並不能把人變成聖人，瀕死經驗後的人生也並非總是夢幻美好。我也發現，有時候，瀕死經驗也會導致嚴重的問題。

第十八章
艱難的現實

瀕死經驗後，大多數的轉變是正向的。但是，這種與日常生活截然不同的深刻體驗，也會導致問題。實際上，並非所有瀕死經驗的影響都是正面的。有一些人很難在自己的瀕死經驗和宗教信仰之間找到平衡。也有一些人無法重拾以往的人生和生活方式，因為人生的意義變了。有些人則是無法和其他人談論瀕死經驗的影響。有一些人生氣自己還活著，生氣為什麼又再一次活了下來。

西西莉亞是一位六十一歲的老師。有一天晚上，她劇烈嘔吐，身體肋部有強烈的撕裂感，非常痛。她發高燒，一直發抖，牙齒打顫作響，再多棉被都沒有辦法讓她暖和起來。她的丈夫開車送她去醫院，X光檢查顯示她身體右側有一個拳頭大小的腫塊。她被送進手術房，醫師發現她盲腸已壞死並破裂，整個腹腔大面積感染。她高燒不斷，經歷了瀕死經驗：

「我覺得自己被捲入一團我只能稱作是完全黑暗的地方。好像我已經被運送到外太空，低頭看著我所知道的地球。地球看起來像是有藍色光芒的球體。遠遠看來，大概是一顆小孩子的皮球那麼大。有人跟我說：『妳可以離開了，妳已經播下了種子，教育的工作會有後人承擔。』

我覺得安詳又自在。我看到我的學生到處幫助別人，而且我知道就算沒有我，我所愛的工作會持續下去。我們在這個廣闊的宇宙中，是多麼渺小的個體。當然，我的親朋好友會哀悼我的逝去，但我的死亡實際上非常微不足道，就像地球少了一粒沙，或海洋中缺了一滴水。死亡沒什麼好害怕的。它帶給我一種難以置信的愛與平靜。我也了解到，我們帶不走的身外之物是多麼微不足道。我準備好要出發了。房間裡，有兩位神靈看著我，等著我。我向他們伸出雙手，但祂們竟然開始後退，把我留了下來！我懇求祂們，『我在這裡，帶我一起走。』但祂們卻漸漸消失了。」

西西莉亞的幸福體驗結束之後，她回到飽受痛苦折磨的身體：

「我回到現實世界的旅程開始了。我的康復緩慢而乏味。我的身體正在恢復，但是我很遺憾自己沒有死。我忘不了我體驗到的那種無上的平靜。好幾個星期下來，我都非常憂鬱。一切都變得如此困難：穿衣服、繫鞋帶、咀嚼食物、吞嚥、打方向盤、爬樓梯、轉動門把、走路——所有事情，甚至連說話都困難！拖著這副軀殼，一切都好費力。我記得我當時在想，我可能還要再等個二十年，才有機會經歷我剛剛經歷過的事。我也當然知道，死亡必須自然而然發生，我才能享受那種平靜。

我好像愈陷愈深，不知道要怎麼讓自己解脫。我四處尋找答案。我為自己買了一本筆記本，想要記錄下自己解決問題的過程。第一頁，我憤怒地質問神：『為什麼我還活著？』」

＊　＊　＊

對其他人而言，不是憤怒，而比較像是悲傷或遺憾。騎車時被酒駕撞傷的琳恩訴說了從昏迷中醒來後，想返回瀕死經驗的感受：

「我不想回來。當我想到自己的經歷如何改變並且正在改變我的人生時，我不曉得該怎麼辦才好。我離開復健中心時非常沮喪，只想要死。我的父母帶我去看精神科，但我有三個月拒絕與任何人交談。我所能想到的就是：我好討厭這裡，我只想回去那個地方。我覺得自己失去了曾經努力的一切，也失去了自己的身分認同。那個地方實在太美好了，我很想回去。我很生氣，世界上的每一個人都好壞心，沒有人理解我。在精神病學中心裡，我也找不到人可以聊聊我經歷過的事。

事情發生後，我成天就是睡覺。我也遭受了很多身體上的痛苦，我感到非常困惑，因為我現在知道自己一無所知。我很生氣自己竟然有瀕死經驗，那不是發生了一件好事那麼單純而已，相較之下，人生好難，至少對我來說就是這樣。我一直覺得：『真是多謝了；為什麼你不告訴我多一點，不然就乾脆什麼都不要跟我說。』真的，我花了好久時間，才在情緒上接受人死之後並不是就這麼消失無蹤。這件事真的徘徊在我心上好久；我就是想不通。

那時候正好是波斯灣戰爭。我不明白為什麼世界上有那麼多壞事。我非常痛苦，但我什麼都不明白，也不知道為什麼要有戰爭。這非常讓人困惑：如果有一位絕對令人難以置信的造物主，你簡直不敢相信，為什麼祂要讓無辜的孩子、人和動物受到傷害？」

琳恩花了幾年時間才接受自己活著的事實。最後，她感謝能有第二次機會繼續活著：

「距離事情發生已經好幾年了，我覺得我才剛剛開始學著放鬆和學習新知。我知道這聽起來很奇怪，但活著讓我覺得興奮。人生是如此不可思議。這是一件禮物。我不怕死，但我還沒準備好。我有太多要做的事。我前一天晚上坐在外面看著月亮，能夠從這裡看到另一個天體，真是不可思議。我覺得我把太多事情當成理所當然，尤其是時間。我並不是說我沒有不順心的日子，我有些時候還是感覺很糟，但我很高興能夠活著。和瀕死經驗發生後那段時間相比，現在我的感覺很不一樣了。」

＊　＊　＊

對於一些人來說，問題不在於憤怒或沮喪，而在於瀕死經驗讓人動彈不得的混亂。露易絲．科普斯基在二十九歲生產麻醉期間有了瀕死經驗。她聽到自己的心跳愈來愈大聲，然後就突然停止了。瀕死經驗中，她去了另一個國度。醒來後，她很困惑，到底哪個世界是真的，哪一個只是一場夢：

「當我聽到自己心跳停止，我似乎就像在太空中一樣，化成一道光，身邊還有很多很多其他的光束伴隨著我。一切非常平靜，非常安詳。這是我意識到的第一件事。好舒緩，好安靜。我知道我必須回去。我不特別記得有誰跟我說我必須回去，但我還記得自己對此很失望。

然後，我記得我在產房裡，浮在身體上方，看到醫師和護理師，那時候我才回到我的身體裡。我不知道我怎麼進去的，不記得自己用了什麼特別的方法。我想我回到了麻醉狀態，好一陣子之後才醒來。

醒來時，我感到非常害怕，因為我分不清楚現實與我所謂的『夢境』。我知道那不是夢，但我又不知道該怎麼稱呼它，所以我在心中仍把它稱作是一場夢。我不知道該拿這段經歷怎麼辦。第二天，我告訴了丈夫。我仍然給嬰兒餵奶，護理師和醫師來來去去，丈夫來了，我的父母來了，他的父母來了，但是我仍然覺得這只是一場夢，現實是夢，而我所經歷的反而是現實。這是我遇到的問題。

接下來幾個星期都糟糕透頂。我終於在第二天告訴我的丈夫，而他說那只是麻醉的關係，我說才不是，我經歷的事情很重大，只是我無法用言語來形容。我一直告訴自己現在才是現實，而另一個地方是夢。我以為我那時候瘋了，所以我用盡一切力氣壓抑自己的想法；每當我開始想到這段經歷，我都硬要自己停下來，想把它從腦中除去，然後不斷告訴自己：『現在才是真的，是真的，妳經歷的不是真的。』我再也沒有談起這段經歷。這種狀態持續了好幾個月，我的經歷會浮現在腦海中，然後我要使盡全力才能把它趕走。我好害怕，怕的不是我所經歷的事，而是事後的一切。

心理上，我非常不安。我花了很長時間才克服這樣的情緒。我不知道自己是真的一度接近死亡，但是我很難將這兩種現實分開來。在醫院的時候，嬰兒、醫護人員、探病的大家來來去去，感覺就像一場夢，另一邊才是真實。這就是我遇到的問題。體驗本身非常愉快，但是要我分辨現實世界和那場體驗，問題就出現了。我覺得我要把經歷過的事情埋藏在心裡才能保持理智。

之前，我從來沒有聽過瀕死經驗，所以我不明白自己經歷了什麼。如果今天發生了這樣的事，我會樂於享受。現在，我意識到我所經歷的就像天堂，就像死後的世界，我還沒有完全相信，但至少這樣想讓人稍微安心。無論如何，我相信有死後的世界，但我想這有點像自圓其說，為自己攀住一個理由。」

＊　＊　＊

有一些人並不生氣，也不沮喪或困惑，但是當他們談論自己的瀕死經驗時，卻遭到嘲笑與誤解。伊迪絲在三十八歲時，胃潰瘍大出血，經歷了瀕死經驗。她說，和身體上的痛相比，自己的經歷非常幸福：

「我意識到我處在一個新的環境中。我突然不在醫院的床上，掙脫了所有接在身上的醫療器具。但是我可以看到整個房間，天花板的角落裡有一張細緻的蜘蛛網，窗框邊的水泥有一點掉落。對於這種不尋常的情況，我沒有擔心害怕，而是非常享受這整個過程。當我環顧四周並從高處仔細看著自己的身體時，突然有一道令人難以置信的光出現了。那不是我們每天看到的陽光，也不是一百瓦的燈泡，不是熊熊燃燒的火焰，不是一堆蠟燭，也不是午夜天空中某個天體的爆炸。這道光，『如閃耀的華服』，光彩四射，極其溫暖，帶來超凡的平靜和明亮。地球上找不到這樣的色彩。沒有文字可以形容這樣的美。這是一個充滿愛的地方，永遠極致地安詳。

在光裡面的某處，我覺得有一個東西在那裡。我環顧四周，但無法確切知道它是什麼。肯定不是我所知道的人類。它沒有固定的形體，不是動物、植物或礦物。然而，直覺上我知道我不需要害怕。我愈來愈平靜，非常安穩，好像四周都在告訴我：『在這裡很安全。』

我完全臣服了，我不知道聲音從哪裡來。然後它說我可以永遠待在那裡，但我也可以回到自己的身體，繼續我的人生。我自己決定。我不想要回到身體再次經歷所有的苦痛。我不想回到不幸、衝突和壓力中。我很喜歡那個地方，我不想放棄平靜、靜謐、安穩。我低頭看了床上的身體一眼，上面接著或插著一堆東西，我覺得更想要留在原地了。我一面看，一面在巨大的電視3D彩色螢幕上，看到自己一幕幕的人生。一切都在那裡，沒有少掉任何一個細節，即使是我好多年來都沒有想到的事。我內心激烈交戰：**去，還是留……留下來，還是回去！**我不用開口，那個聲音就知道我心裡做的決定。為了我的丈夫和兩個孩子，我知道無論如何，我都必須回到自己的身體。那撫慰無比的聲音柔和地告訴我：『妳會回去，讓家庭圓滿，凝聚家人的情感。』

然後，我被吊在一個充滿祝福的大吊索上，溫和緩慢地下降，送回到體內。我大晃了一下！我的眼睛像反射動作那般睜開來，迅速掃視了整個房間。沒有錯；我回到我的身體裡了。」

但是，在這之後，如果她提到自己的瀕死經驗，就會被旁人嘲笑。沒有人了解她，甚至還威脅她要把她送去精神科：

「我非常激動！我內心快爆炸了，好想要和別人說我經歷了什麼。我看到了多麼奇妙的奇蹟！我一定要試著描述那道有著無限力量和恩澤的光。我對自己說：『我真好運，能把自己一部分的經驗帶回來，我永遠會記得。』

有一位護理師進來幫我量血壓。我看著她，並開始告訴她我的經歷。她聽著我說。當我說完時，她一面鬆開壓脈帶，一面說：『親愛的，這真有趣，但是妳現在身體不好，所以產生了幻覺。』我以為她真的不懂我想要傳達的訊息。

不久後，第二位護理師進來了，我跟她說了我的故事。當我說完，她告訴我，他們開給我的藥常常讓人作奇怪的夢。但是我知道我所看到的。我知道發生了什麼事，這不是一個奇怪的夢！這麼生動、這麼真實的事情怎麼可能是夢？我想，最好一段時間之後，我再來告訴別人我的經歷。

當夜班護理師過來的時候，我又試了一次。當我這次說完故事時，護理師冷漠地告訴我，如果我再繼續這樣講下去，她就會叫精神科醫師來。她這句話讓我非常害怕。我想，如果醫療人員把我當成瘋子，那我最好閉口別提這整個事件。我明白我最好永遠記住那道光，永遠不放手，但要保持沉默，別再多說一句話。我再也沒有和別人說過了。」

＊＊＊

很多人在瀕死經驗之後，不知道如何以符合社會期待的方式維持人際關係。他們在瀕死經驗中感覺到人與人之間的連結，所以有時候，會以其他人認為不合適的方式伸出援手。在瀕死經驗後，喬．格拉西放棄警察的工作，改當一名教師，但常常被校長斥責。校長認為，喬幫助學生解決個人問題，是「有失專業」的行為。艾力克斯是一名二十五歲的男子，他在瀕死經驗後無法找到一種適合自己的生活方式。有一天，他帶著行李箱和黃金獵犬，開車來我家。他聽我談過瀕死經驗，所以開了兩個小時的車來到我住的地方，以為我會敞開雙臂歡迎他，幫他解決問題。幸運的是，精神科醫師培訓期間，我們有學過如何和病人保持界線，不然我的婚姻就毀了。我和艾力克斯後來到外面餐廳吃晚餐，我聽完他的問題和困擾後，把他轉介給一名在他家附近、熟悉瀕死經驗的社工，我也介紹他參加當地瀕死經驗者的社團，讓他能找到人分享經驗。

我覺得，這才是人們需要的：要有更多能認真對待瀕死經驗的照護者，也要有社會團體在一旁協助，讓有瀕死經驗的人脫離孤獨與困惑。

＊　＊　＊

一九八〇年代，瀕死經驗開始進入公眾意識。同事們知道我對瀕死經驗的興趣之後，有些人會把病人轉介給我，這些病人通常是因為瀕死經驗而生活出現困難[1]。一開始，我與他們每個人進行單獨的心理治療，只得到小幅度的進步，所以後來換成小組討論。我很快就發現，彼此之間的支持和理解，比我一個人能提供的更有幫助。這個小組很快就從團體心理治療，發展成一個公開的互助小組，每個人都可以參加，每個月見一次面，至今已經持續四十多年了。很多來參加的人也把家人帶來。肯尼是一位青少年，他因高壓電線莫名掉落的電火花而觸電，心跳停止。在瀕死經驗中，他經歷了天堂和地獄，最後他自己覺得被基督拯救，送回人間來完成使命。一開始，他的父母帶他來找我，因為他在學校與朋友相處時，大家都不知道他為什麼變了一個人。我介紹肯尼參加小組見面會，他也把他的父母一起帶來，讓他們可以理解他不是唯一一個在社交上出現問題的人。後來，肯尼退出了小組，但他的父母仍然持續參加。

接下來三十年，肯尼仍然在學習如何面對瀕死經驗帶來的影響。他總結了自己的困境：

「從那之後，我經歷了風風雨雨，好事壞事都有。多年來，我真的發現了我的同理心。我知道我真正的天賦在於我的人性，我的情感。在別人跌落谷底時，我知道怎麼去安慰開導他們。我相信電擊事件塑造了我的人生。我的人生有了目的，有餘力照顧自己以外的人，無論擔任社工，幫助他人，還是只是在一旁陪伴。」

＊　＊　＊

由於許多人在瀕死經驗之後無法重新回復正常生活，因此在一九八四年，國際瀕死研究協會贊助了一場為期五天、旨在幫助有瀕死經驗當事人的研討會[2]。我和當時是協會成員的芭芭拉・哈里斯・惠特菲爾德共同主持研討會，芭芭拉自己也是瀕死經驗者。我們有三十二位與會者，一半是照護人士（醫師、護理師、心理師、社工、神職人員），一半是有瀕死經驗的人。有一些人則兼具兩種身分。這場研討會探索了各式各樣的治療策略和方法，不把當事人視作有病的患者或無助的受害人。我們針對三個目標提出了一般性的準則。首先，關於瀕死經驗，我們要讓當事人了解最有可能有幫助的知識。其次，我們要知道，瀕死經驗的確有帶來徹底改變的可能。第三則是幫助當事人找到目標，繼續生活。研討會還提出了實現這些目標的一些方法。其中，最關鍵的就是同儕互助小組。

又過了十年，醫療機構才意識到像瀕死經驗這樣的經歷，在人們生活中的重要性。一九九四年，美國精神病學協會的《精神疾病診斷和統計手冊第四版》（DSM-IV）首次承認這種經歷會引起嚴重混亂，需要他人協助。《精神疾病診斷和統計手冊》為此創建了一個新類別：「宗教或精神問題」，它可能是精神病學需要關照的一個問題，但其本身並非是任何精神障礙[3]。「宗教或精神問題」包括「讓人喪失信仰或質疑信仰的經歷」或「讓人質疑靈性價值的經歷」。在類別附文中，作者以我研究的一名患者為例，說明在瀕死經驗後，經常會出現憤怒、沮喪和孤立感等等狀況[4]。

這些年來，我為可能會在工作中接觸到經歷瀕死經驗患者的醫護人員（主要是醫師、護理師和牧師），又制定了一些準則。這些準則可能對當事人的家人和朋友也有用。首先，聆聽當事人對瀕死經驗的描述，但不須探究細節，也不用試著解釋發生的事情。第二，幫助當事人放心，了解瀕死經驗是正常且普遍的，同時自己也要認知到瀕死經驗對個人可能產生深遠的影響。第三，鼓勵當事人探索自己在態度、信念或價值觀上的任何變化和對其生活的影響，也可以詢問當事人是否感到生氣、悲傷或困惑，瀕死經驗和之後的影響，是否讓他們困惑、難以理解或沮喪。

我和同事瑪莉耶塔・佩里凡諾娃最近研究了，有瀕死經驗的人會尋求哪些幫助和支持，來幫助自己理解這段瀕死經驗，在尋求幫助的過程中遇到了什麼樣的障礙，以及獲得的幫助和支持是否有用、為什麼有用[5]。我們發現，有三分之二的人，在瀕死經驗過後一年以上才尋求幫助。他們之所以尋求幫助的原因很多，最常見的原因是他們無法處理瀕死經驗帶來的後遺症，其次是瀕死經驗本身讓人產生混淆，第三個原因則是，他們因為瀕死經驗變得無法與他人相處。

這些人當中，有三分之一的人看了心理專業人員。有不到三分之一人的人，向靈性導師、醫療人員、國際瀕死研究協會和類似組織、網路留言板和網路團體等線上資源、宗教專業人員等尋求幫助。有四分之一的人接受了個別的心理治療或諮商。有一些人接受了催眠、冥想、藥物治療、通靈。也有一些人找了家庭諮詢、團體諮詢或自助團體。也有人藉著瑜伽或其他身體運動療法來解決問題。

從好的地方來看，這項研究顯示，想要尋求幫助的人，有四分之三都能得到幫助，並認為這是一次正向的經歷。他們普遍認為，最有幫助的是得到新的見解和觀點，來處理自己的瀕死經驗和反應。有一些人則認為，最有幫助的是找到一個安全的地方分享自己的想法和感受，幫助自己釐清這段經驗，並且獲得情感上的支持。但壞的一面是有四分之一的人從未得到過幫助。最常見的原因是他們不知道去哪裡尋求幫助，擔心會被認為是瘋了，並且害怕不被相信。

如今，有許多互助團體定期為有瀕死經驗的人和公眾舉辦活動。國際瀕死研究協會在美國各個城市有多達五十多個附屬團體，在全球其他國家也有二十多個附屬團體[6]。這些團體為那些擁有瀕死經驗的人提供資訊，並提供大眾相關教育與討論的機會。此外，對那些在居住地附近沒有支持小組的人，國際瀕死研究協會透過國際瀕死研究線上分享群組提供了線上幫助，讓有瀕死經驗的人在安全、機密和貼心的環境中分享個人經驗[7]。

＊ ＊ ＊

我發現，在瀕死經驗發生之後，受到影響的不只有當事人本身。例如，我們之前看到，伊蓮．索耶抱怨湯姆在瀕死經驗之後，常常忽略家人的物質需求和妻子的個人感受。家人和朋友經常難以理解和適應當事人在態度、信念、價值觀和行為上的轉變[8]。瀕死經驗之後，家庭關係是否能長期維持，端看當事人如何將瀕死經驗融入他們的生活，而家庭成員又是怎麼看待和適應當事人新的身分認同。美國和澳洲的研究人員發現，若有一方經歷了瀕死經驗，婚姻較難以維持，其中有百分之六十五的婚姻以離婚收場[9]。造成此類婚姻觸礁的原因，通常是因為雙方難以溝通問題、角色分配上的歧異，或價值觀和目標出現了隔閡。

對於父母，孩子的瀕死經驗以及之後的改變，也可能很難理解和接受。肯尼原本活潑外向，但後來變得不喜歡運動，討厭搖滾音樂，也不想和朋友出去玩，只關心對他來說更有意義的生活目標。對此，他的父母非常困惑。他們之所以在肯尼已經退出小組聚會後，還一直繼續參加，就是因為他們不知道該怎麼面對和處理肯尼的改變。

有一次，我工作的醫院有一位兒科醫生請我和一位母親談談。這位母親的六歲兒子因為心律不整和呼吸困難愈來愈嚴重，準備要接受開心手術，修補他先天性的心臟缺洞。手術前一天晚上，他的心跳停止了，醫師正準備要對他進行電擊時，心臟又再次跳動了起來。第二天早上，他被送進手術室後，他的母親似乎很煩躁不安，所以心臟外科醫師請我趕快和她聊聊。

當我進到鮑比的病房時，他的母親金吉兒坐在空床旁的椅子上，手裡搓揉著一張衛生紙。我敲敲門走了進去，她抬起頭來。我自我介紹並解釋說，在鮑比手術期間，她兒子的外科醫師請我來和她談談。她點了點頭，然後低頭看著自己的手。她沒有在哭，只是擤了擤鼻子。

我先起頭：「我想這一切對妳來說一定很可怕。如果是我兒子動心臟手術，我也會非常擔心。」

「一切都好難懂。」金吉兒有點結巴地說。「這些年來，我一直在想他會不會好起來，想知道為什麼會這樣，我是不是哪裡做錯了什麼。」她停了下來，把衛生紙揉成一團。「然後我們決定動手術。然後，昨晚……」她搖了搖頭，好像想要抹去記憶。

「昨晚？」

「你知道他心跳停止的事嗎？」她問，第一次看著我。我點了點頭，在我說話之前，她很快就又低頭看自己的手。

「發生了什麼事嗎？」我問。

「雖然後來他心臟又開始跳了，但是這讓我更擔心今天的手術。然後今天早上……」

「今天早上？」

她一直看著自己的手。「就在他們來推鮑比去手術室之前，我對他說……」她的聲音哽咽，她用力吞了一口口水。「我說：『我們一起禱告吧，一切都會好起來的。』鮑比看著我的眼睛，笑著說，『不用，媽媽，我們不必禱告。』」

她再次用力吞了一口口水，雙手仍然搓揉著衛生紙，然後繼續說。「他說，我們不用一起祈禱。我……我搞不清楚狀況，也有點煩，因為我很擔心他的手術，而他現在還在回嘴。所以我對他說：『誰說的？』他盯著我看：『昨天晚上耶穌告訴我的。』醫師，他嚇到我了。」

金吉兒哽咽，不再說話。我輕輕地將一隻手放在她的前臂，她抬頭看著我，眼睛像是在尋找什麼。

「這一定讓妳嚇壞了。」我點點頭說。「他還說了什麼嗎？」

「他說耶穌告訴他手術會成功，他的心臟會被修好。然後他說他把雙手合十，問耶穌他們要不要一起禱告。他說，耶穌微笑著告訴他雙手不需合十。耶穌說，他要做的，就是在內心祈禱，上帝就會聽到。」

她停了下來，注意觀察我有沒有任何表情變化。她繼續說：「我不知道該說些什麼，所以我只是握住他的手，什麼也沒說。鮑比不會這樣說話，好像有人透過他的嘴巴在說話……我很害怕。」

我再次點了點頭，想讓她安心下來。「聽鮑比這樣說，一定很嚇人，但這並不罕見。那些一度心跳停止或病危的人，或要動開心手術之類的人，也經常說他們看到耶穌或神。」

我覺得她的手臂肌肉放鬆了一點，所以繼續說。「我知道這很可怕，因為我們不太了解。但是有這些經驗的人通常會很好。他們不會為此感到難過。他們通常會很鎮定，這可能會讓鮑比在手術時更放鬆。他沒有發瘋，也沒有其他問題。就像妳一樣，他只是有點害怕。但昨天晚上的經歷，可以幫助他面對自己的病情和手術。」

金吉兒深深嘆口氣，點了點頭。「但是……我的孩子會回來嗎？」

我微笑著點了點頭。「他會回來的，還會有更堅強的心。也許他會更加相信有人在保佑他，一切都會好轉。」

她微笑著深吸了一口氣。「謝謝你，醫師。我會沒事的。」

我停下來，看看她是否相信我說的話，然後問：「妳要我之後再過來一下嗎？」

「不，不，」她迅速說道。「只要手術順利就好，我沒事的。」她停頓了一下，然後補充說：「我只需要搞清楚這是怎麼回事就好。」

「妳想和醫院的牧師談談嗎？」

「也許吧。」她猶豫著說。「還是等到我們回家，再和我們的牧師聊聊就好。」

我給了她我的名片，並告訴她，如果她想在鮑比住院期間或他們回家後和我聊聊，請立刻打電話給我。她謝謝我，然後我就離開了。我想過是不是要跟牧師說一下她的狀況，後來我決定先不要，如果金吉兒有需要的話，她自己會知道該去哪裡尋求幫助。我在鮑比的病歷中留下一條簡短的紀錄，說我已經與他的母親見過面，討論過她對手術的擔憂，如果她或其他醫護人員需要，我很樂意再次與她見面。

＊　＊　＊

有很多家人和朋友發現他們自己的態度、信念和行為，因為親密接觸了瀕死經驗而有所改變。我發現，對於研究瀕死經驗的人來說，情況也是如此。很多時候，當我離家去拜訪有瀕死經驗的人，或參加瀕死經驗相關的會議時，我的妻子珍妮也會想：丈夫回來時，還會是同一個人嗎？我必須承認，有時候我自己也會這麼想。我知道，鑽研瀕死經驗，不僅讓我成長，也改變了我對大腦和內心的看法，讓我思考身為人類的我們究竟是什麼。

第十九章

新的人生觀

高中時，有一天早上凌晨四點左右，我那時的女朋友珍妮，聽到她媽媽驚慌的聲音：「妳爸爸出事了！我叫不醒他。快來幫我！」她跟著媽媽來到他們的臥室，看到爸爸一動也不動地仰躺著，偶爾低聲喘氣。後來，連喘氣也停了。珍妮受過紅十字會初級救生員的培訓，所以馬上對爸爸進行口對口人工呼吸，媽媽則給打電話給醫師。她持續做了半個小時。醫師抵達後，宣布爸爸已經過世。

二十五年後，我和珍妮已結為夫妻。在新年期間，我的岳母愛麗絲來我們家。全家一起看著電視轉播時代廣場的跨年活動。我們一面吃著零食，一面看著紐約凍得半死的人們慶祝新年到來，那真是一段舒適的時光。孩子們上床後，我們啜飲著香檳，回顧起過去的一年，聊聊對新一年的期望。一段沉默之後，艾麗絲可能想起了從前她和我岳父也是跟孩子們一起看電視跨年，然後突然冒出一句：「我有說過，在吉米死前，我作了什麼夢嗎？」

珍妮和我互看了一眼，然後珍妮說：「沒有。」於是，愛麗絲說起了她的夢：那天晚上，她夢到自己在一個漆黑的房間裡，身旁有一個男人。有一扇門打開了，明亮的白光竄了幾來。那個人穿過門，愛麗絲想跟著去，但沒有辦法。她並不害怕，她也知道那個男人沒事，但是她想和他一起走。那個男人走了出去，消失在亮光中，把她留在黑暗裡。她從夢中醒來，對自己說：「那一定是死後的樣子：穿過一扇門走進光亮，把其他人留在身後。我明天早上要告訴吉米我作的夢。」然後她就睡著了。「但是我沒來得及。」她現在告訴我們。「在跟他說之前，他就死了。」

珍妮和我都嚇了一跳，愛麗絲從來沒有提過這場夢。這和岳父去世多麼有關係，但她現在說得好像是突然想起的旁枝末節而已。當我聽完，覺得這場夢對愛麗絲來說，一定是一個非常撫慰的經驗。二十五年來，她都藏在心中。這讓我意識到，死亡的靈性體驗常常非常私密，難以吐露，所以或許出現的頻率其實比我們知道的還要高很多。

我也發現自己直接相信了愛麗絲的故事。多年前，荷莉只提到我領帶上的義大利麵醬汙漬，就讓我驚魂未定。幾十年後，聽到我岳母似乎經歷了丈夫去世的預兆，我只覺得相當合理。

中間的這段日子，我完成醫學院和精神病學的訓練，也花了十幾年研究瀕死經驗。我看過太多的例子顯示，我們的想法和感受似乎不是大腦運作下的結果。我意識到，關於內心和大腦，我現有的某些知識其實只是假設，不是事實。我們的內心（我們的思考、感覺、希望和恐懼）並不是全然受到大腦的支配。「大腦產生內心」只是一個用來解釋科學事實的哲學理論，應該還有其他理論能對思考和感覺提出更好的解釋。在過去的幾十年中，我愈來愈能開放接受各種關於內心和大腦的理論。在不同的情況下，我會用不同的方式來思考。

在我看來，像瀕死經驗一樣的經歷，同時涉及大腦和內心。我們可以選擇研究大腦，探索與瀕死經驗相關的化學和物理變化。或者，我們也可以專注在內心，研究平靜與愛的感覺、出竅的經驗，以及與已故親人重逢。看得見和看不見的兩方面，我們可以兼顧。我們可以把瀕死經驗看做是大腦的功能，也可以看做是內心的作用，但是這兩種觀點，各自都無法完整描述瀕死經驗。

大約在二十年前，賓州大學的神經科學家安迪·紐伯格（Andy Newberg）測量了方濟會修女祈禱時大腦中的血流量，發現大腦某些部位的活動增加了。當他向其他神經科學家展示這些結果時，他們只看到了身體：「原來是大腦這些部位讓修女以為自己正在與神交談！」但是，當他把這些掃描圖給修女看時，她們的反應卻結合了肉體和靈性的訊息：「原來神是透過大腦的這些部分來和我說話！」安迪的結論是：「懷疑論者利用我的發現，推論宗教經驗只不過是大腦神經系統造成的想像；宗教人士則從我的研究中，證實了人類在生理上『與神連結』。[1]」

因此，如果有不只一種方式，可以解釋類似瀕死經驗的體驗，那麼，我們要如何決定採用哪一種模式呢？瀕死經驗是大腦變化的結果，還是內心的感知？我們必須擇其一，還是我們可以兩者兼用？

在我看來，瀕死經驗可能是由大腦中的電流或化學變化所觸發，所以當大腦死亡時，內心會經歷與身體的分離。同時以有形和無形的方式來理解瀕死經驗，並不衝突，它們只不過是不同層面的解釋和敘述。例如，我可以說我的辦公桌是桃花心木製的（一種形體上的描述），也可以說我的辦公桌是祖父留下來的骨董（一種非形體上的描述）。兩者都正確，但是各自並不能完全總結我的辦公桌。因此，對於瀕死經驗，形體上和非形體上的描述都可能正確，但也都不完整。

在我們的日常生活中，生理和心理似乎合作無間。生理上的變化牽動著心理的變化。幾年前，當我的一些朋友退休時，我很羨慕他們，但我沒有辦法想像自己退休的樣子。我很喜歡在臨床上治療精神病患，也很喜歡教學，帶精神科實習醫師。同時，瀕死經驗的研究仍然讓我著迷。儘管我是誰從來不是靠這些事來定義的，但它們卻是我人生中非常重要的一部分。如果我退休了，不再做這些事，我無法想像有什麼東西可以填補這些空白。

然而，我的髖關節出了問題，需要手術換一個新的屁股。手術後，我大部分時間臥病在床，被迫休息了幾個星期，然後又經過了幾個星期的復健才重新開始工作。令我驚訝的是，那些被迫休息的日子帶給我意想不到的新體驗，和工作一樣，既充實又讓人興奮。我有了更多與妻子相處的時間。我也發現有更多不同的方式，可以將自己對瀕死經驗的了解與更多人分享。結果，髖關節置換手術這樣的生理事件，讓我的心理出現重大轉折，我也有了退休的準備。

就像生理上的變化會牽動心理，反之亦然。我們思考和情感的變化，也會造成生理上的變動。我們想到和感覺到的一切，都會讓大腦產生變化。璀璨日落下的讚嘆，松露巧克力帶來的滿足，助人之後的快樂，這些感覺都會帶來大腦中的電流和化學變化。大腦核磁共振掃描顯示，持續練習冥想可以改變大腦[2]：這種凝聚心思的練習，會縮小大腦對壓力反應的區域。核磁共振和腦波圖顯示，對瀕死經驗進行冥想，負責產生正向情緒和心理畫面的大腦區域，會有電流活動和血流增加的情形，進而改變大腦[3]。接受心理治療的患者，他們大腦的核磁共振、正子電腦斷層掃描和單光子電腦斷層掃描都顯示，透過心理治療（另一種心理上的轉換）來改變想法，會讓與焦慮或憂鬱相關的大腦區域，血流量和代謝減緩，也就改變了大腦本身[4]。

儘管我們的身和心在日常生活中似乎是一體的，但有瀕死經驗的人一直表示，他們在大腦受損時仍清醒並有意識，所以他們相信自己的內心獨立於大腦之外，不僅僅是大腦的產物。這也讓他們相信，在身體死亡之後，他們的內心或意識會繼續存在。沒有瀕死經驗的我們要如何面對這些陳述呢？大多數有瀕死經驗的人都說，他們無法用言語充分表達，必須依賴比喻，那我們真的能確定，我們詮釋他們經歷的方法是正確的嗎？

我希望你們許多人和我一樣。在生活中，我們用看到和聽到的東西做為證據，然後以邏輯推論。我們還沒有收到神的啟示，告訴我們什麼是真實的，什麼是假的。我研究的大多數有瀕死經驗的人都確定自己已了解真相，這是因為他們親身經歷過。那麼，沒有瀕死經驗的我們該何去何從呢？他們聲稱在瀕死經驗中得到了真理，我們該如何評估這種說法呢？

＊＊＊

我漸漸學會接受人類知識的有限，我們沒有辦法回答所有的問題。不確定和模棱兩可不再讓我恐慌；研究瀕死經驗，我學會自在地面對沒有全部答案的這個事實。幾年前，有一天下午，我在睡午覺，我沒有睡著，但很放鬆。好像在做夢一樣，我覺得自己的身體愈來愈大。一開始，還沒有特別的感覺，但是隨著我不斷變大，我好像變得比地球還大。當我繼續在宇宙中擴展並觸摸到遙遠的星球時，我突然意識到，組成我身體的原子並沒有跟著變大；我之所以變大，是因為各個原子之間的距離不斷增加。令我震驚的是，我意識到這是我第二次有這種經歷：幾十年前，在我要在美國精神病學協會演講的前一天晚上，我也做了這麼一場可怕的夢。就像那場夢一樣，我知道這只是我的想像、我的感覺。不一樣的是，那場夢很可怕，但**這次**的經歷卻幸福無比。之前，我在迅速分離的原子之間來回穿梭，驚恐萬分；這次，我享受了向宇宙擴展的自由。我並不刻意要把身體的各個原子保持在一起，而是徜徉在宇宙的廣闊中。

事情發生之後，我不像幾十年前那樣，渾身顫抖、全身汗濕；這次我煥然一新，充滿活力。當然，我現在年紀大了，這次我也沒有要在公開場合演講的壓力。但即使如此，這次的經歷仍然和之前的夢感覺**非常**不同，雖然是一樣的內容，一樣的情節。我認為，是因為我不一樣了，所以兩次經歷才會不同。在過去的幾年中，傾聽瀕死經驗累積下來的影響，讓我學會接受未知，擁抱無法解釋的現象。

＊　＊　＊

四十年來，我看到瀕死經驗如何對當事人和與之接觸的人造成深刻的影響。身為研究者的我，也有所改變。但其他人呢？沒有長期接觸瀕死經驗的人，也可能受到瀕死經驗的影響嗎？

實際上，事實證明，當事人在態度、價值觀和行為上的某些變化，也會出現在二手接觸到瀕死經驗的人身上。心理學家肯尼斯・林恩稱這些影響為「良性的病毒」，會傳染，由「帶原者」——也就是有瀕死經驗的人——散播[5]。醫學研究中，有愈來愈多的臨床報告指出，了解瀕死經驗，可以為本身沒有這些經驗的人帶來撫慰、希望和啟發。

有五項針對大學生的研究證實了這種二手效應。在俄亥俄州的邁阿密大學，有一名研究人員發現，在選讀社會學的學生中，有超過百分之八十的人因為讀了瀕死經驗，在該學期期末與下學年度對他人較有同情心，自尊心也提高[6]。在蒙大拿州立大學的另一項研究則發現，修習完瀕死經驗課程的護理學校學生，不再那麼害怕死亡，較相信靈性層面，也覺得人生更有目的[7]。康乃狄克大學的兩項研究發現，在心理學課堂上學習到瀕死經驗的學生變得更珍惜人生，較能接受自我，對他人也更有同情心。這些學生表示，自己的靈性層面提升了，對物質擁有不再那麼在乎，對死亡的恐懼也減少了[8]。

紐西蘭梅西大學的另一項研究，將學生隨機分成兩組，一組觀看有關瀕死經驗的線上教材，另一組學生則沒有。比較這兩組會發現，接觸到瀕死經驗的學生比較熱愛人生，更有靈性，對死亡有比較正面的態度。同時，他們對於物質擁有和成就也不那麼焦慮[9]。

在肯塔基州的一所高中，學校的健康教育課程涵蓋了瀕死經驗，其中包括一位老師分享自己因為動脈瘤經歷的瀕死經驗。這位老師描述了出竅的體驗、平靜的感覺，以及在經驗後人生有了新的活力，不再害怕死亡。教學成效的初步評估顯示，學生的情緒和行為都發生了正面的變化[10]。因此，到目前為止進行的這六項研究顯示，對高中、大學或護校學生進行瀕死經驗的教育，對他們都有正面的影響。

* * *

這數十年來，我向多位醫師、護理師、院內神職人員和其他醫護人員傳授瀕死經驗的知識。我很高興看到醫療保健機構也愈來愈意識到瀕死經驗的存在。現在，許多醫學院和護理學校的課程中，也包含了有關瀕死經驗的資訊[11]。這些資訊近年來發揮了作用：現在，醫療院所愈來愈關注患者的瀕死經驗，察覺其發生的頻率和影響，也出現愈來愈多照護病患的新方法[12]。

研究顯示，在治療企圖自殺，但對於慣行治療方法反應不佳的病患時，引入瀕死經驗的相關資訊，可以大幅降低甚至消除患者的自殺念頭[13]。其他研究也指出，瀕死經驗的相關資訊可以舒緩悲傷的人的痛苦，進而減少焦慮、憤怒和苛責，並幫助他們重新生活[14]。因此，瀕死經驗似乎能在整個社會中引發漣漪效應，幫助人們解決對於死亡的擔憂，提升他們享受人生和同理彼此的能力。

愈來愈多證據顯示，讓愈來愈多人知道瀕死經驗，並了解瀕死經驗的涵義，不僅可以讓未來的大家變得更好，其實改變已經正在進行當中。喬・格拉西在三十六歲時，手術後大出血。他為我總結了一番：

「我認為我們的社會有時候很負面：『不可以這樣做。不可以那樣做。』這是一個非黑即白的封閉系統。但是，如果人們只是愛彼此，只是付出關心，就不必擔心所有的『不可以』。根本不會有需要說出『不可以』的狀況。我知道這聽起來太過理想且不切實際。但是我相信愛像恨一樣會傳染。

要做到這一點，人們必須從某個地方開始。從人與人之間開始，我告訴你我的經歷，然後你寫了下來，有人讀了你寫的內容。一傳十，十傳百，瞬間大家都知道了。而且我不是唯一擁有這種經驗的人。世界各地有成千上萬人都有類似的經驗。如果有一千則瀕死經驗，一下子大家就都會認識這個現象！這是有可能的。實際上，改變已經發生。」

第二十章
死前的人生

大眾之所以對瀕死經驗有興趣，是因為他們希望知道死後會是什麼光景。的確，大多數有瀕死經驗的人都相信，我們的某些方面在死後的確會繼續存在。但是，他們也認為，從瀕死經驗中汲取的教訓，對**死前**的人生同樣重要。瀕死經驗常常讓他們對人生產生了新的看法，找到了人生的目的和意義。我之所以用「之後」做為書名*，就是想要同時隱射這兩點：既是人們**死後**發生的事情，也是**在瀕死經驗之後**接下來的一生。在我看來，瀕死經驗最終與死亡無關，而是與改變、革新有關，它為我們現在的人生注入目標。

我希望這本書可以讓瀕死經驗的相關討論，延伸到內心與大腦之外，也超越所謂的死

*編按：原英文書名為 After，直譯即為「之後」。

後世界。我希望能夠為「現在的人生」這個更為重要的議題開啟對話。我們死後很可能會發現自己身在他方，但是我們**現在在這裡**。我接觸有瀕死經驗的人長達半個世紀。關於瀕死經驗，我學到了很多；對於當下的我們，瀕死經驗有幾個啟發。

＊　＊　＊

我學到的第一課是**瀕死經驗很普遍，會發生在任何人身上**。大多數研究人員估計，接近死亡的人中，有百分之十到百分之二十的人會聲稱經歷瀕死經驗，約佔總人口的百分之五。過去四十年來的許多研究，都無法找到任何可能預測誰將經歷瀕死經驗的因子。無論男女，無論老少，無論宗教，無論種族，誰都有可能有瀕死經驗。這絕不是罕見的事件，也不是只有某些類型的人才會經歷的事情。對我們這些沒有瀕死經驗的人來說，這代表著什麼呢？既然任何人都可能有瀕死經驗，這表示你遲早會遇到有瀕死經驗的人（如果你還沒遇到的話）。如果每二十個美國人中，有一個人有瀕死經驗，那麼你的親朋好友、工作同事、學校同學中，可能至少就有一個人有過瀕死經驗。

＊＊＊

第二，**瀕死經驗是特殊情況下的正常經驗**。瀕死經驗的記憶看起來像是對真實事件的記憶，而不是幻想或想像事件的記憶。我們的大腦處理瀕死經驗的方式，看起來就像處理真實發生的事件一樣，而不是夢或幻覺。經過多項研究後，我們仍無法證實瀕死經驗和精神疾病有任何關係。實際上，有幾項研究顯示，對在鬼門關走過一遭的人來說，瀕死經驗減少了之後精神疾病發作的機率。這對我們其他人代表什麼呢？瀕死經驗是正常的經歷，而不是精神疾病的病徵。有瀕死經驗的人不需要被轉介給輔導員或心理健康專家，他們真正需要的是我們給予的安心，讓他們知道自己是「正常的」，肯定他們的經歷，讓他們有機會分享並了解自己的經驗。

＊＊＊

第三，**瀕死經驗通常會帶來許多深刻且長期的後續影響**。無論這些影響是正面的（例如更加享受人生），還是負面的（例如難以回歸職場或重拾以往的生活方式），只要當事人和周遭的人能直接面對、甚至討論這些影響，都會有幫助。儘管大多數有瀕死經驗的人可以自己應對這些變化，但家人、朋友以及醫護人員也應該意識到這些改變，注意任何求救的訊號。如果你近距離接觸了一名有過瀕死經驗的人，那麼你可能也需要注意自己人際關係的變化，並盡可能幫助當事人決定想要的改變，讓他們更能適應自己的日常生活。

＊　＊　＊

第四，**瀕死經驗降低了人們對死亡的恐懼**。大多數人以為死亡是一段可怕的經歷。但是，有瀕死經驗的人幾乎都說，瀕死經驗大大降低了他們對死亡和臨終的恐懼，很多人甚至至說，他們已經完全不害怕。無論經歷了幸福的瀕死經驗（比較常見）還是恐怖的瀕死經驗（比較罕見），大部分有瀕死經驗的人對死亡的態度都有所改變。知道瀕死經驗減輕了當事人對死亡的恐懼，可能會讓你對自己的死亡也產生不同的看法。知道死亡過程通常是平靜的（甚至有可能是幸福的），可能也會讓你不再害怕臨終的到來。這也可能讓你不再那麼擔心親人死去時會不會很痛苦。可是，這並不是說你會因此沒血沒淚。親人的死亡仍然代表喪失一段感情，一段共同的回憶，所以即使你不需掛懷他們可能遭受的苦痛，你自己仍然可能因為失去而悲傷。有瀕死經驗的人在其他人死亡時仍會難過。

不再害怕死亡之後，有趣的是，有瀕死經驗的人也因此不再害怕人生。許多人說，由於他們不再懼怕死亡，也就變得不那麼在意人生得失。他們不再覺得需要完全掌握生活中的一切，而是學會冒險。在這一點上，我們其他人也可以更開放自我，享受人生種種，不再害怕犯錯。

＊　＊　＊

這讓我們看到第五點：**瀕死經驗讓人更充實地活在當下**，而不是沉迷在過去或對未來的夢想。我認為現在這種活在當下的趨勢，至少一部分是來自曾經在鬼門關走一遭、一度以為自己已經走到人生終點的那些人。有瀕死經驗的人因為記得瀕死的經驗，所以每一天都充實地活著。他們那時以為自己的瀕死經驗是人生最後的時刻，他們再也沒有機會說再見或解決未完之事。

如果我們所有人都把此時此刻當成是人生的最後一刻，我們會如何面對身旁的伴侶、孩子、朋友、街上碰到的陌生人，甚至我們自己呢？有瀕死經驗的人如此投入活在當下，這或許能激勵我們更加享受生活，把握今朝。如果我們能活得更充實、更自在，那我們就可以仔細品嚐每一次經歷的快樂和痛苦。

約翰・雷恩・路易斯和他的妻子安・法拉第在泰國搭公車旅遊時遭到竊賊下毒[1]。安驚慌地發現約翰的嘴唇周圍發青，也感覺不到他的脈搏。她好不容易帶先生去到附近的醫院，但醫師並不樂觀。醫師只就可能中什麼毒（那個地方的竊賊常用的伎倆），開立了解毒劑、氧氣和點滴。七個小時後，約翰醒了過來，聲稱自己經歷了一次非常重大的瀕死經驗，得到了「永恆的意識」。他告訴我，事情發生之後，他非常珍惜人生：

「和從前相比，我更能從美好的事物中，發現樂趣，像是日落、鳥叫聲、偉大的藝術品、讓人開心的朋友、美味的食物等等。但同時，以前會讓我不愉快的事物，我現在也能從中發現樂趣。例如，泰國醫院的病房、下雨天或重感冒。上一次我感冒的時候，我發現我真的享受感冒的感覺；不只是享受一整天在床上打滾而已，我也從鼻子和喉嚨的異常感覺中，找到有趣之處。這讓我非常驚訝。

在那時候，我也發現耳鳴（好多年來，我的耳朵都有令人痛苦的嘶嘶聲）不再是煩人的小毛病（以前我最多就是當作沒聽見），我開始覺得耳朵聽到的聲音令人開心，像是老朋友的到來一樣，要我注意到它。實際上，我也開始享受疲倦和許多六十歲的老人身上會有的痠痛。」

把每一天都當作最後一天來活，讓我們知道機會可能不再，生活不能只有義務而沒有喜悅。詩人派翠沙・克拉夫德（Patricia Clafford）說：「工作可以被擱在一旁，當你陪孩子看彩虹時，工作會等你，但是彩虹不會等人。」活在當下不代表永遠不計畫未來或不緬懷過去，而是在計畫或回憶時完全置身於當下，讓自己完全感受當下的體驗。

* * *

第六，**瀕死經驗讓我們重新思考內心和大腦的關係**。在一般日常生活中，我們的大腦和心智似乎是同一個東西。不過，絕大部分有瀕死經驗的人都說，他們的想法和感覺在瀕死經驗期間比以往更加清晰，而那時，他們的大腦處在嚴重受損的狀態。此外，他們有時聲稱，自己可以從身體**外面**，看到身體周圍的事物，並精準描述自己的感覺。這些現象顯示我們需要一個不同的方式，來思考內心和大腦之間的互動模式。瀕死經驗顯示，大腦可能像手機一樣，從內心那裡接收到思緒和感覺，並將這些東西轉換成身體可以理解和使用的電流和化學信號。瀕死經驗讓我們看到，在某些極端情形下，就算沒有大腦過濾，內心仍然可以很好地運作。

在瀕死經驗中，有些人可以出竅並觀察周遭環境。我不知道這個現象是不是就證明了內心能夠獨立運作，不須透過大腦，但是我沒有其他解釋的方法。我也不知道要解釋有瀕死經驗的人，在大腦受損時還能夠看到或感覺到東西，是不是就是說大腦只是像眼睛過濾光波那樣，過濾了思考和感覺。當然，這樣子想下去，不可避免的問題就是：那心在哪裡？心是什麼？心要如何和腦溝通？但是我沒有其他解釋。以後，我們可能能夠舉出另一種說法，但是在那之前，似乎最合理的論述，就是大腦和內心各自為政，而大腦的功能是過濾我們的思緒和感覺。

因為瀕死經驗而產生的這些問題，讓我們可以好好想一下：人類究竟只是一具生物機制，還是更複雜得多。不管你相不相信人類心智可以獨立運作，瀕死經驗都應該讓你開始懷疑我們目前理解大腦和內心的方式。我們的思緒和感覺，可能不只是腦細胞內電流和化學的變化而已。

＊＊＊

第七，**瀕死經驗讓我們重新思考死後意識延續的可能**。如果在極端情形下，內心確實可以不須大腦，獨立運作，那麼大腦死亡後，內心就可能繼續存在。死後究竟是怎麼一回事，當今的科學方法可能無法解答，或者是說，我們的科學想像沒有辦法解釋。但是，科學的答案（如果有的話）可能會是透過間接證據來證明，例如亞原子粒子的蹤跡會留在氣泡室裡。我不知道是不是因為死亡後某種持續的意識，讓人在瀕死經驗中，有辦法見到還沒有人知道已經過世的親人。但是我沒有其他解釋。未來，我們可能會有另一種說法，但是在那之前，死亡後意識的持續似乎是最合理的論述。

＊＊＊

我們能感覺到超出物理感官的所見所聞，能記得大腦組織沒有接收、處理過的東西，相關證據不只來自瀕死經驗，很多其他研究也都能證明。因此，我覺得我們就是去學著接受這樣的現象，然後過我們的人生——接受我們不僅僅是有形的存在，而是在身體停止後，我們某些部分可能會繼續存在，我們會發現自己與某種更偉大的事物緊密相連。知道這點對我們的生活方式和人生哲學非常重要。

幾年前，我受邀前往達賴喇嘛位於印度達蘭薩拉（Dharamsala）的居所，參加一場佛教學者與西方科學家之間關於精神和物質的對談[2]。我發表了一篇科學研究文章，談論意識是否由大腦產生，舉了許多瀕死經驗當作例子。和我通常在美國碰到的聽眾不同，佛教僧侶對我描述的經歷相當熟悉，他們只是很訝異有科學家正在研究這個主題。

然而，對我來說最重要的是，達賴喇嘛本人如何評論西方科學與佛教之間的不同。他認為，兩邊都是基於觀察和邏輯推論，在追尋真理的過程中，將經驗置於信仰之前。但是，他補充說，西方科學家想要了解世界如何運轉，是因為想要改變和**控制**自然，也就是說，大多數科學家的目標是想掌控我們的環境。另一方面，佛教徒想要了解世界如何運轉，如此才能**更和諧地**與世界共處。換句話說，佛教想藉由與自然共存（而不是掌握自然），來減輕我們的苦痛。這樣的不同點深深影響了我，讓我質疑身為科學家所做的一切、為了什麼而做、研究之後的目的。這改變了我進行研究的理由，從原本的「我們可以從世界運轉的方式中學到什麼」，變成「世界運轉的方式如何幫助我們減輕世上的苦痛？」

控制自然和減少苦痛不一定相互排斥。在醫學中，科學研究鑽研各式疾病，為的就是想要改變疾病的進程**並且**減輕患者的痛苦。但是佛教的觀點顯示，即使是了解我們無法改變的現象，也可能有助於減輕世界上的苦難。瀕死經驗是我們無法控制的，或許未來也是如此。但是，我們可以理解瀕死經驗和它所帶來的影響。我們已有的證據顯示，如果在科學上和醫學上好好了解瀕死經驗，世界可以少一些苦痛。

* * *

這對於我們這些沒有瀕死經驗的人代表什麼呢？我之所以用「之後」來當書名，有第三個理由。這本書的書名指的不僅是死後可能發生的情況，也不僅是瀕死經驗之後的人生，還有閱讀本書後可能發生的改變。我希望當你放下這本書時，你會繼續思考我所說的，並帶入自己關於生命和死亡的各種想法和感受。

無論我們認為瀕死經驗的起因是什麼，證據都顯示，關於人的內心，我們還有很多需要學習的事情。同時，瀕死經驗讓當事人重新評估人生，改變他們過日子的方式和與他人的關係。瀕死經驗告訴我們，死亡充滿平靜與光明，而不是恐懼和痛苦。瀕死經驗告訴我們，人生充滿意義和人情，而不是財富和權力。瀕死經驗告訴我們，同時珍惜生命中有形和無形的東西，會帶給我們更多智慧。證據顯示，瀕死經驗不僅改變了當事人，也改變了周遭的親朋好友，甚至是研究瀕死經驗的人。我相信，瀕死經驗還可以改變那些聽聞它、閱讀它的人；最終，甚至可以幫助我們改變看待和對待彼此的方式。我希望藉由了解瀕死經驗，你也能夠重新評估你的人生，重拾生活中的樂趣，活得有意義、喜悅而滿足。

謝辭

我非常清楚知道，這些年來，如果沒有很多人的指導和合作，我不可能寫成這本書，也不可能享受我的工作。我的許多成就，很大一部分歸功於他們的指導和鼓勵。

首先，我要向每一位願意參與我的研究的瀕死經驗者表示由衷的感謝，其中有一些人已經持續為我填寫四十多年的問卷了。他們裡面，也有很多人提供了頗有見地的評論，為我的研究指引了方向。沒有他們慷慨貢獻自己的時間、知識和智慧，我不可能有辦法進行任何研究。我很榮幸能夠分享我從他們那裡學到的東西。

我從父母身上得到了太多。我的父親比爾．葛瑞森，從我小時候，就向我灌輸對科學的熱情，教我相信證據而非信仰。我的母親黛比．葛瑞森早早就告訴我，除非發自內心，否則我們的所作所為毫無意義。他們是我最好的榜樣，讓我知道無論選擇什麼樣的人生，成功與否取決於自己是否曾經幫助過其他人。

我也非常感謝已故的伊恩・史蒂文森，他讓我知道如何用科學的方法來研究無法解釋的現象。我也要謝謝雷蒙・穆迪，介紹我（和世界上許多人）認識了瀕死經驗。我還要感謝與我共同創立國際瀕死研究協會的開路先鋒，讓瀕死經驗進入了殿堂：肯尼斯・林恩帶領著我們嚴謹地研究瀕死經驗，還有麥可・撒邦和約翰・澳達特。

此外，我還要感謝與我合作的同事們，他們對我的研究貢獻良多，特別是已故的伊恩・史蒂文森、肯尼斯・林恩、艾蜜莉・威廉斯・凱利、瑟比・卡納、楊・霍爾頓、艾德・凱利、南西・艾文・布希、大門正幸、山姆・帕尼亞、彼得・芬威克、芭芭拉・哈里斯・惠特菲爾德、蘿倫・摩爾、瑪莉耶塔・佩里凡諾娃、蘭斯・藍吉、吉姆・霍蘭、米奇・利斯特、吉娜・阿薩披利、阿德里亞娜・斯萊特耶斯、亞歷山大・莫雷拉・阿爾梅達、恩里科・法科、克里斯蒂安・阿格里洛、卡爾・詹森、葉夫根尼・克魯皮茨基、傑夫・朗、皮姆・汎・洛梅爾、羅斯・鄧希斯、已故的約翰・巴克曼、黛比・詹姆斯、雪瑞爾・法拉卡索、哈里斯・弗里德曼、已故的查克・弗林、大衛・哈福德、吉姆・塔克、保羅・蒙西、艾倫・馬蒂、內森・芳田、蘿莉・德爾、唐娜・布羅謝克、吉姆・康索、凱倫・帕卡德、麗莎・哈克、查爾斯・帕克斯頓、克勞蒂亞・索伯特、夏洛特・馬歇爾、伊蓮娜·卡索、凡妮莎·夏蘭費、史蒂芬·勞瑞斯和恩佐·塔格里亞祖基。我非常有幸能和親身經歷過瀕死經驗的研究人員合作，他們幫助我聚焦在經驗本身，而不會太過鑽牛角尖在邏輯的科學方法上。我也很幸運能和沒有瀕死經驗的研究人員合作，讓我不至於過度沉溺於瀕死經驗中，而忘記科學的邏輯。

我要深深感謝維吉尼亞大學感知研究中心（www.uvadops.org）的同事們，這些同事批評和改進了我的研究，包括艾德·凱利、艾蜜莉·威廉斯·凱利、吉姆·塔克、蘿莉·德爾、瑪莉耶塔·佩里凡諾娃、卡洛斯·阿爾法拉多、南西·辛格隆、金·潘柏斯、羅斯·鄧希斯和克莉絲汀娜·佛列茲。還有蘇·洛達克、派特·艾斯特、黛安·凱瑟為我的研究提供了極大的幫助。感知研究中心雖然沒有得到大學的財政資助，但是五十年來，一直進行著嚴謹的科學研究（完全由私人捐贈資助），給了我一個探索未知世界的安全環境。現在，中心仍繼續為其他的學者敞開大門。

我也對已故的切斯特·卡爾森和已故的普西拉·伍爾凡深表感激，他們的遺贈讓我能在維吉尼亞大學擔任名譽教授。多年來，有許多非營利研究基金會資助了我的研究，特別是BIAL基金會（Fundação BIAL）、Institut für Grenzgebiete der Psychologie und Psychohygiene，日美健康科學基金會、Azuma Nagamasa 基金會、James S. McDonnell 基金會、Bernstein Brothers 基金會和 Fetzer 研究所（前身是 John E. Fetzer 基金會）。我的這項研究，也得到理查・亞當、雪瑞爾・博奇和大衛・萊特的支持，還有維吉尼亞大學、密西根大學與康乃狄克大學所有同事的支持。

我也要感謝這數十年來檢視和發現我的研究漏洞的同事們。他們的批評指教讓我改善了研究，更加了解瀕死經驗。

要寫成一本書，需要很多人的付出。我在這本書上得到了很多幫助。對許多有瀕死經驗的人，我深表感激，他們的經驗為本書提供了最先的陳述。我的妻子珍妮是我的第一個讀者。她比我更了解我，確定我詳實描述了自己聽聞瀕死經驗的反應，我的文字表達的情緒和語調真切。然後，我才華橫溢的夥伴傑森・布奇赫茲讀了我寫的每句話，他讓我看到怎麼把一個故事變得生動有趣，把我想寫的事情，轉變成別人想讀的書。最終，我的姊姊南西・貝克曼辛苦發現並糾正了我所有的錯誤和意義不清的細節，她一生都是我最有智慧的大姊。

我非常感謝 Idea Architects 的團隊，幫我實現了這本書的構想，尤其是道格・亞伯罕和拉拉・洛夫・哈汀，他們對我的研究展現的熱忱與興趣，給了我完成這本書的動力。我還要感謝聖馬丁出版社的編輯喬治・威特，他提供了許多關於撰寫的實用建議。我也要感謝史蒂夫・巴爾曼（又名 Swami Beyondananda）在四十年前，鼓勵我寫書。我也很感激蕾貝卡・瓦拉，她是一位洞察人心的精神科醫師，幫助內向的我了解自己不願意在書寫中過度揭露私密。

最後，珍妮・葛瑞森——我的指南針、我的錨、我的人生伴侶以及我五十多年來的摯友——我要表達我永恆的感謝。我們在一起的時間裡，我的研究起起伏伏，她一直是我的基石。沒有她的愛與支持，我不可能成為一位父親、一位好友、一位精神科醫師或一位作家。

註釋

前言　進入未知的領域

1. Raymond A. Moody, *Life After Life* (Covington, GA: Mockingbird Books, 1975).
2. Jeno Platthy, *Near-Death Expe- riences in Antiquity* (Santa Claus, IN: Federation of International Poetry Foundations of UNESCO, 1992).
3. Farnaz Masumian, "World Religions and Near- Death Experiences," in *The Handbook of Near-Death Experiences*, ed. by Janice Miner Holden, Bruce Greyson, and Debbie James (Santa Barbara, CA: Praeger/ABC-CLIO, 2009), 159–83.
4. Allan Kellehear, "Census of Non-Western Near-Death Experiences to 2005: Observations and Critical Reflections," in *The Handbook of Near-Death Experiences*, 135–58.
5. Terry Basford, *The Near-Death Experience: An Annotated Bibliography* (New York: Garland, 1990).
6. Geena Athap- pilly, Bruce Greyson, and Ian Stevenson, "Do Prevailing Societal Models Influence Reports of Near-Death Experiences? A Comparison of Accounts Reported before and after 1975," *Journal of Nervous and Mental Disease* 194(3) (2006), 218–22.

第一章　用科學解釋那無法解釋的

1. Henry's near-death ex- perience and my psychological interpretation of it are described in John Buckman and Bruce Greyson, "Attempted Suicide and Bereavement," in *Suicide and Bereavement*, ed. by Bruce L. Danto and Austin H. Kutscher (New York: Foundation of Thanatology, 1977), 90–104.
2. Sigmund Freud, "The Unconscious," in *Standard Edition of the Complete Psychological Works of Sigmund Freud, Vol. 14*, ed. by James Strachey (London: Hogarth Press, 1915), 159–204.
3. David Landy and Harold Sigall, "Beauty Is Talent: Task Evaluation as a Function of the Performer's Physical Attractiveness," *Journal of Personality and Social Psychology* 29(3) (1974), 299–304.
4. Bruce Greyson, "Telepathy in Mental Illness: Deluge or Delusion?" *Journal of Nervous and Mental Disease* 165(3) (1977), 184–200.
5. Raymond A. Moody, *Life After Life* (Covington, GA: Mockingbird Books, 1975).

第二章　跳脫時間

1. Albert von St. Gallen Heim, "Notizen über den Tod durch Absturz [Notes on Fatal Falls]," *Jahrbuch des Sch- weizer Alpen-Club [Yearbook of the Swiss Alpine Club]* 27 (1892), 327–37.
2. This quote is from the English translation of Heim's near-death experience, published in Russell Noyes and Roy Kletti, "The Experience of Dying from Falls," *Omega* 3 (1972), 45–52.
3. Joseph Timothy Green, "Did NDEs Play a Seminal Role in the Formulation of Einstein's Theory of Relativity?" *Journal of Near-Death Studies* 20(1) (2001), 64–66.

4. This quote is from page 47 of Noyes and Kletti, "The Experience of Dying from Falls."
5. Ronald W. Clark, *Einstein: The Life and Times* (New York: Avon, 1971), 54.
6. Albrecht Fölsing, translated by Ewald Osers, *Albert Einstein* (New York: Penguin, 1997), 66.
7. His theory of relativity was proposed in Albert Einstein, "Zur Elektrodynamik bewegter Körper," *Annalen der Physik* 322(10) (1905), 891–921. (Translated into English by George Barker Jeffery and Wilfred Perrett and published as "On the Electrodynamics of Moving Bodies" in *The Principle of Relativity*. Lon- don: Methuen, 1923.)
8. Joe's NDE was described in Darlene Taylor, "Profile of an Experiencer: Joe Geraci," *Vital Signs* 1(3) (1981), 3 and 12.
9. Ian Stevenson and Bruce Greyson, "Near-Death Experiences: Relevance to the Question of Survival after Death," *JAMA* 242(3) (1979), 265–67; Bruce Greyson, "A Typology of Near-Death Experiences," *American Journal of Psychiatry* 142(8) (1985), 967–69; Bruce Greyson, "Varieties of Near-Death Experience," *Psychiatry* 56(4) (1993), 390–99.
10. Jayne described her near-death experience in Jayne Smith, ". . . Caught Up into Paradise," *Vital Signs* 3(1) (1983), 7 and 10; and in Jayne Smith, "Unconditional Love: The Power and the Glory," *Vital Signs* 19(1) (2000), 4.

第三章　回顧人生

1. Ian Stevenson and Emily Williams Cook, "Involuntary Memories during Severe Physical Illness or Injury," *Journal of Nervous and Mental Disease* 183(7) (1995), 452–58; Russell Noyes and Roy Kletti, "Panoramic Memory: A Response to the Threat of Death," *Omega* 8(3) (1977) 181–94.
2. This description of his NDE appears on pages 77–78 of Francis Beaufort, *Notice of Rear-Admiral Sir Francis Beaufort, K.C.B.* (London: J. D. Potter, 1858).
3. Tom described his NDE in Sidney Saylor Farr, *What Tom Sawyer Learned from Dying* (Norfolk, VA: Hampton Roads Publishing, 1993).
4. Barbara described her NDE in Barbara Harris and Lionel C. Bascom, *Full Circle* (New York: Pocket Books, 1990); and in Barbara Harris Whitfield, *Final Passage* (Deerfield Beach, FL: Health Communications, 1998).
5. David Haber, "Life Review: Implementation, Theory, Research, and Therapy," *International Journal of Aging and Human Development* 63(2) (2006), 153–71; Robert N. Butler, "The Life Review: An Interpretation of Reminiscence in the Aged," *Psychiatry* 26(1) (1963), 65–76; Myrna I Lewis and Robert N. Butler, "Life-Review Therapy: Putting Memories to Work in Individual and Group Psychotherapy," *Geriatrics* 29(11) (1974), 165–73.

第四章　了解故事的全貌

1. Bruce Greyson, "Incidence and Correlates of Near-Death Experiences in a Cardiac Care Unit," *General Hospital Psychiatry* 25(4) (2003), 269–76.
2. Bill described his NDE in Harry Cannaday (as told by Bill Urfer), *Beyond Tomorrow* (Heber Springs, AR: Bill Urfer, 1980).
3. This quote appears on page 134 of Igor Kononenko and Irena Roglič Kononenko, *Teachers of Wisdom* (Pittsburgh: RoseDog Books/Dorrance, 2010).
4. Bruce Greyson, "Near-Death Experiences and Attempted Suicide," *Suicide and Life-Threatening Behavior* 11(1) (1981), 10–16; Bruce Greyson, "Incidence of Near-Death Experiences following

Attempted Sui- cide," *Suicide and Life-Threatening Behavior* 16(1) (1986), 40–45; Bruce Greyson, "Near-Death Experiences Precipitated by Suicide Attempt: Lack of Influence of Psychopathology, Religion, and Expectations," *Journal of Near-Death Studies* 9(3) (1991), 183–88; Bruce Greyson, "Near-Death Experiences and Anti-Suicidal Attitudes," *Omega* 26(2) (1992), 81–89.

5. A number of clinicians have explored the reluctance of some experiencers to share their stories. See, for example, Kim- berly Clark, "Clinical Interventions with Near-Death Experiencers," in *The Near-Death Expe- rience*, ed. by Bruce Greyson and Charles Flynn (Springfield, IL: Charles C. Thomas, 1984), 242–55; Cherie Sutherland, *Reborn in the Light* (New York: Bantam, 1995); Regina M. Hoffman, "Disclosure Needs and Motives after a Near-Death Experience," *Journal of Near-Death Studies* 13(4) (1995), 237–66; Regina M. Hoffman, "Disclosure Habits after Near-Death Experiences: Influences, Obstacles, and Listener Selection," *Journal of Near-Death Studies* 14(1) (1995), 29–48; Nancy L. Zingrone and Carlos S. Alvarado, "Pleasurable Western Adult Near-Death Experiences: Features, Circumstances, and Incidence," in *The Handbook of Near-Death Experiences*, ed. by Jan- ice Miner Holden, Bruce Greyson, and Debbie James (Santa Barbara, CA: Praeger/ABC-CLIO, 2009), 17–40; L. Suzanne Gordon, "An Ethnographic Study of Near-Death Experience Impact and Aftereffects and their Cultural Implications," *Journal of Near-Death Studies* 31(2) (2012), 111–29; Janice Miner Holden, Lee Kinsey, and Travis R. Moore, "Disclosing Near-Death Experi- ences to Professional Healthcare Providers and Nonprofessionals," *Spirituality in Clinical Practice* 1(4) (2014), 278–87.

第五章　你怎麼知道是真的？

1. The NDE Scale and its psychometric properties are de- scribed in Bruce Greyson, "The Near-Death Experience Scale: Construction, Reliability, and Va- lidity," *Journal of Nervous and Mental Disease* 171(6) (1983), 369–75; Bruce Greyson, "Near-Death Encounters with and without Near-Death Experiences: Comparative NDE Scale Profiles," *Journal of Near-Death Studies* 8(3) (1990), 151–61; and Bruce Greyson, "Consistency of Near-Death Experience Accounts over Two Decades: Are Reports Embellished over Time?" *Resuscitation* 73(3) (2007), 407–11.

2. Kevin Drab, "The Tunnel Experience: Re- ality or Hallucination?" *Anabiosis* 1(2) (1981), 126–52; C. T. K. Chari, "Parapsychological Reflec- tions on Some Tunnel Experiences," *Anabiosis* 2 (1982), 110–31.

3. J. Kenneth Arnette, "On the Mind/Body Problem: The Theory of Essence," *Journal of Near-Death Studies* 11(1) (1992), 5–18.

4. Rense Lange, Bruce Greyson, and James Houran, "A Rasch Scaling Validation of a 'Core' Near-Death Experience," *British Journal of Psychology* 95 (2004), 161–77.

5. Ian Stevenson and Bruce Greyson, "Near-Death Experiences: Relevance to the Question of Survival after Death," *JAMA* 242(3) (1979), 265–67.

6. Henry Abramo- vitch, "An Israeli Account of a Near-Death Experience: A Case Study of Cultural Dissonance," *Journal of Near-Death Studies* 6(3) (1988), 175–84; Mark Fox, *Religion, Spirituality, and the Near- Death Experience* (London: Routledge, 2003); Kenneth Ring, *Heading Toward Omega* (New York: Coward, McCann & Geoghegan, 1984).

7. Monroe Schneider, "The Question of Survival after Death," *JAMA* 242(24) (1979), 2665; Ian Stevenson and Bruce Greyson, "The Question of Survival after Death—Reply," *JAMA* 242(24) (1979), 2665.

8. For example, Bruce Greyson and Ian Stevenson, "The Phenomenology of Near-Death Experiences," *American Journal of Psy- chiatry* 137(10) (1980), 1193–96; Bruce Greyson, "Near-Death Experiences

and Personal Values," *American Journal of Psychiatry* 140(5) (1983), 618–20; and Bruce Greyson, "The Psychodynamics of Near-Death Experiences," *Journal of Nervous and Mental Disease* 171(6) (1983), 376–81.

9. This quote appears on page 273 of Arvin S. Gibson, "Review of Melvin Morse's *Transformed by the Light*," *Journal of Near-Death Studies* 13(4) (1995), 273–75.
10. This oft-repeated quote from Raymond Wolfinger, which he coined in the late 1960s while teaching a graduate seminar at Stanford University, was later misconstrued by debunkers as "the plural of anecdote is not data." It appears on page 779 of Nelson W. Polsby, "The Contributions of President Richard F. Fenno, Jr.," *PS: Political Science and Politics* 17(4) (1984), 778–81; and on page 83 of Nelson W. Polsby, "Where Do You Get Your Ideas?" *PS: Political Science and Politics* 26(1) (1993), 83–87.
11. Jared Diamond, "A New Sci- entific Synthesis of Human History," in *The New Humanists*, ed. by John Brockman (New York: Barnes & Noble Books, 2003).
12. The two quotes cited here appear on pages 1459 and 1461 of Gordon C. S. Smith and Jill P. Pell, "Parachute Use to Prevent Death and Major Trauma Related to Gravitational Challenge: Systematic Review of Ran- domised Controlled Trials," BMJ 327(7429) (2003), 1459–61.

第六章　出竅

1. Thomas Kuhn, *The Structure of Scientific Revolutions* (Chicago: University of Chicago Press, 1962), chapter 6.
2. Al described his NDE in a self-published and undated booklet, *Roadway to the Lights*. His NDE was also discussed in Emily Williams Cook, Bruce Greyson, and Ian Stevenson, "Do Any Near-Death Experiences Provide Evidence for the Survival of Human Personality after Death? Relevant Features and Illustrative Case Re- ports," *Journal of Scientific Exploration* 12(3) (1998) 377–406; and in Emily Williams Kelly, Bruce Greyson, and Ian Stevenson, "Can Experiences Near Death Furnish Evidence of Life after Death?" *Omega* 40(4) (2000), 513–19.
3. Ogston described his NDE on pages 222–33 of his autobiography, Alexander Ogston, *Reminiscences of Three Campaigns* (London: Hodder and Stoughton, 1919).
4. This quote appears on page 67 of Jill Bolte Taylor, *My Stroke of Insight* (New York: Viking/Penguin, 2006).
5. Michael Sabom, *Recollections of Death* (New York: Harper & Row, 1982).
6. Penny Sartori, *The Near-Death Experiences of Hospitalized Intensive Care Patients* (Lewiston, NY: Edwin Mellen Press, 2008).
7. Janice Miner Holden, "Veridical Per- ception in Near-Death Experiences," in *The Handbook of Near-Death Experiences*, ed. by Jan- ice Miner Holden, Bruce Greyson, and Debbie James (Santa Barbara, CA: Praeger/ABC-CLIO, 2009), 185–211.
8. This quote appears on page 5 of William James, "Address by the President," *Proceedings of the Society for Psychical Research* 12(1) (1897), 2–10.
9. Janice Miner Holden and Leroy Joesten, "Near-Death Veridicality Research in the Hospital Setting: Problems and Promise," *Journal of Near-Death Studies* 9(1) (1990), 45–54; Madelaine Lawrence, *In a World of Their Own* (Westport, CT: Praeger, 1997); Sam Parnia, Derek G. Waller, Rebekah Yeates, and Peter Fenwick, "A Qualitative and Quantitative Study of the Incidence, Features and Aetiology of Near Death Experiences in Cardiac Arrest Survivors," *Resuscitation* 48(2) (2001), 149–56; Penny Sartori, *The Near-Death Experiences of Hospitalized Intensive Care Patients* (Lewiston, NY, Edwin

Mellen Press, 2008); Bruce Greyson, Janice Miner Holden, and J. Paul Mounsey, "Failure to Elicit Near-Death Experiences in Induced Cardiac Arrest," *Journal of Near-Death Studies* 25(2) (2006), 85–98; Sam Parnia, Ken Spearpoint, Peter Fenwick, et al., "AWARE-AWAreness during REsuscitation—A Prospective Case Study," *Resuscitation* 85(12) (2014), 1799–1805.

10. Emilia J. Benjamin, Salim S. Virani, Clifton W. Callaway, et al., "Heart Disease and Stroke Statistics—2018 Update: A Report from the American Heart Association," *Circulation* 137(12) (2018), e67–e492.

11. Bruce Greyson, Janice Miner Holden, and J. Paul Mounsey, "Failure to Elicit Near-Death Experiences in Induced Cardiac Arrest," *Journal of Near-Death Studies* 25(2) (2006), 85–98.

12. Catherine T. Milne, "Cardiac Electrophysiology Studies and the Near-Death Experience," *CACCN: The Journal of the Canadian Association of Critical Cared Nurses* 6(1) (1995), 16–19.

13. This quote appears on page 72 of Charles Whitehead, "Everything I Believe Might Be a Delusion. Whoa! Tucson 2004: Ten Years On, and Are We Any Nearer to a Science of Consciousness?" *Journal of Consciousness Studies* 11(12) (2004), 68–88.

第七章　還是，他們發瘋了？

1. Mark Zimmerman and Jill I. Mattia, "A Self-Report Scale to Help Make Psychiatric Diagnoses," *Archives of General Psychiatry* 58(8) (2001), 787–94.

2. Eve Bernstein and Frank Putnam, "Development, Reliability, and Validity of a Dissociation Scale," *Journal of Nervous and Mental Disease* 174(12) (1986), 727–35; Bruce Greyson, "Dissociation in People Who Have Near-Death Experiences: Out of Their Bodies or Out of Their Minds?" *Lancet* 355(9202) (2000), 460–63.

3. Mardi Horowitz, Nancy Wilner, and William Alvarez, "Impact of Event Scale: A Measure of Subjective Stress," *Psychosomatic Medicine* 41(3) (1979), 209–18; Bruce Greyson, "Posttraumatic Stress Symptoms following Near-Death Experiences," *American Journal of Orthopsychiatry* 71(3) (2001), 368–73.

4. Leonard Derogatis, *SCL-90-R Admin- istration, Scoring, and Procedures Manual—II* (Towson, MD: Clinical Psychometric Research, 1992); Bruce Greyson, "Near-Death Experiences in a Psychiatric Outpatient Clinic Population," *Psychiatric Services* 54(12) (2003), 1649–51.

5. This case was described on page 71 of Bruce Greyson, "Is Consciousness Produced by the Brain?" in *Cosmology and Consciousness*, ed. by Bryce Johnson (Dharamsala, India: Library of Tibetan Works and Archives, 2013), 59–87.

6. Bruce Greyson and Mitchell Liester, "Auditory Hallucinations Following Near-Death Experiences," *Journal of Humanistic Psychology* 44(3) (2004), 320–36.

7. Bruce Greyson, "Differentiating Spiritual and Psychotic Experiences: Sometimes a Cigar Is Just a Cigar," *Journal of Near-Death Studies* 32(3) (2014), 123–36. I drew on the work of a number of scholars to delineate this distinction, including Janice Miner Holden, in *Near-Death Experiences*, produced by Roberta Moore (Fort Myers, FL: Blue Marble Films, 2013); Harold G. Koenig, "Religion, Spirituality, and Psychotic Disorders," *Revista de Psiquiatria Clinica* 34(Supplement (2007), 40–48; David Lukoff, "Visionary Spiritual Experiences," *Southern Medical Journal* 100(6) (2007), 635–41; Penny Sartori, "A Prospective Study of NDEs in an Intensive Therapy Unit," *Christian Parapsychologist* 16(2) (2004), 34–40; Penny Sartori, *The Near-Death Experi- ences of Hospitalized Intensive Care Patients* (Lewiston, NY: Edwin Mellen Press, 2008); Adair Menezes and Alexander Moreira-Almeida, "Differential Diagnosis between Spiritual Experi- ences and Mental Disorders of Religious Content," *Revista de Psiquiatria Clinica*, 36(2) (2009), 75–82; Adair Menezes

and Alexander Moreira-Almeida, "Religion, Spirituality, and Psychosis," *Current Psychiatry Reports* 12(3) (2010), 174–79; Alexander Moreira-Almeida, "Assessing Clini- cal Implications of Spiritual Experiences," *Asian Journal of Psychiatry* 5(4) (2012), 344–46; Alex- ander Moreira-Almeida and Etzel Cardeña, "Differential Diagnosis between Non-Pathological Psychotic and Spiritual Experiences and Mental Disorders: A Contribution from Latin Ameri- can Studies to the ICD-11," *Revista Brasileira de Psiquiatria* 33 (Supplement 1) (2011), 529–89; and Kathleen D. Noble, "Psychological Health and the Experience of Transcendence," *Counsel- ing Psychologist* 15(4) (1984), 601–14.

8. Bruce Greyson, "Consistency of Near-Death Experience Accounts over Two Decades: Are Reports Embellished over Time?" *Resuscitation* 73(3) (2007), 407–11; Lauren E. Moore and Bruce Greyson, "Characteristics of Memories for Near-Death Experiences," *Consciousness and Cognition* 51 (2017), 116–24.
9. Gary Nixon, Brad Ha- gen, and Tracey Peters, "Psychosis and Transformation: A Phenomenological Inquiry," *Interna- tional Journal of Mental Health and Addiction* 8(4) (2010), 527–44.

第八章　瀕死經驗是真的嗎？

1. This quote appears on pages 275–76 in Mark Leary, "Why Are (Some) Scientists so Opposed to Parapsychology?" *Explore* 7(5) (2011), 275–77.
2. Kat Eschner, "Scientists Didn't Believe in Meteorites until 1803," *Smithsonian Magazine*, April 26, 2017, www.smithsonianmag.com/smart-news/1803-rain-rocks-helped-establish-existence-meteorites-180963017/.
3. John Waller, *The Discovery of the Germ* (New York: Columbia University Press, 2003).
4. Richard B. Hornick, "Peptic Ulcer Disease: A Bacterial Infection?" *New England Journal of Medicine* 316(25) (1987), 1598–1600.
5. Lisa Feldman Barrett, "Psychology Is Not in Crisis," *New York Times*, September 1, 2015, www.nytimes.com/2015/09/01/opinion/psychology-is-not-in-crisis.html/.
6. Thomas M. Schofield, "On My Way to Being a Scientist," *Nature* 497 (2013), 277–78.
7. Neil deGrasse Tyson, "Neil deGrasse Tyson on Death and Near Death Experiences," excerpt from lecture, May 3, 2017, 92nd Street Y, www.youtube.com/watch?v=y5qEBC7ZzVQ.
8. Kaplan's story is related on page 379 of Paul C. Horton, "The Mystical Experience: Substance of an Illusion," *Journal of the American Psycho- analytic Association* 22(2) (1974), 364–80.
9. This quote appears on page 7 of Robert L. Van de Castle, "The Concept of Porosity in Dreams," *EdgeScience* 14 (2013), 6–10.
10. This quote from Rumi was cited by Idries Shah in Elizabeth Hall, "The Sufi Tradition: Interview with Idries Shah," *Psychology Today*, July 1975, www.katinkahesselink.net/sufi/sufi-shah.html.
11. Sam Parnia, Ken Spearpoint, and Peter B. Fenwick, "Near Death Experiences, Cognitive Function and Psycho- logical Outcomes of Surviving Cardiac Arrest," *Resuscitation* 74(2) (2007), 215–21.
12. H. Valerie Curran, "Psychopharmacological Perspectives on Mem- ory," in *The Oxford Handbook of Memory*, ed. by Endel Tulving and Fergus Craik (New York: Oxford University Press, 2000), 539–54.
13. Jonathan W. Schooler and Eric Eich, "Memory for Emotional Events," in *The Oxford Handbook of Memory*, ed. by Endel Tulving and Fergus Craik (New York: Oxford University Press, 2000), 379–92.

14. Alex- andre Schaefer and Pierre Philippot, "Selective Effects of Emotion on the Phenomenal Charac- teristics of Autobiographical Memories," *Memory* 13(2) (2005), 148–60.

15. Lucia M. Talamini and Eva Goree, "Aging Memories: Differential Decay of Episodic Memory Components," *Learning and Memory* 19(6) (2012), 239–46.

16. Nathan Schnaper, "Comments Germane to the Paper Entitled 'The Reality of Death Experiences' by Ernst Rodin," *Journal of Nervous and Mental Disease* 168(5) (1980), 268–70.

17. Bruce Greyson, "Consistency of Near-Death Experience Accounts over Two Decades: Are Reports Embellished over Time?" *Resuscitation* 73(3) (2007), 407–11.

18. Geena Athappilly, Bruce Greyson, and Ian Stevenson, "Do Prevailing Societal Models Influence Reports of Near-Death Expe- riences? A Comparison of Accounts Reported before and after 1975," *Journal of Nervous and Mental Disease* 194(3) (2006), 218–22.

19. Andrew J. Dell'Olio, "Do Near-Death Experiences Provide a Rational Basis for Belief in Life after Death?" *Sophia* 49(1) (2010), 113–28.

20. Jeffrey Long (with Paul Perry), *Evidence of the Afterlife* (New York: HarperOne, 2010).

21. LeaAnn's medical crisis was described in Alan T. Marty, Frank L. Hilton, Robert K. Spear, and Bruce Greyson, "Post- cesarean Pulmonary Embolism, Sustained Cardiopulmonary Resuscitation, Embolectomy, and Near-Death Experience," *Obstetrics and Gynecology* 106(5 Pt. 2) (2005), 1153–55. She described her NDE in LeaAnn Carroll, *There Stood a Lamb* (Kearney, NE: Morris Publications, 2004).

22. Nancy described her NDE in Nancy Evans Bush, *Dancing Past the Dark* (Cleveland, TN: Parson's Porch Books, 2012).

23. Lauren E. Moore and Bruce Greyson, "Characteristics of Memories for Near-Death Experiences," *Consciousness and Cogni- tion* 51 (2017), 116–24.

24. Charlotte Martial, Vanessa Charland-Verville, Héléna Cassol, et al., "Intensity and Memory Characteristics of Near-Death Experiences," *Consciousness and Cognition* 56 (2017), 120–27; Arianna Palmieri, Vincenzo Calvo, Johann R. Kleinbub, et al., "'Reality' of Near-Death Experience Memories: Evidence from a Psychodynamic and Electrophysiological Integrated Study," *Frontiers in Human Neuroscience* 8 (2014), 429.

第九章　生物學角度的死亡過程

1. Olaf Blanke, Stéphanie Ortigue, Theodor Landis, and Margitta Seeck, "Stimulating Illusory Own-Body Perceptions," *Nature* 419(6904) (2002), 269–70.

2. Willoughby B. Britton and Richard R. Bootzin, "Near-Death Experiences and the Temporal Lobe," *Psychological Science* 15(4) (2004), 254–58.

3. Susan Black- more, *Dying to Live* (Amherst, NY: Prometheus, 1993); Melvin L. Morse, David Venecia, and Jerrold Milstein, "Near-Death Experiences: A Neurophysiological Explanatory Model," *Journal of Near-Death Studies* 8(1) (1989), 45–53; Vernon M. Neppe, "Near-Death Experiences: A New Challenge in Temporal Lobe Phenomenology? Comments on 'A Neurobiological Model for Near-Death Experiences,'" *Journal of Near-Death Studies* 7(4) (1989), 243–248; Frank Tong, "Out-of-Body Experiences: From Penfield to Present," *Trends in Cognitive Science* 7(3) (2003), 104–6.

4. This quote appears on page 458 of Wilder Penfield, "The Twenty-Ninth Maudsley Lecture: The Role of the Temporal Cortex in Certain Psychical Phenomena," *Journal of Mental Science* 101(424) (1955), 451–65.

5. This quote and the next four in this paragraph were reported on page 174 of Wilder Penfield and Theodore Rasmussen, *The Cerebral Cortex of Man* (New York: Macmillan, 1950).
6. Orrin Devinsky, Edward Feldmann, Kelly Burrowes, and Edward Bromfield, "Autoscopic Phenomena with Seizures," *Archives of Neurology* 46(10) (1989), 1080–88.
7. Nina Azari, Janpeter Nickel, Gilbert Wunderlich, et al., "Neural Correlates of Religious Experience," *European Journal of Neuroscience* 13(8) (2001), 1649–52; Peter Fenwick, "The Neurophysiology of Religious Experience," in *Psychosis and Spirituality*, ed. by Isabel Clarke (London: Whurr, 2001), 15–26; Andrew B. Newberg and Eugene G. d'Aquili, "The Near Death Experi- ence as Archetype: A Model for 'Prepared' Neurocognitive Processes," *Anthropology of Conscious- ness* 5(4) (1994), 1–15.
8. Mario Beauregard, Jérôme Courte- manche, and Vincent Paquette, "Brain Activity in Near-Death Experiencers During a Meditative State," *Resuscitation* 80(9) (2009), 1006–10.
9. Bruce Greyson, Nathan B. Fountain, Lori L. Derr, and Donna K. Broshek, "Out-of-Body Experiences Associ- ated with Seizures," *Frontiers in Human Neuroscience* 8(65) (2014), 1–11; Bruce Greyson, Nathan B. Fountain, Lori L. Derr, and Donna K. Broshek, "Mystical Experiences Associated with Seizures," *Religion, Brain & Behavior* 5(3) (2015), 182–96.
10. Peter Brugger, Reto Agosti, Marianne Regard, et al., "Heau- toscopy, Epilepsy, and Suicide," *Journal of Neurology, Neurosurgery, and Psychiatry* 57(7) (1994), 838–39; Devinsky et al., "Autoscopic Phenomena with Seizures."
11. This quote appears on page 222 of Alexander Ogston, *Reminiscences of Three Campaigns* (London: Hodder and Stoughton, 1919).
12. This quote appears on page 67 of Jill Bolte Taylor, *My Stroke of Insight* (New York: Viking/Penguin, 2006).
13. See, for example, Olaf Blanke, Stéphanie Ortigue, Theodor Landis, and Margitta Seeck, "Stimulating Illusory Own-Body Perceptions," *Nature* 419(6904) (2002), 269–70.
14. Bruce Greyson, Sam Parnia, and Peter Fenwick, "[Comment on] Visualizing Out-of-Body Experience in the Brain," *New England Journal of Medicine* 358(8) (2008), 855–56.
15. Pim van Lommel, "Near-Death Experiences: The Experience of the Self as Real and Not as an Illusion," *Annals of the New York Academy of Sciences* 1234(1) (2011), 19–28; Jaap W. de Vries, Patricia F. A. Bakker, Gerhard H. Visser, et al., "Changes in Cerebral Oxygen Uptake and Cerebral Elec- trical Activity during Defibrillation Threshold Testing," *Anesthesia and Analgesia* 87(1) (1998), 16–20; Holly L. Clute and Warren J. Levy, "Electroencephalographic Changes during Brief Cardiac Arrest in Humans," *Anesthesiology* 73 (1990), 821–25; Thomas J. Losasso, Donald A. Muzzi, Frederic B. Meyer, and Frank W. Sharbrough, "Electroencephalographic Monitoring of Cerebral Function during Asystole and Successful Cardiopulmonary Resuscitation," *Anesthesia and Analgesia* 75(6) (1992), 1021–24.
16. Loretta Norton, Raechelle M. Gibson, Teneille Gofton, et al., "Electroencephalographic Recordings during Withdrawal of Life-Sustaining Therapy until 30 Minutes after Declaration of Death," *Canadian Journal of Neurological Sciences* 44(2) (2017), 139–45.
17. Kevin R. Nelson, Michelle Mattingly, Sherman A. Lee, and Frederick A. Schmitt, "Does the Arousal System Contribute to Near Death Experience?" *Neurology* 66(7) (2006), 1003–9.
18. Bruce Greyson and Jeffrey P. Long, "[Comment on] Does the Arousal System Contribute to Near Death Experience?" *Neurology* 67(12) (2006), 2265; Maurice M. Ohayon, Robert G. Priest, Jürgen Zully, et al., "Prevalence of Narcolepsy Symptomatology and Diagnosis in the European General Population" *Neurology* 58(12) (2002), 1826–33.

19. Arthur J. Cronin, John Keifer, Matthew F. Davies, et al., "Postoperative Sleep Disturbance: Influences of Opioids and Pain in Humans," *Sleep* 24(1) (2001), 39–44.

20. Britton and Bootzin, "Near-Death Experiences and the Temporal Lobe."

21. Arianna Palmieri, Vincenzo Calvo, Johann R. Kleinbub, et al., "'Reality' of Near-Death Experience Memories: Evidence from a Psychodynamic and Electrophysiological Integrated Study," *Frontiers in Human Neuroscience* 8 (2014), 429.

22. See, for example, James E. Whinnery, "Psychophysiologic Correlates of Unconsciousness and Near-Death Experi- ences," *Journal of Near-Death Studies* 15(4) (1997), 231–58.

23. William Breitbart, Christopher Gibson, and Annie Tremblay, "The Delirium Experience: Delirium Recall and Delirium- Related Distress in Hospitalized Patients with Cancer, Their Spouses/Caregivers, and Their Nurses," *Psychosomatics* 43(3) (2002), 183–94.

24. Nancy Zingrone and Carlos S. Alvarado, "Pleasurable Western Adult Near-Death Experiences: Features, Circumstances, and Incidence," in *The Handbook of Near-Death Experiences*, ed. by Janice Miner Holden, Bruce Greyson, and Debbie James (Santa Barbara, CA: Praeger/ABC-CLIO, 2009), 17–40.

25. Sam Parnia, Derek G. Waller, Rebekah Yeates, and Peter Fenwick, "A Qualitative and Quantitative Study of the Incidence, Features and Aetiology of Near Death Experiences in Cardiac Arrest Survivors," *Resuscitation* 48(2) (2001), 149–56; Michael Sabom, *Recollections of Death* (New York: Harper & Row, 1982).

26. Melvin Morse, Doug Conner, and Donald Tyler, "Near-Death Experiences in a Pediatric Population: A Preliminary Report," *American Journal of Diseases of Children* 139(6) (1985), 595–600; Pim van Lommel, Ruud van Wees, Vincent Meyers, and Ingrid Elfferich, "Near-Death Experiences in Survivors of Cardiac Arrest: A Prospective Study in the Netherlands," *Lancet* 358(9298) (2001), 2039–45.

27. Bruce Greyson, "Organic Brain Dysfunction and Near-Death Experiences," paper presented at the American Psychiatric Association 135th Annual Meeting, Toronto, May 15–21, 1982; Karlis Osis and Er- lendur Haraldsson, *At the Hour of Death* (New York: Avon, 1977); Sabom, *Recollections of Death*.

28. Karl L. R. Jansen, "The Ketamine Model of the Near-Death Experience: A Central Role for the N-Methyl-D-Aspartate Receptor," *Journal of Near-Death Studies* 16(1) (1997), 5–26; Ornella Corazza and Fabrizio Schifano, "Near-Death States Reported in a Sample of 50 Misusers," *Substance Use and Misuse* 45(6) (2010), 916–24.

29. Rick Strassman, *DMT* (Rochester, VT: Park Street Press, 2001); Christopher Timmermann, Leor Roseman, Luke Williams, et al., "DMT Models the Near-Death Experience," *Frontiers in Psychology* 9 (2018), 1424.

30. Charlotte Martial, Héléna Cassol, Vanessa Charland-Verville, et al., "Neurochemical Models of Near-Death Experiences: A Large-Scale Study Based on the Semantic Similarity of Written Reports," *Consciousness and Cognition* 69 (2019), 52–69.

31. Karl L. R. Jansen, "Response to Commentaries on 'The Ketamine Model of the Near-Death Experience . . . ,'" *Journal of Near-Death Studies* 16(1) (1997), 79–95.

32. Daniel Carr, "Pathophys- iology of Stress-Induced Limbic Lobe Dysfunction: A Hypothesis for NDEs," *Anabiosis* 2(1) (1982), 75–89.

33. Jansen, "The Ketamine Model of the Near-Death Experience"; Melvin L. Morse, David Venecia, and Jerrold Milstein, "Near-Death Experiences: A Neurophysiologic Explanatory Model," *Journal of Near-Death Studies* 8(1) (1989), 45–53; Juan C. Saavedra-Aguilar, and Juan S. Gómez- Jeria, "A

Neurobiological Model for Near-Death Experiences," *Journal of Near-Death Studies* 7(4) (1989), 205–22.

34. John Ireland, translator, *The Udāna and the Itivut- taka* (Kandy, Sri Lanka: Buddhist Publication Society, 2007).

第十章　死亡時的大腦

1. Eben described his near-death experience in Eben Alexander, *Proof of Heaven* (New York: Simon & Schuster, 2012).
2. Surbhi Khanna, Lauren E. Moore, and Bruce Greyson, "Full Neurological Recovery from *Escherichia coli* Meningitis Associated with Near-Death Experience," *Journal of Nervous and Mental Disease* 206(9) (2018), 744–47.
3. This quote appears on page 4 of Stephen Kosslyn and Olivier M. Koenig, *Wet Mind* (New York: Free Press/Macmillan, 1992).
4. This quote appears on pages 76–77 of Wilder Penfield, *Mystery of the Mind* (Princeton, NJ: Princeton University Press, 1975).
5. This quote appears on page xi of Alva Noë, *Out of Our Heads* (New York: Hill and Wang, 2009).
6. This quote appears on page 249 of Nick Herbert, *Quantum Reality* (Garden City, NY: Anchor/Doubleday, 1985).
7. This quote appears on page 64 of Noë, *Out of Our Heads.*
8. William James, *Human Immortality* (Boston: Houghton Mifflin, 1898).

第十一章　人的內心不是大腦

1. This quote appears on pages 71–73 of Anita Moorjani, *Dying to Be Me* (Carlsbad, CA: Hay House, 2014).
2. "Be- yond the Mind-Body Problem: New Paradigms in the Science of Consciousness," September 11, 2008, New York, www.nourfoundation.com/events/Beyond-the-Mind-Body-Problem-New-Paradigms-in-the-Science-of-Consciousness.html
3. Athena De- mertzi, Charlene Liew, Didier Ledoux, et al., "Dualism Persists in the Science of Mind," *Annals of the New York Academy of Sciences* 1157(1) (2009), 1–9.
4. Alexander Moreira- Almeida and Saulo de Freitas Araujo, "Does the Brain Produce the Mind? A Survey of Psychia- trists' Opinions," *Archives of Clinical Psychiatry* 42(3) (2015), 74–75.
5. This quote appears on pages 1104–5 of Basil A. El- dadah, Elena M. Fazio, and Kristina A. McLinden, "Lucidity in Dementia: A Perspective from the NIA," *Alzheimer's & Dementia* 15(8) (2019), 1104–6.
6. This quote appears on page 168 of Henri Berg- son, "Presidential Address" (translated by H. Wildon Carr), *Proceedings of the Society for Psychical Research* 27(68) (1914), 157–75.
7. Michael Grosso, "The 'Trans- mission' Model of Mind and Body: A Brief History," in *Beyond Physicalism*, ed. by Edward F. Kelly, Adam Crabtree, and Paul Marshall (Lanham, MD: Rowman & Littlefield, 2015), 79–113.
8. This quote appears on page 179 of Hippocrates, *Hippocrates. Volume 2: The Sacred Disease, Sections XIX & XX*, translated by Wil- liam Henry Samuel Jones (Cambridge, MA: Harvard University Press/Loeb Classical Library, 1923). (Original work written around 400 BC.)

9. This quote appears on pages 22–24 of Aldous Huxley, *The Doors of Perception* (New York: Perennial Library/Harper & Row, 1954).

10. Edward F. Kelly and David E. Presti, "A Psychobiological Perspective on 'Transmission' Models," in *Beyond Physicalism*, ed. by Edward F. Kelly, Adam Crabtree, and Paul Marshall (Lanham, MD: Row- man & Littlefield, 2015), 115–55; Marjorie Woollacott and Anne Shumway-Cook, "The Mysti- cal Experience and Its Neural Correlates," *Journal of Near-Death Studies* 38 (2020), 3–25.

11. Michael Nahm, Bruce Greyson, Emily W. Kelly, and Erlendur Haraldsson, "Terminal Lucidity: A Re- view and a Case Collection," *Archives of Gerontology and Geriatrics* 55(1) (2012), 138–42.

12. George A. Mashour, Lori Frank, Alexander Batthyany, et al., "Paradoxical Lucidity: A Potential Paradigm Shift for the Neurobi- ology and Treatment of Severe Dementias," *Alzheimer's & Dementia* 15(8) (2019), 1107–14.

13. Robin L. Carhart-Harris, David Erritzoe, Tim Williams, et al., "Neural Correlates of the Psychedelic State as Determined by fMRI Studies with Psilocybin," *Proceedings of the National Academy of Sciences* 109(6) (2012), 2138–43; Robin L. Carhart-Harris, Suresh D. Muthukumaraswamy, Leor Roseman, et al., "Neural Correlates of the LSD Experience Revealed by Multimodal Neuroimaging," *Proceedings of the National Academy of Sciences* 113(17) (2016), 4853–58; Suresh D. Muthukumaraswamy, Robin L. Carhart-Harris, Rosalyn J. Moran, et al., "Broadband Corti- cal Desynchronization Underlies the Human Psychedelic State," *Journal of Neuroscience* 33(38) (2013), 15171–83; Fernanda Palhano-Fontes, Katia Andrade, Luis Tofoli, et al., "The Psyche- delic State Induced by Ayahuasca Modulates the Activity and Connectivity of the Default Mode Network," *PLOS ONE* 10(2) (2015), e0118143.

14. This quote appears on page 191 of Larry Dossey, *The Power of Premonitions* (New York: Dutton, 2009).

第十二章　意識會持續下去嗎？

1. Bruce Greyson, "Seeing Deceased Persons Not Known to Have Died: 'Peak in Darien' Experiences," *Anthropology and Humanism* 35(2) (2010), 159–71.

2. An abbreviated account of Barbara's NDE appears on pages 125–27 of Julia Dreyer Brigden, *Girl: An Untethered Life* (Santa Rosa, CA: Julia Dreyer Brigden, 2019).

3. Emily W. Kelly, "Near-Death Experiences with Reports of Meeting Deceased People," *Death Studies* 25(3) (2001), 229–49.

4. The story of Corfidius appears on pages 624–25 of Pliny the Elder, *Natural History, Volume 2, Books 3–7*, translated by Horace Rackham (Cam- bridge, MA: Harvard University Press, 1942). (Original work written AD 77.)

5. This account appears on pages 92–93 of Eleanor M. Sidgwick, "Notes on the Evidence, Collected by the Society, for Phantasms of the Dead," *Proceedings of the Society for Psychical Research* 3 (1885), 69–150.

6. This account appears on pages 42–46 of Brad Steiger and Sherry Hansen Steiger, *Children of the Light* (New York: Signet-Penguin, 1995).

第十三章　天堂還是地獄？

1. Dottie's spiri- tual growth as a result of her near-death experience is described on pages 77 and 105 of P. M. H. Atwater, *Coming Back to Life* (New York: Dodd, Mead, 1988).

2. Bruce Greyson and Nancy Evans Bush, "Distressing Near-Death experiences," *Psychiatry* 55(1) (1992), 95–110.
3. Saint Teresa of Ávila, *Interior Castle* (New York: Benziger Brothers, 1912). (Original work written 1577.)
4. Saint John of the Cross, *Dark Night of the Soul* (London: John M. Watkins, 1905). (Original work written 1584.)
5. Mother Teresa, *Come Be My Light* (New York: Doubleday, 2007).
6. Nancy Evans Bush and Bruce Greyson, "Distressing Near-Death Experiences: The Basics," *Missouri Medicine* 111(6) (2014), 486–91.
7. Kat described her NDE in Kat Dun- kle, *Falling into Darkness* (Maitland, FL: Xulon Press, 2007).
8. Róisín described her NDE in Róisín Fitzpatrick, *Taking Heaven Lightly* (Dublin: Hatchette Books Ireland, 2016).
9. Margot described her NDE in Margot Grey, *Return from Death* (London: Arkana, 1985).

第十四章　那神呢？

1. Kim de- scribed her NDE in Kimberly Clark Sharp, *After the Light* (New York, William Morrow, 1995).
2. This quote appears on page 53 of Sigmund Freud, "New Introductory Lectures on Psycho-Analysis. Lecture XXX. Dreams and Occultism," in *The Standard Edition of the Complete Psychological Works of Sigmund Freud, Vol. 12*, translated by James Strachey (London: Hogarth Press, 1933), 31–56.
3. Novelist Katherine Anne Porter had an NDE during a nearly fatal bout with influenza during the 1918 epidemic. In her story, "Pale Horse, Pale Rider," she described mingling with deceased loved ones in a heavenly environment as moving "as a wave among waves." See Steve Straight, "A Wave among Waves: Katherine Anne Porter's Near-Death Experience," *Anabiosis* 4(2) (1984), 107–23.

第十五章　一切都改變了

1. Bruce Greyson, "Re- duced Death Threat in Near-Death Experiencers," *Death Studies* 16(6) (1992), 523–36; Russell Noyes, "Attitude Change following Near-Death Experiences," *Psychiatry* 43(3) (1980), 234–42; Kenneth Ring, *Heading toward Omega* (New York: Coward, McCann & Geoghegan, 1984); Michael Sabom, *Recollections of Death* (New York: Harper & Row, 1982); Charles Flynn, *After the Beyond* (Englewood Cliffs, NJ: Prentice Hall, 1986).
2. Marieta Pehlivanova and Bruce Greyson, "Which Near-Death Experience Features Are Associated with Reduced Fear of Death?" presented at the 2019 International Association of Near- Death Studies Conference, Valley Forge, PA, August 31, 2019.
3. Natasha A. Tassell-Matamua and Nicole Lindsay, "'I'm Not Afraid to Die': The Loss of the Fear of Death after a Near-Death Experience," *Mortality* 21(1) (2016), 71–87.
4. Bruce Greyson, "In- cidence of Near-Death Experiences following Attempted Suicide," *Suicide and Life-Threatening Behavior* 16(1) (1986), 40–45.
5. Bruce Greyson, "Near- Death Experiences and Attempted Suicide," *Suicide and Life-Threatening Behavior* 11(1) (1981), 10–16; Kenneth Ring and Stephen Franklin, "Do Suicide Survivors Report Near-Death Experi- ences?" *Omega* 12(3) (1982), 191–208.
6. Bruce Greyson, "Near-Death Experi- ences and Anti-Suicidal Attitudes," *Omega* 26 (1992), 81–89.
7. Russell Noyes, Peter Fenwick, Janice Miner Holden, and Sandra Rozan Christian, "Aftereffects of

Plea- surable Western Adult Near-Death Experiences," in *The Handbook of Near-Death Experiences*, ed. by Janice Miner Holden, Bruce Greyson, and Debbie James (Santa Barbara, CA: Praeger/ ABC-CLIO, 2009), 41–62; Sabom, *Recollections of Death*; Bruce Greyson, "Near Death Experi- ences and Personal Values," *American Journal of Psychiatry* 140(5) (1983), 618–20; Flynn, *After the Beyond*; Margot Grey, *Return from Death* (London: Arkana, 1985).

8. Ring, *Heading toward Omega*; Cherie Sutherland, *Transformed by the Light* (New York: Bantam Books, 1992); Peter Fenwick and Elizabeth Fenwick, *The Truth in the Light* (New York: Berkley Books, 1995); Zalika Klemenc-Ketis, "Life Changes in Patients after Out-of-Hospital Cardiac Arrest," *International Journal of Behavioral Medicine* 20(1) (2013), 7–12.
9. Esther M. Wachelder, Véro- nique R. Moulaert, Caroline van Heugten, et al., "Life after Survival: Long-Term Daily Functioning and Quality of Life after an Out-of-Hospital Cardiac Arrest," *Resuscitation* 80(5) (2009), 517–22.
10. The history and development of this scale, which Kenneth Ring introduced in a preliminary version in 1980, was described in Bruce Greyson and Kenneth Ring, "The Life Changes Inventory—Revised," *Journal of Near-Death Studies* 23(1) (2004), 41–54.
11. This quote appears on page 184 of Sir Benjamin Collins Brodie, *The Works of Sir Benjamin Collins Brodie* (London: Longman, Green, Longman, Roberts, and Green, 1865).

第十六章　這一切到底是什麼意思呢？

1. Lynn G. Underwood, "Ordinary Spiritual Experience: Qualitative Research, Interpretive Guidelines, and Population Distribution for the Daily Spiritual Experience Scale," *Archive for the Psychology of Religion* 28(1) (2006), 181–218.
2. Eltica de Jager Meezen- broek, Bert Garssen, Machteld van den Berg, et al., "Measuring Spirituality as a Universal Human Experience: A Review of Spirituality Questionnaires," *Journal of Religion and Health* 51(2) (2012), 336–54.
3. Bruce Greyson, "Near-Death Experiences and Satisfaction with Life," *Journal of Near-Death Studies* 13(2) (1994), 103–8.
4. Surbhi Khanna and Bruce Greyson, "Near-Death Experiences and Posttraumatic Growth," *Journal of Nervous and Mental Disease* 203(10) (2015), 749–55; Bruce Greyson and Surbhi Khanna, "Spiritual Transformation after Near-Death Experiences," *Spirituality in Clinical Practice* 1(1) (2014), 43–55.
5. Surbhi Khanna and Bruce Greyson, "Near-Death Experiences and Spiritual Well-Being," *Journal of Religion and Health* 53(6) (2014), 1605–15.
6. Surbhi Khanna and Bruce Greyson, "Daily Spiritual Experiences before and after Near-Death Experiences," *Psychology of Religion and Spirituality* 6(4) (2014), 302–9.
7. Steven A. McLaughlin and H. Newton Malony, "Near-Death Experiences and Religion: A Further Investigation," *Journal of Religion and Health* 23(2) (1984), 149–59; Cassandra Musgrave, "The Near-Death Experience: A Study of Spiritual Transformation," *Journal of Near-Death Studies* 15(3) (1997), 187–201; Bruce Greyson, "Near-Death Experiences and Spirituality," *Zygon* 41(2) (2006), 393–414; Natasha A. Tassell-Matamua and Kate L. Steadman, "'I Feel More Spiritual': Increased Spirituality after a Near-Death Experience," *Journal for the Study of Spirituality* 7(1) (2017), 35–49.
8. Greyson, "Near-Death Experiences and Spirituality"; Tassell-Matamua and Steadman, "'I Feel More Spiritual'"; Kenneth Ring, *Life at Death: A Scientific Investigation of the Near-Death Experience* (New York: Coward, McCann & Geoghegan, 1980).

9. Russell Noyes, Peter Fenwick, Janice Miner Holden, and Sandra Rozan Christian, "Aftereffects of Pleasurable Western Adult Near-Death Experiences," in *The Handbook of Near-Death Experiences*, ed. by Janice Miner Holden, Bruce Greyson, and Debbie James (Santa Barbara, CA: Praeger/ABC-CLIO, 2009), 41–62.
10. Antony Flew, *A Dictionary of Philosophy* (London: Pan Books, 1979), 134; William Spooner, "The Golden Rule," in *Encyclopedia of Religion and Ethics, Volume 6*, ed. by James Hastings (New York: Charles Scribner's Sons, 1914), 310–12; Simon Blackburn, *Ethics* (Oxford: Oxford Univer- sity Press, 2001), 101; Greg Epstein, *Good without God* (New York: HarperCollins, 2010), 115; Jeffrey Wattles, *The Golden Rule* (Oxford; Oxford University Press, 1996); Gretchen Vogel, "The Evolution of the Golden Rule," *Science* 303(5661) (2004), 1128–31.
11. This quote appears on pages 196–97 of Dinty Moore, *The Accidental Buddhist* (New York: Broadway Books, 1997).
12. Donald Pfaff and Sandra Sherman, "Possible Legal Implications of Neural Mechanisms Underlying Ethical Behaviour," in *Law and Neuroscience: Current Legal Issues 2010, Volume 13*, ed. by Michael Freeman (Oxford, UK: Oxford University Press, 2011), 419–32.
13. David Lorimer, *Whole in One* (London: Arkana, 1990).
14. See, for ex- ample, Ted Goertzel, "What Are Contact 'Experiencers' Really Experiencing?" *Skeptical Inquirer* 43(1) (2019), 57–59.
15. Quoted on page 45 of Robert D. Ramsey, *School Leadership From A to Z* (Thousand Oaks, CA: Corwin Press, 2003).
16. Fran described her NDE in Frances R. Sherwood, "My Near-Death Experience," *Vital Signs* 2(3) (1982), 7–8.

第十七章　嶄新的人生

1. Steve's NDE was described in "Fascinating Near-Death Experiences Changed Lives—Forever," *Weekly World News*, December 19, 2000, page 35. It was also described on pages 217–27 of Barbara Harris and Lionel C. Bascom, *Full Circle* (New York: Pocket Books, 1990).
2. Mickey's NDE was described on pages 41–44 of Charles Flynn, *After the Beyond* (Englewood Cliffs, NJ: Prentice Hall, 1986).
3. Gordon described his NDE in *The Day I Died*, produced by Kate Broome (London: BBC Films, 2002).

第十八章　艱難的現實

1. I described a few of these cases in Bruce Greyson, "The Near-Death Experience as a Focus of Clinical Attention," *Journal of Nervous and Mental Disease* 185(5) (1997), 327–34.
2. Bruce Greyson and Barbara Harris, "Clinical Approaches to the Near-Death Experiencer," *Journal of Near-Death Studies* 6 (1987), 41–52.
3. American Psychiatric Association, *Diagnostic and Statistical Manual of Mental Disorders, 4th Edition* (Washington: American Psychiatric Association, 1994), 685.
4. Robert P. Turner, David Lukoff, Ruth Tiffany Barnhouse, and Francis G. Lu, "Religious or Spiritual Problem: A Culturally Sensitive Diagnostic Category in the DSM-IV," *Journal of Nervous and Mental Disease* 183(7) (1995), 435–44.
5. Marieta Pehlivanova, "Support Needs and Outcomes for Near-Death Experiencers," presented at the

2019 Ameri- can Center for the Integration of Spiritually Transformative Experiences Conference, Atlanta, November 15, 2019.

6. Current contact infor- mation for these groups is available at www.iands.org/groups/affiliated-groups/group-resources.html.
7. Infor- mation about these groups is available at www.isgo.iands.org.
8. Rozan Christian and Janice Miner Holden,"''Til Death Do Us Part': Marital Aftermath of One Spouse's Near-Death Experience," *Journal of Near-Death Studies* 30(4) (2012), 207–31; Mori Insinger, "The Impact of a Near-Death Experience on Family Relationships," *Journal of Near- Death Studies* 9(3) (1991), 141–81.
9. Charles P. Flynn, *After the Beyond* (Englewood Cliffs, NJ: Prentice Hall, 1986); Cherie Sutherland, *Reborn in the Light* (New York: Bantam, 1992).

第十九章　新的人生觀

1. This quote appears on page 178 of Andrew Newberg and Mark Robert Waldman, *Why We Believe What We Believe* (New York: Free Press, 2006).
2. Adrienne A. Taren, J. David Creswell, and Peter J. Gianaros, "Dispositional Mindfulness Co-Varies with Smaller Amygdala and Caudate Volumes in Community Adults," *PLOS One* 8(5) (2013), e64574.
3. Mario Beauregard, Jérôme Courtemanche, and Vincent Paquette, "Brain Activity in Near-Death Experiencers during a Meditative State," *Resuscitation* 80(9) (2009), 1006–10.
4. David Linden, "How Psychotherapy Changes the Brain—The Contribution of Functional Neuroimag- ing," *Molecular Psychiatry* 11(6) (2006), 528–38; Jeffrey M. Schwartz, "Neuroanatomical Aspects of Cognitive-Behavioural Therapy Response in Obsessive-Compulsive Disorder: An Evolving Per- spective on Brain and Behaviour," *British Journal of Psychiatry* 173 (Supplement 35) (1998), 38–44.
5. Kenneth Ring and Evelyn Elsaesser Valarino, *Lessons from the Light* (New York: Insight/Plenum, 1998).
6. Charles Flynn, *After the Beyond* (Englewood Cliffs, NJ: Prentice Hall, 1986).
7. Kenneth Ring, "The Impact of Near-Death Experiences on Persons Who Have Not Had Them: A Report of a Preliminary Study and Two Replications," *Journal of Near-Death Studies* 13(4) (1995), 223–35.
8. Kenneth Ring, *The Omega Project* (New York: William Morrow, 1992); Ring, "The Impact of Near-Death Experiences."
9. Natasha Tassell-Matamua, Nicole Lindsay, Simon Bennett, et al., "Does Learning about Near-Death Experiences Promote Psycho-Spiritual Benefits in Those Who Have Not Had a Near- Death Experience?" *Journal of Spirituality in Mental Health* 19(2) (2017), 95–115.
10. Glenn E. Richardson, "The Life-after-Death Phenomenon," *Journal of School Health* 49(8) (1979), 451–53.
11. Robert D. Sheeler, "Teaching Near Death Experiences to Medical Students," *Journal of Near-Death Studies* 23(4) (2005), 239–47; Mary D. McEvoy, "The Near-Death Experience: Implications for Nursing Education," *Loss, Grief & Care* 4(1–2) (1990), 51–55.
12. Ryan D. Fos- ter, Debbie James, and Janice Miner Holden, "Practical Applications of Research on Near-Death Experiences," in *The Handbook of Near-Death Experiences*, ed. by Janice Miner Holden,

Bruce Greyson, and Debbie James (Santa Barbara, CA: Praeger/ABC-CLIO, 2009), 235–58.

13. John M. McDonagh, "Introducing Near-Death Research Findings into Psychotherapy," *Journal of Near-Death Studies* 22(4) (2004), 269–73; Engelbert Winkler, "The Elias Project: Using the Near-Death Experience Potential in Therapy," *Journal of Near-Death Studies* 22(2) (2003), 79–82.

14. Mette Marianne Vinter, "An Insight into the Afterlife? Informing Patients about Near Death Experiences," *Professional Nurse* 10(3) (1994), 171–73; Bruce J. Horacek, "Amazing Grace: The Healing Effects of Near-Death Experiences on Those Dying and Grieving," *Journal of Near-Death Studies* 16(2) (1997),149–61.

第二十章　死前的人生

1. John described his NDE in John Wren-Lewis, "The Darkness of God: A Personal Report on Consciousness Transformation through an Encounter with Death," *Journal of Humanistic Psychology* 28(2) (1988), 105–12.

2. Bruce Greyson, "Is Consciousness Produced by the Brain?" in *Cosmology and Consciousness*, ed. by Bryce Johnson (Dharamsala, India: Library of Tibetan Works and Archives, 2013), 59–87.

死亡之後：
一個長達五十年的瀕死經驗科學臨床研究

After: A Doctor Explores What Near-Death Experiences Reveal about Life and Beyond

作　　者——布魯斯・葛瑞森（Bruce Greyson）
譯　　者——蔡宗翰
封面設計——萬勝安
責任編輯——鄭襄憶
行銷業務——王綬晨、邱紹溢
行銷企劃——曾志傑、劉文雄
副總編輯——張海靜
總 編 輯——王思迅
發 行 人——蘇拾平
出　　版——如果出版
發　　行——大雁出版基地
地　　址——台北市松山區復興北路333號11樓之4
電　　話——（02）2718-2001
傳　　真——（02）2718-1258
讀者傳真服務——（02）2718-1258
讀者服務信箱——E-mail andbooks@andbooks.com.tw
劃撥帳號 19983379
戶　　名——大雁文化事業股份有限公司
出版日期——2023年8月 再版
定　　價——480元
ISBN 978-626-7334-11-9

歡迎光臨大雁出版基地官網
www.andbooks.com.tw
訂閱電子報並填寫回函卡

國家圖書館出版品預行編目 (CIP) 資料

死亡之後：一個長達五十年的瀕死經驗科學臨床研究 / 布魯斯 . 葛瑞森 (Bruce Greyson) 著；蔡宗翰譯 . -- 再版 . -- 臺北市：如果出版：大雁出版基地發行，2023.08
面；　公分
譯自：After : a doctor explores what near-death experiences reveal about life and beyond.

ISBN 978-626-7334-11-9(平裝)

1. 超心理學 2. 死亡

175.9　　112010130

如果